光明社科文库
GUANGMING DAILY PRESS:
A SOCIAL SCIENCE SERIES

·历史与文化书系·

礼乐文化当代德育价值研究

李 焱｜著

光明日报出版社

图书在版编目（CIP）数据

礼乐文化当代德育价值研究 / 李焱著．--北京：
光明日报出版社，2021.5

ISBN 978－7－5194－5987－1

Ⅰ.①礼…　Ⅱ.①李…　Ⅲ.①礼乐—德育—教育价值
—研究—中国—现代　Ⅳ.①K892.9②G41

中国版本图书馆 CIP 数据核字（2021）第 076952 号

礼乐文化当代德育价值研究

LIYUE WENHUA DANGDAI DEYU JIAZHI YANJIU

著　　者：李　焱		
责任编辑：杨　娜		责任校对：傅泉泽
封面设计：中联华文		责任印制：曹　净

出版发行：光明日报出版社

地　　址：北京市西城区永安路 106 号，100050

电　　话：010－63169890（咨询），63131930（邮购）

传　　真：010－63131930

网　　址：http：//book. gmw. cn

E - mail：gmcbs@ gmw. cn

法律顾问：北京德恒律师事务所龚柳方律师

印　　刷：三河市华东印刷有限公司

装　　订：三河市华东印刷有限公司

本书如有破损、缺页、装订错误，请与本社联系调换，电话：010－63131930

开　　本：170mm×240mm			
字　　数：248 千字		印　　张：16.5	
版　　次：2021 年 5 月第 1 版		印　　次：2021 年 5 月第 1 次印刷	
书　　号：ISBN 978－7－5194－5987－1			
定　　价：95.00 元			

　　李焱博士关于礼乐文化当代德育价值的研究，可说是选了一个好题。正如作者在其著作中所述："礼乐文化奠定了中国文化的基调。……广义的礼乐文化，是一种以乐为载体、以礼为核心的独特的文化范式，其内涵从意识形态、价值观念、典章制度、刑罚律令到行为规范、人生之道、风物习俗，可谓无所不包，其外延甚至与中国文化的外延相同。"当代德育作为一种文化建设，以文教化，当然是沿着中国文化的基调前行、流变、扬弃，既要坚持以马克思主义为指导、以社会主义核心价值观为引领，更要认识到优秀传统文化仍是如砥柱一样存在于中华文化体系之中。哈佛大学教授亨廷顿在20世纪末提出的文明冲突论中声称，亚洲的儒家文化和伊斯兰文明将与欧美的基督教文明发生冲突。三十年过去，我们回头看，以儒家文化做底色的中国文化、中国文明，一方面像历史上儒释道三家共存相安无事一样存在，一方面自己还在发展中不断随时代流光溢彩，如江河不废万古流一样融入太平洋！研究以礼乐为中心的儒家文化在当代德育中的价值、地位和关系，当然是必要的课题，它既有理论意义又有现实意义，既有必要性又有迫切性。

　　本书在这个背景下，厘清了这个课题正面、反面、侧面的一些问题，应该说难能可贵。由此我想到一个问题，现在不少理论著作，虽然作者也曾通宵达旦地奋斗，但出版后读者寥寥，甚至无人问津，原因很多，但选题高大上而不接地气、不接文化土壤，可能也是一个原因。这个著述植根于中国土壤，而且连接着由人类社会实践和社会意识长期孕育的价值观念、审美情趣、思维方式等构成的心态文化层，所以我想，读者读了都会有收获，由此我相信它一定会有读者。这部著作的意义和价值一定会凸现，因为它有益于世道人心而又具可读性。

　　本书作者李焱是一名长期耕耘在高校讲台上的博学尔雅的女教师，她温良恭俭让的为人和她的为文互补。正所谓文如其人，大家常说，文人著述是把自己的灵魂一片片撕下来往纸上贴，诚如是也。

焦垣生

草于2020年初夏

CONTENTS **目　录**

第一章　问题与现状 ……………………………………… 1

　第一节　问题的缘起……………………………………… 1

　　1.1.1　文化命题的历史之维 ………………………… 3

　　1.1.2　文化实践的时代之需 ………………………… 6

　第二节　研究现状………………………………………… 8

　　1.2.1　国内研究现状 ………………………………… 9

　　1.2.2　国外研究现状 ………………………………… 20

　第三节　理论基础………………………………………… 27

　　1.3.1　马克思恩格斯文化思想 ……………………… 27

　　1.3.2　毛泽东文化观 ………………………………… 30

　　1.3.3　习近平传统文化观 …………………………… 32

　第四节　研究思路和方法 ……………………………… 34

第二章　礼乐文化的内涵与历史演进……………………… 38

　第一节　礼乐文化的内涵………………………………… 38

　　2.1.1　礼者：天地之序 ……………………………… 39

　　2.1.2　乐者：天地之和 ……………………………… 40

2.1.3 礼乐文化的基本内涵 ………………………………… 43

第二节　礼乐文化的历史演进 ……………………………… 48

2.2.1 礼乐文化的起源：事神致福 ………………………… 48

2.2.2 礼乐文化的发展：释仁入礼 ………………………… 50

2.2.3 礼乐文化的困境：传承危机 ………………………… 52

第三节　礼乐文化的历史形态与精神实质 ………………… 56

2.3.1 历史形态：仁礼相合的伦理道德 …………………… 56

2.3.2 精神实质：以人文精神为核心的实践理性 ………… 58

第四节　本书礼乐文化研究阈值的框定 …………………… 60

第三章　社会主义核心价值观的礼乐文化意蕴 ……………… 62

第一节　社会主义核心价值观的基本内涵 ………………… 62

第二节　社会主义核心价值观的德性文化取向 …………… 65

第三节　两种德性文化的关系考察 ………………………… 68

3.3.1 礼乐文化是涵养社会主义核心价值观的源泉 ……… 68

3.3.2 社会主义核心价值观是对礼乐文化的超越 ………… 83

第四章　礼乐文化的当代价值审视 …………………………… 90

第一节　礼乐文化当代审视的价值依据 …………………… 91

第二节　礼乐文化内蕴的当代价值 ………………………… 93

4.2.1 强素质：培养文明有礼的国民风范 ………………… 94

4.2.2 化民心：涵养积极达观的文化心态 ………………… 98

4.2.3 促和合：构建和谐有序的社会关系 ……………… 104

4.2.4 兴文化：提升国家文化软实力 …………………… 109

4.2.5 展形象：增强民族文化传播力 …………………… 115

第五章　礼乐文化的创造性转化与创新性发展…………………… **121**

　第一节　礼乐文化当代转型的必要性和可能性………………………… 121

　　5.1.1　必要性：文化发展的民族性立场 ………………………………… 122

　　5.1.2　可能性：文化发展的时代性立场 ………………………………… 124

　第二节　礼乐文化转型的立场与原则……………………………………… 127

　　5.2.1　以回应时代主题，塑造当代中华文化为基本立场 ………… 127

　　5.2.2　以三个"相统一"为基本原则 …………………………………… 129

　第三节　礼乐文化创造性转化与创新性发展的维度…………………… 131

　　5.3.1　内容维度：从宗法观念向核心价值观转型 ………………… 132

　　5.3.2　功能维度：从维护宗法本位向培育公共生活理性转型 ……… 139

　　5.3.3　载体维度：从人际传播向大众传播转型 …………………… 143

第六章　礼乐文化对社会主义核心价值观培育的文化启示………… **147**

　第一节　社会主义核心价值观认同的现状………………………………… 148

　第二节　社会主义核心价值观认同现状的文化成因分析…………… 152

　　6.2.1　西方中心主义带来价值立场迷思 …………………………… 152

　　6.2.2　多元文化时代造成价值选择困惑 …………………………… 153

　　6.2.3　现代性语境消解价值引领的主导性 …………………………… 155

　第三节　社会主义核心价值观培育的文化选择……………………… 156

　　6.3.1　人的文化存在：核心价值观培育和践行的重要理论指向 …… 157

　　6.3.2　文化认同：核心价值观认同的本质 …………………………… 159

　　6.3.3　人文化成：核心价值观培育和践行的文化取向 …………… 160

　第四节　礼乐文化"人文化成"的价值启示……………………………… 162

　　6.4.1　为仁由己：礼乐文化功能实现的根本前提 ………………… 163

　　6.4.2　情理相融：礼乐文化结构的张力所在 ……………………… 168

　　6.4.3　实践理性：礼乐文化生命力的核心所在 …………………… 175

第七章 礼乐化人的当代实践进路··············· 181

　　第一节 融入国民教育的全过程··············· 182

　　　7.1.1 国民教育目标的层次化··············· 183

　　　7.1.2 国民教育内容的特色化··············· 185

　　　7.1.3 国民教育载体的多元化··············· 186

　　第二节 融入社会治理的多层面··············· 189

　　　7.2.1 加强礼乐仪式的制度建设··············· 189

　　　7.2.2 推动乡风民风的文明实践··············· 193

　　　7.2.3 严格重点群体的文明规范··············· 199

　　第三节 融入文化宣传的多维度··············· 200

　　　7.3.1 坚持艺以载道的文化传统··············· 201

　　　7.3.2 挖掘日用不觉的文化资源··············· 203

　　　7.3.3 彰显情理相融的文化审美··············· 205

　　第四节 融入生活实践的各领域··············· 208

　　　7.4.1 营造向善向上的社会场域··············· 209

　　　7.4.2 培塑崇德守正的家庭场域··············· 212

　　　7.4.3 构建向礼而在的修身场域··············· 219

结　语··············· 229

参考文献··············· 233

第一章　问题与现状

第一节　问题的缘起

随着世界多极化、经济全球化、社会信息化、文化多样化的深入发展和我国社会的现代转型，价值观领域呈现出交流、交融、交锋的复杂态势，"如果没有共同的核心价值观，一个民族、一个国家就会魂无定所、行无依归"[①]，严重阻碍改革开放和社会主义现代化建设的顺利推进。正是在这样的世情国情背景下，中国共产党第十八次全国代表大会提出"倡导富强、民主、文明、和谐，倡导自由、平等、公正、法治，倡导爱国、敬业、诚信、友善，积极培育和践行社会主义核心价值观"[②]的重要课题，中共十九大进一步就价值观的培育明确指出："社会主义核心价值观是当代中国精神的集中体现，凝结着全体人民共同的价值追求。要以培养担当民族复兴大任的时代新人为着眼点，强化教育引导、实践养成、制度保障，发挥社会主义核心价值观对国民教育、精神文明创建、精神文化产品创作生产传播的引领作用，把社会主义核心价值观融入社会发展各方面，转化为人们的情感认同和行为习惯。"[③]

---

① 十八大以来重要文献选编（中）［M］. 北京：中央文献出版社，2016：133.

② 胡锦涛. 坚定不移沿着中国特色社会主义道路前进　为全面建成小康社会而奋斗——在中国共产党第十八次全国代表大会上的报告［R］. 北京：人民出版社，2012：37.

③ 习近平. 决胜全面建成小康社会　夺取新时代中国特色社会主义伟大胜利——在中国共产党第十九次全国代表大会上的报告［R］. 北京：人民出版社，2017：48.

　　中国特色社会主义文化的建设必须以民族性的挺立和生生不息的历史接续为前提。"中国特色社会主义文化，源自中华民族五千多年文明历史所孕育的中华优秀传统文化"，"发展中国特色社会主义文化"必须一以贯之地"坚守中华文化立场"①，这是坚定文化自信、提升文化软实力的基础。先秦礼乐文化是中国传统文化的精彩篇章，其蕴含的人文精神和道德理性，彰显了全人类的价值共识，并以独特的民族性显耀于世界文明体系。"礼仪之邦"，曾是中华民族长期饮誉人类文明潮头的历史见证。但是，近代以来在"千年未有的大变局"中，一些思潮错误地把政治批判和文化批判混为一谈，把现实的政治腐朽完全归因于"礼教吃人"，进而否定中华民族礼乐教化的整个历史。这种"反传统"的传统，令"中国文化之心"的礼乐文化境遇堪忧，因此，重新思考传统文化如何完成旧邦新命的文化任务，具有理论和实践的重要价值。

　　培育和践行社会主义核心价值观，是推进中国特色社会主义文化建设的时代课题，是中华民族以树立高度的文化自觉和文化自信为目标的文化实践的重点。从核心价值观的层面审视礼乐文化，不仅可以获得历史唯物主义视域下对礼乐文化处境地位和时代价值的评价、估定，更可以获得核心价值观培育和践行的历史经验智慧。先秦礼乐文化是人类文明轴心时期形成的中华文明的独特标志，积淀了涵养核心价值观的丰富的道德资源，如在国家层面上追求和谐的理政哲学、在社会层面上仁爱共济的大同理想、在个人层面上立己达人的道德主义，都以文化底蕴的方式为社会主义核心价值观提供着思想资源和精神脉络。同时，核心价值观的培育，也为优秀礼乐文化的转型提供了重要的历史契机。因此，从社会主义核心价值观视域审视挖掘礼乐文化的时代价值，是马克思主义中国化和中国传统文化现代化的同构性的体现，彰显着中华民族文化自新与文化自信的时代性诉求。

---

　　① 习近平. 决胜全面建成小康社会　夺取新时代中国特色社会主义伟大胜利——在中国共产党第十九次全国代表大会上的报告［R］. 北京：人民出版社，2017：41.

1.1.1 文化命题的历史之维

（1）中国化马克思主义文化发展的理论需要

马克思主义从传入中国开始，便历史性地遇到了如何处理与传统文化的关系问题。一个拥有五千年文明的民族，如何看待来自西方的马克思主义？或者说，马克思主义如何才能被最广泛的中国民众认同和接受？在与中国革命和建设的实际相结合的历史逻辑中，马克思主义中国化、大众化的理论逻辑日渐成熟。马克思主义的中国化、大众化有赖于其获得的民族形式和群众日用不觉的文化观念的契合，同时中国传统文化通过与马克思主义的汇通与融合，获得创造性转化与创新性发展的方向与力量，成为与中国特色社会主义新时代相匹配的新文化。因此，马克思主义中国化、大众化的过程，与中国传统文化的创造性转化与创新性发展可以看作同一过程的两个方面。

礼乐文化是中国传统文化的主体性内容，以社会主义核心价值观的视角审视礼乐文化，在逻辑路径上与马克思主义与传统文化的结合是一致的。在传统社会中礼乐文化发挥过塑造民族文化心理、涵养中国精神的历史价值，在中国特色社会主义新的历史征程上，礼乐文化在推进新时代的伟大梦想的实现上能否发挥历史性的作用？在社会主义核心价值观视域中重新审视和估定礼乐文化的当代价值，正是以文化自信和中国化马克思主义文化发展为价值旨归的。

"属于文化领域的东西，一定要用马克思主义对它们的思想内容和表现方法进行分析、鉴别和批判。"[1]用马克思主义的立场、观点、方法来辩证分析和批判继承传统文化，并不会取消或者代替中华文化，因为一个民族的文化一旦被创造出来就已经以相对独立的方式获得了主体力量，进而开始以自身的强大化育功能沉潜于民族的生活实践、精神世界、理性思维之中，并在世代相传的文化习俗和文化环境中，模塑和定型成民族的文化观念和价值体系。中国人世界普遍认同的观念形态正是通过礼乐文化的世俗化和大众化，成为日用常行的

---

① 邓小平文选（第三卷）［M］. 北京：人民出版社，1993：44.

行为规范和道德观念，从而成为处理人与自我、人与他人、人与社会关系的行为规制和文明素养。因此，礼乐文化的转型有利于马克思主义中国化、大众化的文化进程。

（2）中华优秀传统文化现代转型的理论需要

中华优秀传统文化是中国特色社会主义文化的题中应有之义，而且是居于更基础和深厚的层面，是中华民族历史观的重要载体。中华传统文化中仁民爱物的仁爱精神、以民为本的人文精神、刚健有为的进取精神、和而不同的包容精神、彰往察来的历史精神、深厚绵长的家国意识和民族情怀、追求大同的崇高理想、真善美统一的理想人格等，积淀着中华民族最深层的精神追求，代表着中华民族独特的精神标识，为中华民族生生不息提供了丰厚滋养，至今仍是培塑民族文化自信的丰厚精神底蕴。文化是具有历史继承性的，传统文化与现代文化之间的关系，是一个民族文化统一体历史演进的不同时态，二者之间以文化传统的形式保持内在的精神链接，达成文化的统一性和连续性。中华民族在数千年的命运沉浮中，能够始终保持着多元一体的格局，深层的原因正在于始终深深根植于中华文化这一共同体，形成了强烈的族群认同和价值认同。因此，抛弃传统、丢掉根本，就等于割断了自己的精神命脉，或者说离开传统文化也就失去了"中国特色"，也就不成其为真正意义上中国的社会主义文化。

从社会主义核心价值观视域重新评估礼乐文化的价值，是基于激活中华民族最本根的文化基因的历史使命的承担。礼乐文化兴于三代，春秋时期"礼崩乐坏"的现实促成了以孔子为代表的先秦儒家做出深刻的历史性反思，进一步对礼乐文化进行重新整理和诠释，使得礼乐从符号系统升华为价值系统，从伦理规范上升为道德哲学，从而成就了中国人独特的精神世界。"阐旧邦以辅新命"，传统文化的创造性转化与创新性发展，不仅是传统文化向新发展的内在诉求，更是新时代"兴文化"的历史使命。习近平同志在2018年全国宣传思想工作会议中指出："兴文化，就是要坚持中国特色社会主义文化发展道路，推动中华优秀传统文化创造性转化、创新性发展，继承革命文化，发展社会主义先进文化，激发全民族文化创新创造活力，建设社会主义文化强国。"①中华优秀传统文化是中华民族的文化根脉，蕴含的思想观念、人文精神、道德规范、实践智慧，不仅是中国人精神世界的本根，也是中华民族在世界文化激荡中立稳脚跟的根基，甚至对解决人类问题有重要价值。先秦时期是梁启超先生所言的"全盛时代"，是中国文化走向成熟的重要时期，其后中国文化所表现出的主要精神和基本走向在先秦时已现端倪，原典礼学是最贴近儒家理想的礼乐文化形态，尤其是蕴含的智慧的价值理性，孕育了丰富的人文精神，更成为百家争鸣的文化背景。对礼乐文化的当代价值和创造性转化与创新性发展的探索，有利于推进中华优秀传统文化的现代化的理论自觉。

（3）社会主义核心价值观以文化人、以文育人当代实践的理论需要

培育和弘扬社会主义核心价值观是砥砺中国精神、激发中国力量、实现中华民族伟大复兴中国梦的时代工程。社会主义核心价值观在国家、社会、公民三个层面明确了主体的价值目标，从顶层设计转化为主体的情感认同和行为习惯，是新时代面临的一项重大任务，也是马克思主义理论及思想政治教育学科的一项重要的理论任务和迫切的实践需要。习近平总书记指出："一种价值观要真正发挥作用，必须融入社会生活，让人们在实践中感知它、领悟它。要注意把我们所提倡的与人们日常生活紧密联系起来，在落细、落小、落实上下功夫。"②礼乐文化肇始于三代，春秋时期定型为仁礼相合的道德文化，以其鲜明的实践理性涵育出中华民族立足生活世界、重视修身养性的整体道德人格，其对于社会主义核心价值观的培育有着重要的文化启示性意义，必须认识到在当今意识形态"文化化"的现代性语境中，以文化人、以文育人成为价值观培育取得实效的必然路径。传统礼乐文化中蕴含的修身、齐家、治国、平天下的普遍原则在两千多年的文化实践中逐渐成为社会普遍接受、日用不觉的价值传

---

① 习近平. 举旗帜聚民心育新人兴文化展形象　更好完成新形势下宣传思想工作使命任务［N］. 人民日报，2018-08-23（1）.

② 习近平. 习近平谈治国理政［M］. 北京：外文出版社，2014：165.

统，因此，遵循儒家文化把"文化活动融于日常生活"的路径，在落细、落小、落实上探究社会主义核心价值观情感认同和行为习惯养成的内在机制，是对当下社会主义核心价值观培育和践行的积极的文化思考。

1.1.2 文化实践的时代之需

（1）有利于中国特色社会主义的铸魂工程

在全社会大力培育和弘扬社会主义核心价值观，为社会的有序运行、良性发展提供明确价值准则，才能保证中国特色社会主义事业始终沿着正确方向前进。中国共产党在领导人民进行革命、建设、改革伟大实践中，始终是中华优秀传统文化的忠实继承者、弘扬者和建设者，自觉肩负着传承发展中华优秀传统文化的历史责任。尤其是党的十八大以来，为更加自觉、更加主动推动中华优秀传统文化的传承与发展，开展了一系列富有创新、富有成效的工作，有力增强了中华优秀传统文化的凝聚力、影响力、创造力。以"仁、义、礼、智、信"为核心价值观的礼乐文化，曾为创造享誉世界的中国古代文明提供了强有力的支撑。但是，伴随着近代中国家国命运的跌宕，曾富有生命力的礼乐文化传统受到重创几近于"礼崩乐坏"。新时代的到来，中华民族站在新的历史方位上，国家富强、民族振兴、人民幸福的伟大中国梦的实现，迫切需要中国价值的领航和中国精神的砥砺。中华民族饮誉世界的礼乐文化中内蕴的仁爱精神、人文精神、进取精神、包容精神、家国情怀、大同理想、君子人格等文化传统的时代价值的实现，为丰富中国精神赓续发展的时代性提供了最深沉的精神基因的链接，有利于新时代不断涵养和激发中国力量、夯实中华民族伟大复兴中国梦和中国特色社会主义伟大实践的铸魂工程。

（2）有利于国家文化软实力的提升

文化软实力的竞争，最核心的层面上正是价值观的竞争。美国著名学者约瑟夫·奈在《美国注定领导世界？——美国权力性质的变迁》中提出"软实力"这一概念，是相对于综合国力中由经济、科技、军事等表现出来的"硬实力"而言的。他认为，"软实力是通过吸引的手段而不是强迫或收买的手段从而达己所愿的能力"①，是由文化、教育、意识形态、价值观、国民素养体现出来的综合国力。核心价值观在国家文化软实力体系中居于轴心地位，决定着主体文化的性质和发展方向，其生命力更直接决定文化软实力的传播力和影响力。社会主义核心价值观体现了中国特色社会主义事业坚守的价值立场和价值追求，是道路自信、理论自信、制度自信的价值支撑，旗帜鲜明地向世界展示了新的时代坐标上磅礴的中国精神和中国力量的价值源泉。这无疑对于增强社会主义意识形态的竞争力，掌握国际话语权，逐步打破西方话语体系的垄断，增强综合国力具有非常现实的意义。

（3）有利于民族文化自信的培塑

我国经济社会深刻变革、对外开放日益扩大、互联网技术和新媒体快速发展，各种思想文化交流交融交锋更加频繁，中华文化在世界多元文化中始终保持发展定力的前提是中华民族的底气和自信。政治上的道路自信、理论自信、制度自信，归根结底是以文化自信为基础的。站在新的历史方位，我们坚定"文化自信"的底气何在，又该如何坚定"文化自信"？文化自信，当然是指社会主义先进文化，这当然既指对马克思主义有坚定的自信，同时对中华优秀传统文化也要有坚定的自信。②党的十八大以来，习近平总书记多次阐明科学对待优秀传统文化的立场和观点，强调中华优秀传统文化对提升文化自信的重要性和必要性。正确对待民族的文化传统，透显出一个民族在文化共同体中的主体自觉，不仅是对本民族文化身份的确证，更是对本民族文化力量的信心。文化是一个民族的血脉，"文化是一个国家、一个民族的灵魂。文化兴，国运

---

① Nye JS.Jr. Soft power, the means to success in world politics[M]. Public affairs, 2004.

② 陈一收. 论以马克思主义为指导的文化自信［J］. 思想理论教育导刊，2016，211（7）：51.

兴，文化强，民族强"①。中华民族是一个尤重历史传统的民族，只有深度挖掘和提炼出包括礼乐文化在内的中国传统文化的思想资源和精神力量，才更能让人们获得深厚的情感力量和强大的理论力量，自信地面对中华民族的历史选择和前途命运，避免陷入唯西是从、奉西方"普世价值"为圭臬的泥沼。事实证明，只有培育起整个民族对自己文化的自信，才能实现社会主义先进文化的繁荣兴盛，才能坚定社会主义道路、理论、制度选择的自信。

概言之，马克思主义从传入中国开始，便历史性地遇到了如何处理与传统文化的关系问题。两者的共性使得马克思主义与中国传统文化相结合成为可能。马克思主义的中国化、大众化有赖于其获得的民族形式和民众日用不觉的文化实践，同时中国传统文化通过运用马克思主义的立场、观点、方法进行创造性转化与创新性发展，成为与中国特色社会主义新时代相适应的新文化。可以说，马克思主义的中国化和大众化，与传统文化的创新转化是同一过程的两个方面。正是在这个意义上，社会主义核心价值观视域中对礼乐文化的考察具有了特定的文化语境和时代性意义。不仅推进了中国化马克思主义文化发展，中华优秀传统文化现代转型，社会主义核心价值观以文化人、以文育人实践路径等重要领域的理论探索，而且对夯实中国特色社会主义的铸魂工程、提高国家文化软实力、提升民族文化自信等文化建设实践具有现实意义。

第二节　研究现状

通过对国内和国外开展的相关研究进行较为详细全面的综述，呈现国内外相关领域的进展和前沿动向。国内的研究主要可以归纳为社会主义核心价值观与中华优秀传统文化的辩证关系研究、礼乐文化的传承与创新及时代价值研究、社会主义核心价值观视域中对礼乐文化的考察等几个重点领域。国外的相关研究较为有限，主要分布在对传统文化历史地位及当代价值的研究，对儒家

---

① 习近平. 决胜全面建成小康社会　夺取新时代中国特色社会主义伟大胜利——在中国共产党第十九次全国代表大会上的报告［R］. 北京：人民出版社，2017：46.

文化蕴含的价值观的研究，对礼、乐、礼乐文化的研究，关于道德与文化的关系的研究，关于意识形态及普世价值观的研究，关于价值观培育和道德人格形成的研究等几个相关领域。下文在综述这些代表性的研究文献的基础上，进一步对国内外研究已取得的进展、可探索的理论空间进行了分析，从而明晰本研究的理论起点和研究价值。

1.2.1　国内研究现状

（1）社会主义核心价值观与中华优秀传统文化的辩证关系研究

学者们普遍认为，中国传统文化与社会主义核心价值体系是相互交融的有机体、相互共生的统一体[①]，两者的具体关系体现在以下几个方面。

① 优秀传统文化和社会主义价值观互相促进

一方面，优秀传统文化为社会主义核心价值观提供了重要的思想源泉。

在对两者内在联系的考察时，首先需要回答的就是传统文化对于社会主义核心价值观的培育是否还具有当代价值，这应该是比较研究的学理前提和逻辑起点。刘怡然从社会主义核心价值体系的理论构建、建设实践和建设方法三个层面分析了中国传统文化在社会主义核心价值观体系建设中的意义。从理论构建上看，中国传统文化为社会主义核心价值体系提供了理论源泉。首先，一脉相承的民族精神是社会主义核心价值体系构建的民族基础；其次，中国传统道德观为社会主义核心价值体系提供了重要的思想来源；最后，中国传统文化中的社会理想在社会主义核心价值体系中得到体现。从社会主义核心价值体系的建设实践上看，中国传统文化为社会主义核心价值体系建设提供了民族基础。首先，社会主义核心价值体系实践的土壤是从传统社会中发展而来的现代社会；其次，社会主义核心价值体系许多具体规范的实施离不开传统文化作为载体。从社会主义核心价值体系的建设方法上看，中国传统文化为社会主义核心

---

① 肖季文，欧凯. 中国传统文化与社会主义核心价值体系［J］. 文史杂志，2012（3）：6.

价值体系建设提供了方法论上的借鉴。首先，确立行政保障机制，实现群体价值向个体价值观的成功转化；其次，注重运用道德教化的方法推进核心价值观大众化；最后，重视教育的灌输作用，对民众进行价值观教育。①

房广顺和张宏伟研究发现，首先，中国传统文化具有辩证思维的悠久传统，主张辩证地看待客观事物，强调事物之间的相互联系、相互影响和相互转化，与现代科学思维方法的养成具有内在的联动关系。其次，中国传统文化具有相互借鉴的悠久传统，主张各种学说之间相互借鉴、共同发展，形成了既有长期居于主导地位的儒家思想又有其他学说和流派的传承，对现代科学思想与文化的交融交流和协同发展具有借鉴作用。再次，中国传统文化具有兼顾国家、社会、个人共同发展、发挥作用的悠久传统，②主张在价值观养成方面形成"把对个人、社会的教化同对国家的治理结合起来，达到相辅相成、相互促进"③的价值理路。文化具有历史继承性的特点，因此，传统文化的深厚底蕴以文化资源的方式，成为涵养社会主义核心价值观的源泉。

肖季文和欧凯认为，中国在漫长的历史过程中形成了一整套处理人与自然、人与社会、人与历史、人与心灵等关系的观念，由此构筑了独立于其他民族的中国人所特有的思维方式、行为准则、世界观和价值观体系。这种中国传统思想文化已经成为中华民族的精神遗传密码，成为中华民族生生不息、国脉相传的精神纽带，是中华民族面临严峻挑战以及各种复杂环境屹立不倒、历经劫难而百折不挠的力量源泉。它为构建社会主义核心价值体系提供了丰厚的物质基础和思想渊源。④

① 刘怡然. 中国传统文化在社会主义核心价值体系建设中的意义［J］. 学理论，2012（1）：16–17.

② 房广顺，张宏伟. 社会主义核心价值观的传统文化意蕴探析［J］. 理论探讨，2015（1）：32–33.

③ 习近平. 在纪念孔子诞辰2565周年国际学术研讨会暨国际儒学联合会第五届会员大会开幕式上的讲话［N］. 人民日报，2014–09–25（1）.

④ 肖季文，欧凯. 中国传统文化与社会主义核心价值体系［J］. 文史杂志，2012（3）：5.

另一方面，社会主义核心价值观也为继承中国传统文化发挥着重要作用。

肖季文和欧凯指出，在科学构建社会主义核心价值体系的过程中，中国传统文化在提供源泉和动力的同时，自身也在不断地被选择、整合、重组，从而达到创新发展，甚至在某些领域获得突破性的飞跃。因此，社会主义核心价值体系对传承和发展中国传统文化也具有重要作用。房广顺和张宏伟认为，社会主义核心价值观以当代中国马克思主义为理论指导，与马克思主义中国化的历史进程相联系，汲取、传承、融合了中国优秀传统文化的精髓。中国传统文化的博大精深、向上向善的根本属性、创新发展的理论品质，赋予它与马克思主义具有高度的契合性，使二者能够在当今时代背景下相互借鉴、相互融通。[1]社会主义核心价值观培育的时代课题为传统文化在新时代的发展提供了价值引领和创造性转化的契机，对于传承中国传统文化具有重要的历史意义。

②传统文化的消解会弱化社会主义核心价值观的生命力

社会的现代转型加剧了文化境遇的复杂性，也增加了传统文化与现代生活相融通的难度。传统文化的形态与现代生活脱节，传统文化的保守性和权威性与现代社会的开放性和自主性发生冲突，加之传统文化自身发展转型的滞后，使得人们接受传统文化的主动性大大减弱。随着现代社会的转型而发展大众文化，以其追逐商业利益的本质驱动而带有的娱乐至上、消遣为主、媚俗功利的特点，弱化了传统文化的影响力。传统文化在现代社会的境遇也反映出一些历史继承性的价值追求的旁落，这表明传统文化的价值传统在当今社会的适用性已经降低，与其他异质文化交锋中的优势地位已经受到严峻挑战[2]。文化的多样性本身其实不会构成文化境遇的复杂冲突，但是文化的核心是价值观，某种文化的地位表明相应的价值观的地位，传统文化是社会主义文化的组成部分，

---

① 房广顺，张宏伟. 社会主义核心价值观的传统文化意蕴探析［J］. 理论探讨，2015（1）：32-33.

② 张苗苗. 社会主义核心价值观的文化解读［J］. 党政论坛，2013（4）：22-24.

传统文化的消解意味着社会主义核心价值观面临更多挑战。

（2）礼乐文化的传承与创新及时代价值研究

① 礼乐文化精神的内涵

对礼乐文化的精神内涵学者们有不同的表述方法，但基本认同以下几个核心点。

第一，仁爱精神。葛金芳认为，对于个人来说，礼及礼制是立身处世的一套准则；对于群体来说，礼和礼制是人际交往的文明规则；扩而大之，对于整个社会来说，礼和礼制则是为构建稳定的社会秩序和制度而设计的。因此，礼制中必定蕴含着中华先民的生命经验和生活智慧。这种经验与智慧的深厚积累之核心，就是一个"仁"字。① "仁"是孔子思想的核心。对于仁的含义，孔子在回答樊迟时说得非常明确。"樊迟问仁，子曰'爱人'。"仁的含义就是爱人。至于仁与礼乐的关系，孔子提出："人而不仁，如礼何，人而不仁，如乐何？"②孔子以仁来规定礼乐的本质和精神，事实上是对西周礼乐的重新解释和创新发展，像郊社、尝禘、馈奠、乡射、食飨这些基本礼节，都从"仁鬼神、仁昭穆、仁死丧、仁乡党、仁宾客"的内在精神做出了解释③，在仁礼相合的道德价值的引领下，"克己复礼为仁"就具有了合理性。

第二，和合精神。"礼之用，和为贵"④，这是礼乐的基本功能。吴怡垚和徐元勇认为，礼规范人的行为，乐内化礼的形式，礼乐体现了天地的有序和谐，折射着从自然之和到人心之和的教化过程，具有调节社会关系和谐统一的

---

① 葛金芳. 中华礼制内在凝聚力的学理资源及现实挑战［J］. 中原文化研究，2014（4）：21-25.

② 论语·八佾［M］//陈襄民，等注译. 五经四书全译（四）. 郑州：中州古籍出版社，2007：3061.

③ 礼记·仲尼燕居［M］//陈襄民，等注译. 五经四书全译（二）. 郑州：中州古籍出版社，2007：1067.

④ 论语·学而［M］//陈襄民，等注译. 五经四书全译（四）. 郑州：中州古籍出版社，2007：3049.

重要作用①。"和实生物"思想早在西周的时候就已经被确立起来了，儒家认为礼最主要的功能在于"和"，这其实是在对中国传统哲学深刻总结、体认基础上形成的思想智慧；在今天更是具有重要的时代价值，可以说，以和为贵的思想是传统与现代价值观的非常重要的交合点，更是具有普遍的世界意义的共同价值②。

第三，恭敬精神。韩云忠和王丕琢认为，有礼必敬。恭敬是礼所传达的基本精神，是礼的应有之义。儒家强调的恭敬，其实有两个层面：一是"恭"，这是发自内心的虔诚心意；二是"敬"，这是外在行为上的庄敬恭顺。礼乐教化的实质是"治躬"与"治心"相结合，做到表里如一。"礼"是"治躬"的，它教人"正容体，齐颜色"，一举一动都要符合道德礼义的规范，在行动和外貌上做到"庄敬恭顺"。"乐"是"治心"的，高雅纯正的"乐"陶冶人的内心，启迪人的善良本性，恭敬之心油然而生。③而且这一过程是双向的，通过礼在"敬"的层面对身体行为的规范，可以通达内在恭敬精神的强化和陶养。

② 礼乐文化发挥作用的内在机制

一些学者借鉴"环境场"理论分析了礼乐文化发挥社会功能的内在机制。"环境场"是德国格式塔心理学派的代表人物考夫卡提出的概念。他认为，人的行为主要受环境的影响。他把环境分为地理环境和行为环境两个方面，地理环境就是客观的环境，行为环境是意想中的环境。④韩云忠和王丕琢运用这一理论分析指出，人生礼仪构成了个体的小"环境场"，并由诸多小"环境场"最终形成社会这一大的"环境场"。换言之，个体人生礼仪如冠礼、婚礼、丧

① 吴怡垚，徐元勇. 先秦儒家礼乐文化的内涵及现代价值［J］. 南通大学学报（社会科学版），2019（2）：123-127.

② 刘丰. 儒家礼乐文化的历史价值与当代启迪［J］. 中原文化研究，2014（4）：28-31.

③ 韩云忠，王丕琢. 礼乐文化精神与社会主义核心价值观［J］. 理论月刊，2013（8）：153.

④ 考夫卡. 格式塔心理学原理：上册［M］. 傅统先，译. 北京：商务印书馆，1934：5.

礼、祭礼等，因为具有普遍的社会适应性甚至引导规范性，所以其已经不是个体人格的行为选择，而是社会整体人格的行为选择。社会的百姓在无处不在的人生礼仪的习染和熏陶下，正名定分，依礼而行，就自然形成和谐稳定的社会秩序①。

③ 礼乐文化的沿袭和批判继承

中华文明五千年绵延不断，其间经历过内乱、政权更迭、外族入侵，但是整体上维持了政治与文化的一统。刘丰认为，在与中国古代文明并存的世界各主要文明中，只有以儒家为主体的中华文明虽然历经曲折，但一直延续至今。这也验证了孔子"虽百世可知也"的预言。这个结果是政治、经济、种族、文化等各种因素共同形成的。中国文化在数千年的发展中，礼是一个重要的共同价值标准，对于维系中国文化的统一性和稳定性起到了巨大的历史作用，这也是礼对于中国文化发展的一个重要贡献。儒家认为，"三代之礼一也"，指的是中国文化的连续性与一体性，但这样的认识丝毫不排斥中国历史文化的发展阶段各有特色以及地域文化的多样性，这两个方面是相辅相成的。在中国文化的现代转型过程中，传统文化的复兴、国学热的兴盛，在很大程度上表明，当代文化的发展需要与传统文化对接。对传统文化的承续，并不是盲目复古，而是认为当代文化发展应该有意识地延续传统文化的核心价值。②

作为意识形态部分的观念文化的属性，符合经济基础与上层建筑的矛盾运动规律。房广顺和张宏伟认为，传统文化乃至传统价值观以自然经济为物质基础，不可能产生与社会化大生产和现代科技相适应的思想文化和价值追求；另一方面，传统文化乃至核心价值观本身也有精华与糟粕并存的特点，

① 韩云忠，王丕琢. 礼乐文化精神与社会主义核心价值观［J］. 理论月刊，2013（8）：152-155.

② 刘丰. 儒家礼乐文化的历史价值与当代启迪［J］. 中原文化研究，2014（4）：29-30.

在优秀传统文化发展的同时也夹带着糟粕的流传和"再生",有异于社会主义核心价值观的本质规定。中国传统社会是以自然经济为基础的农业经济,导致传统价值观具有很强的封闭性和历史局限性,不加区别地照搬传统文化甚至无限夸大传统文化的现代意蕴,将对社会主义核心价值观的培育和践行造成负面影响。社会主义核心价值观传承传统文化,要以中国国情为根基,以当今时代为依据,传承优良传统而非文化糟粕。①

作为传统文化中最具代表性的礼文化,汤勤福指出,中华礼制在漫长的发展过程中曾是以封建等级制度为其基本准则的,所有的礼仪都在"等级"的约束下展示与践履,因而当今社会必须冲破这一樊篱,打破封建等级制度的约束,在扬弃过程中吸纳其尊重人格平等、展示礼制对个人道德升华的内在价值,发掘它对建设和谐社会秩序和安宁环境的功效,探讨其对世界和平与经济发展的作用。②因此,甄别中华礼制中哪些是适应当代社会的因素,哪些是可以改换、变异后适应当代社会的因素,而哪些则确实是落后于时代而应该被淘汰的因素,就成为礼乐文化在当代能否得以重建的根本前提。宋乃庆、贾瑜和廖晓衡指出,对于中华传统文化中"错误的""激进的""落后的"、阻碍当今社会与人发展的"糟粕",应加以批判和扬弃。如中国传统文化中的"三纲"——君为臣纲、夫为妻纲、父为子纲,这完全是一种专制的封建主义思想,人的个性受到极大压抑,几乎毫无自由可言。"万般皆下品,惟有读书高"的观念,片面抬高了读书人的地位而贬低其他行业,导致劳动者地位低下,社会地位不平等。统治中国知识分子数千年的科举制度,尤其是演变至清末的"八股取士"更是牢牢禁锢了读书人的思想,扼杀了其创造力。这与当今社会所倡导的"民主、自由、平等"观念以及创新精神是完全相悖的,因此,

---

① 房广顺,张宏伟.社会主义核心价值观的传统文化意蕴探析〔J〕.理论探讨,2015(1):31.

② 汤勤福.世界多元文化格局与中华礼制的当代位置〔J〕.中原文化研究,2014(4):25-28.

应毫不犹豫地摒弃。①

（3）社会主义核心价值观视域中对礼乐文化的考察

① 考察的理论基础研究

从马克思主义文化哲学的视角，张廷干分析了对中国传统文化进行批判继承的理论基础。他认为，泛意识形态化造成了人的存在与社会现实之间的背离。文化必须关注生命的现实存在，建立起文化与生命存在的原初关联，把人的现实生存及其自由发展和生活世界的批判性改造结合起来。②邹广文指出，"紧紧围绕人、人的解放和人的价值实现这一主题展开文化哲学建构，这是马克思的文化哲学观最鲜明的特色"③。人的"全面自由发展"与"现实幸福"作为人的本质力量在生活世界中的确证，是"生命的再生产过程"与"生产性的生命过程"的统一，只有在特定的社会制度结构中才是可能的。马克思关于人的主体规定性强调其社会性与个性自由的历史性统一，而儒家文化对人的存在的规定性则强调伦理总体性而缺乏个性自由，由此呈现出个体至善与社会至善之间的关系论域。

郝立新、路向峰指出，马克思主义文化哲学以观念形态与实践形态的区分强调精神生产的"文化实践"意义，凸显文化的相对独立性。文化的观念形态与实践形态不同，"文化要发挥其影响现实生活的实际力量，必须通过文化实践由一定的物质实践活动表现出来"，否则"文化观念就难以对社会生活发生实际性的影响"。④张廷干认为，由于文化与政治经济发展不平衡，人们往往割裂经济政治实践与文化实践的联系，这正是当前文化建设的主要缺陷。⑤曹明和张廷干的研究认为，道德、正义乃至道义合法性只有在社会结构

① 宋乃庆，贾瑜，廖晓衡. 中华优秀传统文化与社会主义核心价值观的培育和践行 [J]. 思想理论教育导刊，2015（4）：64-67.

② 张廷干. 马克思主义与传统文化融合的话语逻辑 [J]. 学海，2013（6）：10-14.

③ 邹广文. 马克思文化哲学思想的展开逻辑 [J]. 求是学刊，2010（1）：29-35.

④ 郝立新，路向峰. 文化实践初探 [J]. 哲学研究，2012（6）：116-120.

⑤ 张廷干. 马克思主义与传统文化融合的话语逻辑 [J]. 学海，2013（6）：10-14.

中才能获得现实性，尽管未来社会依然可能存在个体物质利益欲求与社会公共价值或社会道义之间的特定张力。[①]黄力之指出，文明的前景"在于个体物质利益向公共利益的转化"[②]。

马克思主义认为，人的本质是一切社会关系的总和。从人的现实本质出发研究文化的本质，就不会陷入历史唯心主义的泥沼。文化是人的本质力量的对象化，这样就获得了一个文化研究的共同视野，即马克思主义和儒家传统文化都认同人与自然的关系是文化实践得以展开的前提。张廷干指出，从文化哲学的视域审视马克思主义与传统文化的融合，可以发现二者的共同逻辑原点与实践境域——人与自然的关系以及人的存在，由此获得马克思主义唯物史观与传统文化的共有话语逻辑，因为人与自然的关系是一切文明展开方式中最基本的关系，也是文化实践得以展开的基本前提。这在中国传统文化中以"天人之辨"为主题得以展开。儒家的文化实践精神在孔孟之后即致力于贯通"天道"与"人德"，由此建构心性秩序。[③]马克思指出，"人对人的关系直接就是人对自然的关系"[④]，文化人类学与传统文化蕴含着相似的主题——对文化形态与生命存在之间的关系分析，并走向对人性化生存与价值的关注。这些从文化哲学视域展开的论述，为我们从人的发展的更本质层面来审视礼乐文化的当代价值，提供了理论依据和出发点。

②礼乐文化的当代价值

通过对礼乐文化核心理念和历史实践的充分考察可知，礼乐文化中沉淀为优秀文化传统的部分仍然具有为时代服务的价值。其强调道德自觉，儒

---

① 曹明，张廷干. 文化实践与核心价值观建构——马克思主义和传统文化融合的话语逻辑及其精神形态［J］. 学术论坛，2013（10）：1-6.

② 黄力之. 资本主义文化矛盾理论与马克思的文化思想及其延伸［J］. 中国社会科学，2012（4）：23-45.

③ 杨国荣. 天人之辩：《庄子》哲学再诠释（上）［J］. 学术月刊，2005（11）：5-11.

④ 马克思恩格斯全集（第三卷）［M］. 北京：人民出版社，2002：296.

家始终强调人的可生成性，学习是为己之学，修身则是"我欲仁，斯仁至矣"[①]，文化自觉的本质即在于道德自觉；其强调人文关怀，礼乐文化是伦理道德性文化，表现出对人的终极关怀的价值取向，礼乐只重"一个世界"，没有把终极关怀寄托在"彼岸"的人文传统，因此，全部归宿都指向现实世界的道德人文精神；其强调多元和谐，和合是儒家的核心价值观，包含天人和谐、社会和谐、人际和谐、身心和谐等多个层面，天人和谐居于最本质层面，这种价值追求对于构建超稳态的社会秩序是十分有益的；其强调经世致用的实用性，儒家不空谈道德，礼乐的理想是"修己安人"，修己的极致是达到修身的最高理想，所谓"内圣"，安人的最高理想是建立事功，所谓"外王"，由此个人的道德修养就落实到安定民生、治国平天下的政治实践中，充分体现出儒学的实用性[②]。这些为社会主义核心价值观的培育和践行提供了宝贵的理论与实践的参照。

③ 对社会主义核心价值观培育的启示

社会主义核心价值观培育落实、落细、落小的根本前提是关注人的现实存在，因此，韩云忠和王丕琢认为，要把核心价值观贯彻进民众的日常生活，要重视形成文化实践的"环境场"，要积极调动民众的主体性需求等。核心价值观培育要坚持内化与外化相结合，把核心价值观渗透到社会建设的方方面面，让民众切实有所感受，形成情感认同，"内化于心"；还要注重在个体的日常生活、礼节礼仪、民俗活动之中养成习惯，"外化于行"[③]。

张苗苗认为，社会主义核心价值观的培育与弘扬必须处理好与多元文化的关系。在处理与中华优秀传统文化的关系上，强调要保持社会主义核心价

① 论语·述而［M］//陈襄民，等注译. 五经四书全译（四）. 郑州：中州古籍出版社，2007：3113.

② 吴光. 中华传统文化的核心理念及其当代价值［J］. 社会科学战线，2013（2）：1-6.

③ 韩云忠，王丕琢. 礼乐文化精神与社会主义核心价值观［J］. 理论月刊，2013（8）：154-155.

值观作为当代先进文化的核心的引领作用；在处理与民族文化的关系上，重视民族文化的历史继承性，从中国化马克思主义文化发展的视域创新民族文化；在处理与大众文化的关系上，强调必须要整合大众文化，消解大众文化对社会主义核心价值观的离心力，增强社会主义核心价值观的吸引力、凝聚力、影响力①。

文化的发展具有鲜明的历史继承性的特点，价值观总是发源于特定的民族文化环境，因此，社会主义核心价值观的培育一定要建立在与传统文化的理性关系上。房广顺和张宏伟指出，社会主义核心价值观各个层次的每一方面都能从优秀传统文化中汲取营养。传统文化的实践理性、价值追求、道德理想、行为规范进入社会主义核心价值观体系，将为增强国家文化软实力做出持久贡献②。这些传统价值观虽然没有以既有的语词符号直接进入核心价值观的十二个内涵，但其丰富的理论资源形态便于核心价值观传播过程中运用民族文化的概念、形式进行表达，使民众在文化心理结构上形成认同。因此，从文化心态的层面而言，社会主义核心价值观的培育要取得实效，一定要充分运用好传统文化的既有资源。

小结：国内文献研究述评

总的来说，对国内文献的研究可见，目前学术界对于社会主义核心价值观的理论体系、价值观培育的时代意义、与传统文化的辩证关系、社会主义核心价值观培育的实践路径等进行了深入而有益的探索，取得了丰硕的理论成果，为社会主义核心价值观以文化人、以文育人的文化实践明确了进一步探索的方向，这也成为本书研究主题确定的逻辑起点。同时，这些理论研究也反映出目前需进一步探索的理论空间，其中，最集中指向的是与传统社会的政治、经

---

① 张苗苗. 社会主义核心价值观的文化解读 [J]. 党政论坛，2013（4）：22-24.

② 房广顺，张宏伟. 社会主义核心价值观的传统文化意蕴探析 [J]. 理论探讨，2015（1）：33.

济相适应的礼乐文化，随着传统政治体制的解体和现代社会转型，其合法性与合理性问题，正如葛金芳所言，"儒学和礼制原本是附着在传统政治体制之上的，两者之间具有紧密的建制性关联，但在经历清王朝覆灭的巨变和五四运动的洗礼后，这种建制性关联已经消解，因此，重构中华礼制与当代生活的类似关联是否可能以及如何重构，亦是未有定论之重大课题"①。这无疑成为迫切的时代论题，有待于在理论与实践层面继续推进。

第一，对礼乐文化的历史地位和时代价值的重新估定还存在一定的争议，需要进一步挖掘礼乐文化因近代以来"反传统"的传统而被遮蔽的价值、富有生命力的人文精神和实践理性。

第二，对礼乐文化与社会主义核心价值观的关系研究可进一步深入，尤其对社会主义核心价值观培育为礼乐文化转型提供的历史机遇和礼乐文化转型的时代诉求缺少关注，对以礼乐文化为标志的中国传统文化的创造性转化与创新性发展基本路向的研究需要推进。

第三，对于中华民族整体人格塑造起着定型作用的、身心一体的文化范式——礼乐文化的作用机理的研究存在较大理论空间，为以文化人、以文育人的社会主义核心价值观培育提出了理论与实践探索的时代诉求。

1.2.2 国外研究现状

国外学者从学理层面上开展的对社会主义核心价值观的系统研究相对较少，与本领域相关的研究主要体现在如下几个方面。

（1）对传统文化历史地位及当代价值的研究

Hick和Redding认为，中国文化遗产与经济成功之间存在近乎完美的关联性，而且对照其他一百多个发展中国家的情况可知，这种关联性几乎不可能是

---

① 葛金芳. 中华礼制内在凝聚力的学理资源及现实挑战［J］. 中原文化研究，2014（4）：25.

偶然的。[①] 因此，汤因比在《展望二十一世纪——汤因比与池田大作对话录》中指出，"中国文明在日本历史上所起的作用是难以估价的"[②]。对于传统文化的当代价值，Black代表的新现代化理论，强调现代化研究的历史取向和人文关怀，倡议各国在看待自身文化传统时，应以扬弃的态度具体分析。现代性不是抽象存在的，而是深植于各自传统的文化形态之中，无论西方与东方国家，各种文化都能从本土传统中发掘出贡献于现代性的宝贵文化资源。[③] 放弃传统不仅不能保证现代性的顺利实现，反而会导致价值体系的解体和文化认同的深刻危机。[④]

（2）对儒家文化蕴含的价值观的研究

Hyun对儒家价值观在韩国的现状研究发现，不论是本土的韩国人还是移民西方的韩国人，年轻的、女性的、接触西方文化较多的人群其传统儒家价值观影响较小，个体价值观的形成受到"社会—文化—历史"情境的影响[⑤]。Inglehart和Baker用实证研究的方法检验了经济发展和价值观变化之间的关系，发现经济发展伴随着从绝对规范和价值观向日益理性、宽容、信任和参与的价值观的转变。然而，文化变迁又是路径依赖的，尽管进入现代社会，儒家的文化遗产仍留下了深刻印记。跨文化的差异比宗教差异更为显著，跨文化差异一旦形成，就成为教育机构和大众传媒传播的一种民族文化的一部分。[⑥]

---

① Hick GL, Redding SG. The story of the East Asian economic miracle, part one: Economic theory be damned[J]. Euro-Asia Business Review, 1983, 2(3): 24–32.

② 池田大作，阿·汤因比. 展望二十一世纪——汤因比与池田大作对话录［M］. 荀春生，等译. 北京：国际文化出版公司，1985：284.

③ 孙英春. 传统、软实力与中国文化的"全球视域"［J］. 浙江学刊，2016（3）：60–67.

④ 西里尔·布莱克. 比较现代化［M］. 杨豫，译. 上海：上海译文出版社，1996.

⑤ Hyun KJ. Sociocultural change and traditional values: Confucian values among Koreans and Korean Americans[J]. International Journal of Intercultural Relations, 2001, 25(2):203–229.

⑥ Inglehart R, Baker WE. Modernization, cultural change, and the persistence of traditional values[J]. American Sociological Review, 2000, 65 (1): 19–51.

（3）对礼、乐、礼乐文化的研究

卡莱尔在《中央王国》一书中指出，"礼是中国人所有思想观念的集中体现"，礼的功能集中体现在"中国人的感情靠礼来满足，他们的职责靠礼来实现，他们的善恶靠礼来评判，人与人之间自然的关系靠礼来维系"。[①] Watson 对中华文化的研究发现，中华礼仪是传统中国社会核心价值观的基石，也可以说是其形成与发展的客观依据，但礼的更深层次含义在于它本身意味着正确的行动，国家与社会的权力控制着这种正确的行动仪式，不符合的要被不断地修订。[②] Jeong 研究了庄子"乐"的思想并对儒家的礼乐进行了批判，认为庄子的"乐"是自然之乐，而儒家的"乐"是德音之乐，儒家礼乐思想强调音乐的外部效应，妨碍了享受自由音乐。[③] Bockover 认为儒家的礼是自我、社会和精神的身体语言，是仁的载体。[④] Wong 指出，乐与礼紧密相关，在《乐记》中有大量素材显示，乐的功能在于凸显礼的整体价值功能的实现，与具体的音乐表演或者礼仪规则无关[⑤]。Engelhardt 认为礼仪是通过一系列的肢体语言，传递意义和价值。礼仪通过图像、感受、思维方式等方式嵌入日常生活，对人产生影响。因此，保持和重建适当的礼仪文化非常重要，而目前所面临的挑战是道德和文化的冲突引发的文化战争[⑥]。Chan 指出，儒家仪式是一种社会实践，由适当的规则或规范组成，这些行为准则支配着生活的方方面面，它还体现了一套

---

① 阿瑟·史密斯. 中国人的性情［M］. 哈尔滨：哈尔滨出版社，2009：76.

② Watson J L. The Structure of Chinese funerary rites, elementary forms, ritual sequence, and the primacy of performance[M]. in Watson JL and Rawski ES. eds. Death ritual in late imperial and modern China, Chapter One. Berkeley: University of Calif. Press, 1988:18.

③ Jeong P S. Musical Thought in the Zhuangzi: A Criticism of the Confucian Discourse on Ritual and Music[J]. Dao, 2013, 12:331–350.

④ Bockover M I. Confucian Ritual as Body Language of Self, Society, and Spirit[J]. Sophia, 2012, 51:177–194.

⑤ Wong P Y. The Music of Ritual Practice-An Interpretation[J]. Sophia, 2012, 51:243–255.

⑥ Engelhardt H T Jr. Ritual, Virtue, and Human Flourishing: Rites as Bearers of Meaning. In David Soloman, etc. edited. Ritual and the moral life[M]. London:Springer, 2012.

基本的道德价值观，确定了人类社会的结构和一致性，并为人类生命的繁衍构建了整体的文化背景①。

（4）关于道德与文化的关系的研究

《追寻美德》一书中，Macintyre指出现代西方对诸种核心道德问题之所以存在诸多分歧，主要原因是人们在中世纪形成的旧的道德传统，在向现代世界的转换过程中，不断被否定，原本统一的道德图式分崩离析了，而作为现代性根本特征的道德多元论也应运而生②。弗雷德克里·詹姆逊在《文化转向》中分析了后现代社会视象文化盛行的特点，"文化生产领域发生了深刻的变革，传统形式让位于各种综合的媒体实验，形象取代语言成为文化转型的典型标志"，并且"视象文化已不再限于艺术领域，而成为公共领域的基本存在形态"③。

（5）关于意识形态及普世价值观的研究

约瑟夫·奈提出了"软实力"的概念，他认为相比综合国力中经济、科技、军事等"硬实力"，文化、教育、意识形态、价值观、国民素养等"软实力"也非常重要，"一个国家的软实力主要有三个来源：文化（在很多方面对他国具有吸引力）、政治价值观（在内外事务中遵守并实践这些观念）以及对外政策（正当合理，并具有道德上的权威性）"。④他认为："软实力是通过吸引的手段而不是强迫或收买的手段从而达己所愿的能力。"⑤基辛格指出，"美国自建国以来笃信自己的理想具有普世价值，声称自己有义务传播这些理

---

① Chan J. Ritual, Harmony, and Peace and Order: A Confucian Conception of Ritual. In David Soloman, etc. edited. Ritual and the moral life[M]. London: Springer, 2012.

② Macintyre A. After virtue[M]. Notre Dame: University of Notre Dame Press, 1984.

③ 弗雷德克里·詹姆逊. 文化转向［M］. 北京：中国社会科学出版社，2000：5.

④ 约瑟夫·奈，王缉思. 中国软实力的兴起及其对美国的影响［J］. 世界经济与政治，2009（6）：6-7.

⑤ Nye JS.Jr. Soft power, the means to success in world politics[M]. Public affairs, 2004.

想"①。对"普世价值"的推崇事实上是借此强加给非西方社会，来实现西方政治、经济、社会、文化模式在其他国家和民族的复制。基于Buber提出的关系本体论②，Noddings认为关系是本体论的基础，人们天生来自关系并进入关系，关系先于实体，实体由关系而出③，据此，他提出了关怀理论，他认为关怀的出发点既不是集体主义，也不是个体主义，而是一种全球伦理④。

（6）关于价值观培育和道德人格形成的研究

① 关于如何建立身心与环境关系的研究

Kashima指出："文化从来就是物质与符号的工具。人类借助文化这一载体来适应他所存在的生态环境和生活环境，并不断构建关于自我与外部世界的观念，其实这是遗传信息与文化信息共同作用于人类心灵世界进而形成人的心理过程。"⑤ Wacquant指出："场域是指在各种位置之间存在的客观关系的一个网络。"⑥ Lefebvre认为："在日常生活中，直接的东西也就是意识形态的东西，它一方面把经济现实、现存的政治上层建筑的作用和革命的政治意识等包容起来，另一方面又将它们掩藏和隐匿起来。所以一定要撕破面纱才能接触真相。这种面纱总是从日常生活中产生着，不断地再生产着，并且把日常生活内含的更深刻、更高级的本质隐蔽起来。"⑦ 正如Thelen、Schoner和Smith的看法："认知始于身体与世界的相互作用，人的心智需要身体的各种经验，反之

---

① 亨利·基辛格. 论中国［M］.胡利平，等译. 北京：中信出版社，2015：517.

② Buber, M. Between man and man[M]. NewYork: Macmillan, 1965.

③ Noddings N. Caring: A feminine approach to ethics and moral education[M]. Berkeley: University of California Press, 2003.

④ Noddings N. Moral education in an age of globalization[J]. Educational Philosophy and theory, 2010, 42(4).

⑤ Kashima Y. Culture as meaning system versus culture as significationprocess[J]. Journal of Cross Cultural Psychology, 2000, 31(1): 50–53.

⑥ Wacquant L D. Towards a reflexive sociology: A workshop with Pierre Bourdieu[J]. Sociological Theory, 1989(7): 39.

⑦ Lefebvre H. Critique of everyday life: Volume I[M]. London:Verso Press, 1991:6.

经验也来自具有独特知觉和运动能力的身体，身体与经验交互作用，不可分离地连接在一起，共同构成一个由记忆、情绪、语言、认知、身体所构成的有机体。"①Hoverd和Sibley的实验研究表明："人的身体状况与道德之间具有很强的内隐联系。"②

② 关于集体人格与个体人格之间的关系研究

美国文化人类学家本尼迪克特（Benedict）把个体的人格置于社会整体人格进行考察，指出："个体生活的历史中，首要的就是对他所属的那个社群传统上手把手传下来的那些模式和准则的适应。落地伊始，社群的习俗便开始塑造他的经验和行为。到咿呀学语时，他已是所属文化的造物，而到他长大成人并能参加该文化的活动时，社群的习惯便已是他的习惯，社群的信仰便已是他的信仰，社群的戒律亦已是他的戒律。"③他认为人是文化创造的产物，个体人格是社会整体人格借由经验与行为在个体身上确立起来的，习惯养成就是文化认同的过程，并据此提出了颇有影响力的"罪感文化"和"耻感文化"形态界说。

③ 价值观认同方面的研究

Rokeach在《人类价值观的本质》一书中指出，文化价值观塑造着人们的信仰和态度，并引导其行为。价值观被界定为一些持久的信念，认为特定的行为方式或存在状态对社会而言，比与之相反的行为方式或存在状态更优越。④England认为，价值体系被视为影响个人行为的相对持久的知觉框

---

① Thelen E, Schoner G, Smith B. The dynamics of embodiment: a field theory of infant preservative reaching[J]. Behavioral and Brain Science, 2001, 24(1):1-86.

② Hoverd W J., Sibley C G. Immoral bodies: The implicit association between moral discourse and body[J]. Journal for the Scientific Study of Religion, 2007(3): 391-403.

③ 露丝·本尼迪克特. 文化模式［M］. 王炜，等译. 北京：生活·读书·新知三联书店，1988：5，231.

④ Rokeach, J. The Nature of human values[M]. The Free Press, 1973.

架。①Blasi研究发现道德理性并不必然达成道德性为，"道德判断在激励道德性为的过程中，发挥着有限的作用。在道德认知与道德性为之间存在着'道德裂痕'"，对此，他主张，"有两种路径去构建弥补二者裂痕的桥梁，一者是激励学生在自我道德认同中，更好地加以道德实践；一者是培育学生的道德情感"②。

小结：国外文献研究述评

综上所述，国外学术界对中国传统文化尤其是礼乐文化与社会主义核心价值观关系方面的直接研究较少，对道德人格、价值观、道德与人格的关系的研究可以为本书的研究提供理论借鉴。

第一，因为表达语境和话语体系的不同，国外学者不是直接研究社会主义核心价值观及其对社会的影响，更多的是从意识形态的角度，例如，福山的"历史终结论"、甚嚣尘上的"普世价值"等加以研究。

第二，对于中国传统文化的研究尤其是中国文明的研究保持持续关注。从伏尔泰、孟德斯鸠到康德、黑格尔，都曾深受中国文化影响，并对礼仪文化给予高度评价，称其为"中国的人文主义"③。汤因比提出东亚文明中日本、朝鲜半岛文化都是中国原生文明的次生文明，中国文明对解决现代及后现代冲突提供了新的文化出路和可能性。因此，对于中国传统文化的内涵、精神、机理、时代价值等开展了一定的理论研究，对于中国传统文化的进步性与历史局限性也有一定的研究。

第三，由于研究立场、资料掌握、资源限制等现实条件的约束，国外学者

---

① England, G. W. Managers and their value systems: a five country comparative study[J]. Columbia Journal of World Business, 1978, 13(2): 35–44.

② 马克思恩格斯文集（第一卷）［M］. 北京：人民出版社，2009.

③ 李天纲. 中国礼仪之争：历史、文献和意义［M］. 上海：上海古籍出版社，1998：352.

对传统文化、传统文化与社会主义核心价值观的关系的研究不够全面，其借鉴意义不是特别丰富。

第三节 理论基础

本研究基于马克思恩格斯文化思想、毛泽东文化观、习近平传统文化观三个核心理论，这些理论不仅是本研究的分析工具，更具有方法论意义，明确了理论分析的原则和立场。

1.3.1 马克思恩格斯文化思想

在马克思和恩格斯的全部思想进程中，始终保持着对文化问题的关注。马克思、恩格斯除了直接使用文化这一概念外，还在《家庭、私有制和国家的起源》等文献中用政治、法律、哲学、宗教、文学、艺术、社交方式等概念指代过文化概念。马克思、恩格斯早在唯物史观的创立之初，就开始从人的存在和人的本质特征的视角来理解文化，因而比较偏重于对自由自觉和创造性的理性文化精神的强调。随着马克思、恩格斯越来越清晰地表述自己的唯物史观思想，他们也开始在经济基础和上层建筑的辩证结构中把握文化的地位和作用。恩格斯晚年关于历史唯物主义的通信中比较多地探讨了文化发展的相对独立性和复杂性以及文化与经济发展的不平衡性，更注重强调文化的能动作用。马克思恩格斯的文化思想主要表现在以下几个方面。

第一，文化的本质是人的实践活动的对象化。马克思、恩格斯确立了以人的实践活动为基础，以经济基础和上层建筑的矛盾运动为内涵的社会历史理论，为深刻把握文化在人类社会发展中的地位和作用奠定了坚实的理论基石。按照马克思的实践哲学的基本精神，文化即人化，是人的本质力量的对象化。马克思认为，正是在改造对象世界的过程中，人才真正地证明自己是类存在物。在马克思的视野中人化的自然界实际上是被人的实践活动打上烙印的自然界，正是人的文化力量的表征。文化就表现为人类实践活动本身以及这种实践活动的方式及其成果的总和。马克思确立了以改变世界为己任的社会历史理论，从这种意义上说，我们可以把马克思主义的文化理论划定为关于文化的实践论理解，或者称为实践论的文化理论。马克思恩格斯的实践理论为他们的文化理论提供了重要理论依据，可以说正是以实践为根基，才真正深刻地揭示了文化与人的存在的内在关联，把文化理解为人的本质规定性。人的实践活动之所以不同于其他动物的活动，之所以不是动物式的本能性，就在于人的实践是一种自由的、自觉的活动，是一种能够超越自然的规定性、创造外在对象和人自身的活动。马克思恩格斯在关于文化的理解中倾向于强调自觉的理性精神和体现人的自由发展的文明状态。这种自觉的理性文化精神在一定意义上正突出地展示出人的实践活动，即自由自觉的对象化的本质特征。①马克思恩格斯文化思想的实践性的批判维度，最典型的例子就是马克思在《〈黑格尔法哲学批判〉导言》中指出的："批判的武器当然不能代替武器的批判，物质力量只能用物质力量来摧毁；但是理论一经掌握群众，会变成物质力量。理论只要说服人，就能掌握群众；而理论只要彻底，就能说服人。"②

第二，文化是推动社会发展的重要力量。马克思恩格斯对文化在人类社会发展中的地位和作用进行了深入思考。从这种意义上来理解，文化与经济基础的关系就构成了马克思主义文化思想的主要内容。马克思主义文化思想除了强调经济基础决定上层建筑、上层建筑对经济基础具有反作用这个原理来阐释文化的本质和功能，还针对某些"经济决定论"的误读，专门澄清文化对于经济运行和社会发展的独立推动作用。比如，恩格斯晚年在其关于历史唯物主义的书信中，对上层建筑与经济基础的关系就进行了有益的补充，他指出，"根据唯物史观，历史过程中的决定性因素，归根到底是现实生活的生产和再生产。无论马克思或我都从来没有肯定过比这更多的东西。如果有人在这里加以歪

---

① 胡长栓，等. 马克思主义文化理论研究［M］. 北京：北京师范大学出版社，2017：57.

② 马克思恩格斯文集（第一卷）［M］. 北京：人民出版社，2009：11.

曲，说经济因素是唯一决定性因素，那么他就是把这个命题变成毫无内容的、抽象的、荒诞无稽的空话。经济状况是基础，但是对历史斗争的进程发生影响，并且在许多情况下主要决定着这一斗争的形式的，还有上层建筑的各种因素"①，"这里没有什么是绝对的，一切都是相对的"②。马克思认为："火药、指南针、印刷术——这是预告资产阶级社会到来的三大发明。火药是把骑士阶层炸得粉碎，指南针打开了世界市场并建立了殖民地，而印刷术则变成新教的工具，总的来说变成科学复兴的手段，变成对精神发展创造必要前提的最强大的杠杆。"③因此，把文化的反作用简单外在化的机械论观点是对马克思恩格斯社会历史理论的误读。在现实历史实践中，其实经济里面充满着文化，生产力里充满着上层建筑，并不存在固定不变的"决定方面"。恩格斯在致康·史密特的信中以哲学为例说："经济上落后的国家在哲学上仍然能够演奏第一小提琴。"④恩格斯晚年根据新的历史经验，提出了"历史合力论"思想，充分强调了上层建筑各要素即作为历史主体的人在社会历史进程中的作用。

第三，关于文化与历史进步。马克思的《人类学笔记》、恩格斯的《家庭、私有制和国家的起源》以及关于历史唯物主义的通信，批判了线性的历史决定论，提出应该从更宏观的人类社会历史发展的视野中来理解文化和历史发展道路的多样性，不应该以西方和西方文化的发展道路作为唯一的标准，从而在宏观上拓展了社会形态发展模式理论，认为各民族社会文化发展是多样性的统一，而文化是赋予历史发展多样性和创造性最有张力的重要因素。其通过马克思恩格斯对人类历史发展道路多样性的解释，以及对历史发展动力的探索，从而在更加宽阔的视野中理解文化的社会历史方位和作用。马克思恩格斯认为，历史进步是多种因素共同作用的结果，生产力并不是唯一的因素，标志着人的全面发展程度的文化正在发挥着日益重要的作用。文化已经渗透到生产力

① 马克思恩格斯文集（第十卷）[M]．北京：人民出版社，2009：591．
② 马克思恩格斯文集（第十卷）[M]．北京：人民出版社，2009：601．
③ 马克思恩格斯文集（第八卷）[M]．北京：人民出版社，2009：338．
④ 马克思恩格斯文集（第十卷）[M]．北京：人民出版社，2009：599．

发展和生产关系变革的各个环节，成为推动历史进步不可或缺的重要组成部分。从人的自由和全面发展来确定文化进步的方向和价值追求，从而把人的自由、文化进步和社会发展三者有机统一起来，这样的文化理解极大地丰富了人类关于社会历史发展的理论，鲜明地凸显了马克思主义哲学和社会历史理论的批判精神和实践旨趣。①

1.3.2 毛泽东文化观

毛泽东文化观主要包括新民主主义文化理论和社会主义文化建设理论。

新民主主义文化理论，是在反帝反封建的新民主主义革命斗争中形成的文化理论。毛泽东并没有抽象地论述文化的本质，而是按照马克思主义的基本原理，把文化放在与经济、政治的关系中来理解。毛泽东指出："一定的文化（当作观念形态的文化）是一定社会的政治和经济的反映，又给予伟大影响和作用于一定社会的政治和经济。"②基于马克思主义的基本立场，毛泽东指出，新民主主义文化是与中华民族的新政治、新经济相适应的新文化，在《新民主主义论》中，毛泽东明确指出新文化的实质："民族的、科学的、大众的文化，就是人民大众反帝反封建的文化，就是新民主主义的文化，就是中华民族的新文化。"③同时其也明确了新民主主义文化的特征就是民族的、科学的、大众的，进而系统确立了新民主主义革命的文化纲领。第一，在指导思想上强调："只能由无产阶级的文化思想即共产主义思想去领导，任何别的阶级的文化思想都是不能领导的。"④第二，在领导力量上，毛泽东指出中国共产党作为中国政治生力军，无产阶级的代表，必须担负起领导新民主主义文化的历史使命。第三，在文化建设的主体上，毛泽东从人民群众是社会历史和精神财富

---

① 胡长栓，等. 马克思主义文化理论研究［M］. 北京：北京师范大学出版社，2017：98.

② 毛泽东选集（第二卷）［M］. 北京：人民出版社，1991：663.

③ 毛泽东选集（第二卷）［M］. 北京：人民出版社，1991：708-709.

④ 毛泽东选集（第二卷）［M］. 北京：人民出版社，1991：698.

创造者的立场出发，指出新民主主义文化必须源于人民大众，同时又为人民大众服务。第四，在建设目标上，准确地把握了文化的发展方向，引导中国革命到将来的社会主义阶段上去。第五，在主要任务上，明确要加紧马克思主义的学习和扩大共产主义思想的宣传。尤其需要强调的是，毛泽东运用历史唯物主义的观点分析中华民族的传统文化，认为封建时代的文化不都是封建主义的，要区分封建主义文化和封建时代的文化。毛泽东新民主主义文化理论有效地解答了新民主主义革命的进程中面临的一系列文化发展的重大问题，同时建构起了当代中国马克思主义文化理论的基本框架。

社会主义文化建设理论，是毛泽东思想的重要组成部分。毛泽东通过《论十大关系》《正确处理人民内部矛盾》等重要著作，集中论述了社会主义文化建设的重要地位、指导思想、基本方针等。第一，毛泽东非常重视社会主义文化建设，期待中华民族以一个具有"高度文化"的民族形象出现于世界舞台，认为社会主义文化是社会主义的本质内容，更加繁荣和进步的文化是社会主义优越性的体现。第二，对于社会主义文化建设的根本要求，毛泽东从长期的革命实践中总结，必须以马克思主义为指导，必须坚持中国共产党的领导。第三，为社会主义文化建设提出了"百花齐放、百家争鸣""古为今用，洋为中用"的基本方针。针对某些人的顾虑，毛泽东立场鲜明地指出："实行百花齐放、百家争鸣的方针，并不会削弱马克思主义在思想界的领导地位，相反正是会加强它的这种地位。"[①]在如何对待传统文化的问题上，毛泽东认为是中国的社会主义文化建设必须坚持历史的逻辑，既强调"我们必须尊重自己的历史，决不能割断自己的历史"[②]，批判地吸收传统文化中一切有益的东西，这是"提高民族自信心的必要条件"；又强调要坚持"向古人学习是为了现在的活人"的古为今用的方针。毛泽东的社会主义文化建设理论不仅进一步丰富了马克思主义文化理论，而且从总体上为中国特色社会主义文化理论的不断丰富发展奠

---

① 毛泽东文集（第七卷）［M］. 北京：人民出版社，1999：229.

② 毛泽东选集（第二卷）［M］. 北京：人民出版社，1991：708.

定了基础，明确了思路。

1.3.3 习近平传统文化观

习近平传统文化观是习近平新时代中国特色社会主义思想的重要内容，是从文化层面系统回答什么是中国特色社会主义以及如何建设中国特色社会主义的理论体系。其中，习近平关于如何对待传统文化的立场、观点和方法，为本书的研究提供了重要的理论依据。

第一，科学评价传统文化的历史地位。习近平把传统文化、社会主义先进文化统一放在中华文化谱系中进行总体考察，指明了在新的时代坐标上理解传统文化的历史地位的观测点，用"中华民族最深沉的精神追求""中华民族的基因""民族文化的血脉""中华民族的精神命脉""中华民族永远不能别离的精神家园"来评价传统文化，从而得出传统文化是中华民族的"根"和"魂"的定位。因循这一逻辑，在考察中华传统文化与社会主义核心价值观的关系时，其明确指出前者是涵养后者的"重要源泉"，这体现出在马克思恩格斯、毛泽东关于文化的历史继承性上新的理论开拓。

第二，深刻认识传统文化的时代价值。从国家文化战略的层面来认识传统文化的时代价值，是习近平传统文化观的鲜明特色，集中显示了中国共产党对传承中华优秀传统文化的深刻自觉。习近平认为传统文化对于维系中华民族和中华文化的统一性，起到了无可替代的作用，并借此从以德兴国的战略目标和以德树人的价值目标上确定了传统文化发挥时代价值的向度，强调其"是我们在世界文化激荡中站稳脚跟的根基"，是对国家综合国力提升起核心作用的文化软实力，是中华民族伟大复兴中国梦实现的民族文化基础，关系到向世界传播中华民族的价值诉求、中华文化的独特魅力和中国独立的话语体系。

第三，关于传统文化与社会主义核心价值观的关系。习近平对优秀传统文化与意识形态的关系的阐释，是与马克思主义中国化的历史与逻辑一致的。"培育和弘扬社会主义核心价值观必须立足中华优秀传统文化。牢固的核心价值观，都有其固有的根本。抛弃传统、丢掉根本，就等于割断了自己的精神命脉。"[1]"深入挖掘和阐发中华优秀传统文化讲仁爱、重民本、守诚信、崇正义、尚和合、求大同的时代价值，使中华优秀传统文化成为涵养社会主义核心价值观的重要源泉。"[2]社会主义核心价值观作为全国各族人民价值观的"最大公约数"，是优秀传统文化传承的价值载体，更是中国化马克思主义文化发展获得民族形式的必然选择。

第四，如何继承传统文化。习近平在全国宣传思想工作会议上谈到如何传承传统文化时明确了"四个讲清楚"的历史要求："要讲清楚每个国家和民族的历史传统、文化积淀、基本国情不同，其发展道路必然有着自己的特色；讲清楚中华文化积淀着中华民族最深沉的精神追求，是中华民族生生不息、发展壮大的丰厚滋养；讲清楚中华优秀传统文化是中华民族的突出优势，是我们最深厚的文化软实力；讲清楚中国特色社会主义植根于中华文化沃土、反映中国人民意愿、适应中国和时代发展进步要求，有着深厚历史渊源和广泛现实基础。"[3]这无疑是对社会主义先进文化与中华优秀传统文化的关系之深层脉络的表达，更为继承传统文化指出了明确的方向和时代价值。习近平在山东考察时还就优秀传统文化如何增强当前中国的软实力、当代中国特色社会主义文化对中华优秀传统文化的继承和发展发表了自己的看法，充分表达出通过继承和弘扬优秀传统文化实现中华民族伟大复兴的厚望。

第五，传统文化如何实现创造性转化和创新性发展。关于这一问题的基本态度，继承了毛泽东同志对新文化要一以贯之的保持"民族性"的立场、坚持"古为今用""扬弃继承"的立场和方法论，习近平强调"对历史文化特别是先人传承下来的价值理念和道德规范，要坚持古为今用、推陈出新，有鉴别地加以对待，有扬弃地予以继承"。同时，习近平立足时代文化发展

---

① 中共中央文献研究室. 习近平关于社会主义文化建设论述摘编［M］. 北京：中央文献出版社，2017：107-108.

② 习近平. 习近平谈治国理政［M］. 北京：外文出版社，2014：164.

③ 习近平. 习近平谈治国理政［M］. 北京：外文出版社，2014：155.

的新趋势和意识形态的新动向，明确了传统文化创造性转化与创新性发展是为"以文化人、以文育人"[①]的时代文化任务服务的。继承传统不是为了回到传统，而是要同这个民族、这个国家的人民正在进行的奋斗相结合，同这个民族、这个国家需要解决的时代问题相适应，深入挖掘中华传统文化的精华，并赋予其新的时代内涵，使之成为中华民族伟大中国梦实现的精神动力，服务于人民正在进行的伟大实践，服务于国家亟须解决的时代问题。

第四节　研究思路和方法

（1）研究思路

以清明和理性的态度面对自身的文化传统，体现了一个民族的智慧和文化自信。坚持马克思历史唯物主义和辩证唯物主义，以是否有利于中国特色社会主义的现代化建设、是否有利于形成中国特色社会主义的文化和道德体系、是否有利于培养"时代新人"为价值依据，对礼乐文化进行审视和评估，梳理出礼乐文化潜在的塑造文明有礼的国民素质、涵养积极达观的文化心态、构建和谐有序的社会关系、提升国家文化软实力、增强民族文化传播力的当代价值。礼乐文化潜在的当代价值仅仅是以"资源形态"存在的，只有实现创造性转化与创新性发展，才能真正以"价值形态"成为中国精神、中国力量的文化载体。

因此，以礼乐文化和社会主义核心价值观二者辩证关系的考察为逻辑起点，基于二者德性文化的视域融合，通过明、暗两条逻辑路线，使得传统涵育现代、现代观照传统的双重关联得以确立。如图1-1所示，实线箭头所指是明线：在社会主义核心价值观视域下探讨了礼乐文化内蕴的当代价值和价值实现的路向——礼乐文化的创造性转化与创新性发展，并借此获得培育和弘扬社会主义核心价值观的文化启示和实践路径。虚线箭头所指是暗线：礼

---

① 习近平. 习近平谈治国理政［M］. 北京：外文出版社，2014：164.

乐文化内蕴的时代性的普遍价值对于培育社会主义核心价值观具有特殊的文化启示性意义，这是从普遍到特殊的价值显现过程；同时社会主义核心价值观培育的文化进路正体现出在新的时代视域中对传统礼乐文化的观照，是传统礼乐文化价值开显的实践印证。本书正是遵循这样的研究思路，力求在坚持社会主义先进文化发展方向的基础上，积极构建既理性继承历史传统又立足当今社会主义核心价值观培育的时代之需的当代中国文化。

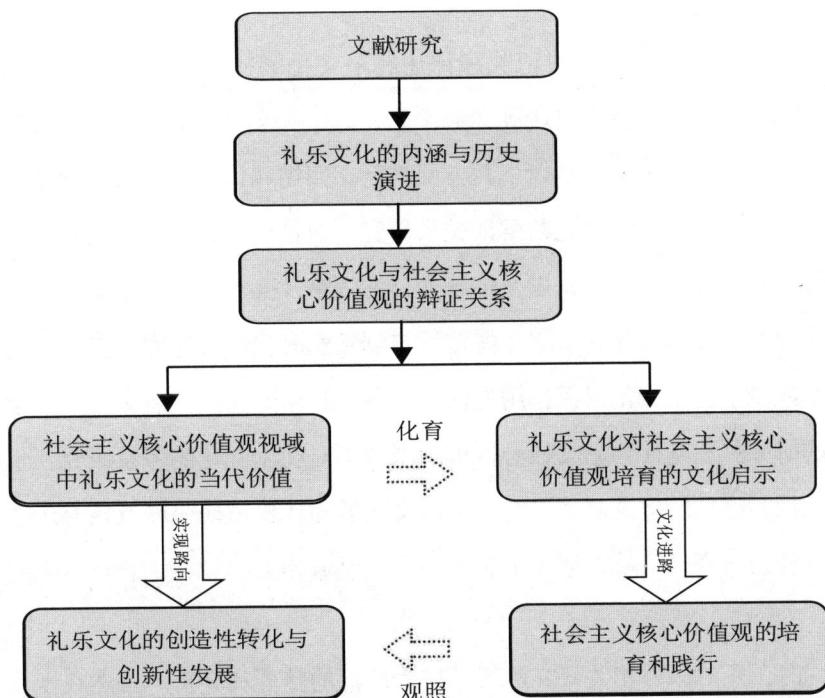

图1-1　本书的研究思路

（2）研究方法

本研究主要采用以下研究方法。

第一，历史与逻辑相统一的方法。马克思主义在批判黑格尔唯心主义立场的基础上，坚持运用唯物主义的立场和方法，使得历史与逻辑的统一发展、完善成为科学的辩证逻辑的方法。历史与逻辑相统一的方法，并不是机械化的反映论，而是认为逻辑是历史在理论思维中的再现，历史是逻辑的基础，但是逻辑进程并不必然重复历史的全部细节。同时这一方法还重视在研究历史时，要力求从逻辑高度审视与反观历史，注重逻辑推演与哲学思辨，以避免陷入历史形式起干扰作用的偶然性。因此，历史与逻辑相统一的科学辩证逻辑方法，为研究礼乐文化历史演进和时代价值提供了一条进路，正如张岱年先生关于中国哲学史研究路径的说法，"从历史中发现逻辑，学会用逻辑去考察历史"①。

第二，文献研究法。对记载和评述礼乐文化和社会主义核心价值观的经典著作和研究文献进行反复研读，梳理研究脉络和文化发展路径，提炼核心思想。其中，国内文献主要从以下几方面进行了归纳和评述：一是社会主义核心价值观与中华优秀传统文化的辩证关系研究，包括优秀传统文化和社会主义核心价值观互相促进的研究，以及传统文化的消解及其弱化社会主义核心价值观的生命力的研究；二是礼乐文化的传承与创新及时代价值研究，包括礼乐文化精神的内涵、礼乐文化发挥作用的内在机制、礼乐文化的沿袭和批判继承等几方面的研究；三是社会主义核心价值观视域中对礼乐文化的考察研究，包括礼乐文化批判继承的理论基础研究、传统文化的当代价值研究以及核心价值观的实践路径的研究等。基本涵盖了和本书研究领域相关的经典论著及其重要理论观点。

同时，还对国外相关研究进行了较为广泛的整理和分析。虽然在十八大提出社会主义核心价值观之后，国外对社会主义核心价值观的关注和比较研究逐渐增加，但国外学术界对中国传统文化，尤其是礼乐文化与社会主义核心价值观方面的直接研究仍然较少，本书主要对与本研究相关的道德人格、价值观、道德与人格的关系等研究进行了分析评述，包括以下方面：对传统文化历史地位及当代价值的研究；对儒家文化蕴含的价值观的研究；对礼、乐、礼乐文化的研究；关于道德与文化的关系的研究；关于意识形态及普世价值观的研究；

---

① 张岱年. 中国哲学史方法论发凡［M］. 北京：中华书局，2003：64.

关于价值观培育和道德人格形成的研究，包括关于如何建立身心与环境关系的研究、关于集体人格与个体人格之间的关系研究，以及价值观认同方面的研究等。

第三，比较研究法。社会主义核心价值观是当代社会主义理论的重要理论成果，具有丰富的内涵。礼乐文化在为中国传统文化塑性的历史实践中具有重要的价值，但同时，礼乐文化在三千年的历史流变中，其内涵和功能不断发生演进和变化，构成成分极其复杂，精华文化与糟粕文化交融错陈。对两种理论成果进行内涵、外延、多维度上的比较，有助于深入理解社会主义核心价值观的文化基因和时代价值，也有助于对中国优秀传统文化进行弘扬和发展。

第四，理论演绎法。运用马克思主义文化理论、礼乐文化、社会主义核心价值观等理论基础，以及文化社会学、文化认同理论等理论方法，对社会主义核心价值观视域下的礼乐文化当代价值进行理论分析和逻辑推演，确保言之有据，言之成理。

第五，多学科交叉研究法。立足马克思主义理论学科，同时运用哲学、文化学、心理学、传播学、历史学等学科的相关理论、方法和研究成果，对社会主义核心价值观视域中礼乐文化当代价值这一课题进行综合研究，以期在坚守鲜明的学科属性的同时，拓展认知视野和创新思维。

第二章 礼乐文化的内涵与历史演进

礼乐肇始于三代，因周公旦"制礼作乐"，礼乐文化在西周得以兴发，后经春秋时期以孔子为代表的先秦儒家的创造性转化而定型为伦理道德型文化。孔子"释仁入礼"，赋予礼乐丰富的文化精神，使得礼乐的核心价值从"事神致福"澄清为"仁者爱人"，日益成为深入人心世道的常理，沉淀为中华民族精神家园一以贯之的文化传统。本章将透过礼乐文化内涵的厘清和发展历史的梳理，辩证地分析其基本的文化形态和精神实质，从而为礼乐文化与社会主义核心价值观的文化品性、理论逻辑、价值实践等相关研究提供必要的理论准备。

第一节 礼乐文化的内涵

中华民族又称华夏，周朝《尚书·周书·武成》记载，"华夏蛮貊，罔不率俾"[①]，古代华夏民族以丰富的礼仪文化而受到周边其他民族的赞誉和尊奉。"乐者，天地之和也；礼者，天地之序也。和故百物皆化；序故群物皆别。"[②]华夏民族的"礼""乐"效法天地、相辅相成，充分体现了先秦儒家追求天人合德的伦理观，是中国传统文化的重要标识。

---

① 尚书［M］. 王世舜，王翠叶，译注. 北京：中华书局，2018：444.

② 礼记·乐记［M］//陈襄民，等注译. 五经四书全译（二）. 郑州：中州古籍出版社，2007：1485.

2.1.1 礼者：天地之序

国学大师钱穆先生会见美国学者邓尔麟时，谈到什么是中国文化。他说："要了解中国文化，必须站得更高来看到中国之心。中国的核心思想就是'礼'。"①可以说，礼是中国文化独有的概念，那到底何谓礼呢？

"礼者，天地之序也。"②儒家认为礼源于天地之道，礼的正当性和合法性体现在对天地之序的遵循上。同时，人也是由天道化生，因此，应该顺应天道、遵循礼法、效行不错。以顺承自然之道来治理人情，可以说是中华礼文化的发生逻辑。如《礼记·礼运》所载："夫礼必本于天，动而之地，别而之事，变而从时，协于分艺。"③礼本于万物之理，因此，孔子认为人们的行为应该遵循共同的规范，即依礼而行。如果没有了礼，社会就失去了评价行为的标准。礼涵盖的内容非常丰富，几乎包括中国古代生活的各个方面。著名理学家钱玄先生说："今世以《仪礼》《周礼》及大小戴《礼记》所涉及之内容观之，则天子侯国建制、疆域划分、政法文教、礼乐兵刑、赋役采用、冠婚丧祭、服饰膳食、宫室车马、农商医卜、天文律历、工艺制作，可谓应有尽有，无所不包。其范围之广，与今日'文化'概念相比，或有过之而无不及。"④

因此，所谓礼，从形成完整规制的周礼而言，就是把因血缘宗亲关系形成的长幼、远近、尊卑等级与社会关系比对、联系起来，使伦理秩序与统治秩序融为一体，从而形成社会的差序格局，以巩固君主专制政体的文化符号系统。礼的主要功能就是别异或者名分。所谓别异或者名分，就是要使社会形成一个"贵贱有等，长幼有差，贫富轻重皆有所称者也"的伦序。⑤它既是典章制

---

① 邓尔麟. 钱穆与七房桥世界［M］. 北京：社会科学文献出版社，1995：7.

② 礼记·乐记［M］//陈襄民，等注译. 五经四书全译（二）. 郑州：中州古籍出版社，2007：1485.

③ 礼记·礼运［M］//陈襄民，等注译. 五经四书全译（二）. 郑州：中州古籍出版社，2007：1344.

④ 钱玄. 三礼辞典［M］. 南京：江苏古籍出版社，1998.

⑤ 荀子·富国［M］//方勇，李波，译注. 荀子. 北京：中华书局，2018：141.

度，更是道德准则，渗透在社会生活的方方面面，从祭祀天地、军旅征战、婚丧礼仪到衣食住行和待人接物，全部都被深深地烙上了礼的烙印，成为人们不可须臾而离之的东西。Watson对中华文化的研究认为，中华礼仪是传统中国社会核心价值观的基石，也可以说是其形成与发展的客观依据，但礼的更深层次含义在于它本身意味着正确的行动，国家与社会的权力控制着这种正确的行动仪式，不符合的要被不断地修订[①]。因此，礼与礼教又是通意的，这是礼文化实践理性的显现，可以说，社会德教就是礼的最佳定位[②]。

　　然而需要特别注意的是，到了春秋时期，礼崩乐坏的现实，促成了以孔子为代表的先秦儒家做深刻的历史性反思。孔子释仁入礼，强调"克己复礼，天下归仁焉"，开启了"仁礼相合"的伦理范式，使得礼文化从文化符号系统转型升华为以文化符号为载体的儒家价值系统。"礼仪之邦"的盛誉下，"礼"在中国人的世界中成为一个深入人心、无人不知的概念，经由数千年的文脉沉潜，发展为以伦理道德为底色和价值支撑的"德辉动于内，礼发诸外乎"的行为规范体系。

2.1.2 乐者：天地之和

　　"乐者，天地之和也。"[③]儒家认为，乐源于天地自然的和谐，和谐才能够化生万物。《礼记》有载："天高地下，万物散殊，而礼制行矣。流而不息，合同而化，而乐兴焉。春作夏长，仁也；秋敛冬藏，义也。仁近于乐，义近于礼。乐者敦和，率神而从天，礼者别宜，居鬼而从地。故圣人作乐以应天，制礼以配地。礼乐明备，天地官矣。"[④]由此可见，"和"就是促进万物各

　　① Watson J L. The Structure of Chinese funerary rites, elementary forms, ritual sequence, and the primacy of performance[M]. in Watson JL and Rawski ES. eds. Death ritual in late imperial and modern China, Chapter One. Berkeley: University of Calif. Press, 1988:18.

　　② 牟钟鉴. 中国文化的当下精神［M］. 北京：中华书局，2016：259.

　　③ 礼记·乐记［M］//陈襄民，等注译. 五经四书全译（二）. 郑州：中州古籍出版社，2007：1485.

　　④ 礼记·乐记［M］//胡平生，张萌，译注. 礼记. 北京：中华书局，2007：725.

得其理、生生不息的仁德，正所谓"和，百物皆化"。那么何谓"天地之和"的乐呢？狭义来说指音乐，广义上则涵盖乐、舞、歌、诗等多种艺术形式。对其古老的起源，学界有劳动、巫术、游戏诸说，纷纭各异，不一而足。但有一点是可以肯定的，即礼乐同源。如果说礼的起源是祭祀文化，乐就是祭祀活动的辅助形式，因此，正如周敦颐所言"先礼后乐"，礼是目的、乐是手段，礼为乐本。

因为"仁近于乐"，乐就不能够用常人所说的音乐笼统描述，要依据音乐对人的影响大小以及功能的高下。《礼记·乐记》和司马迁《史记》中的《乐书》都把音乐分为声、音、乐三个层次，其中，"声"处于最低层，自然界的一切声响均在此列。但声并不是人类所独有的，动物也有喜怒、欢笑之声，可见这不足以将人与动物相区分。第二个层次是"音"，"音"的缘起，是人有感于外界事物而心动，情动于中，发之于口，形之于外，于是就有了声，正如《礼记·乐记》所言，"凡音者，生人心者也，情动于中，故形于声"①。《礼记·乐记》言，"声成文，为之音"，所谓文就是文采，"音"是审美价值观的体现，也就是说，"音"能够体现人为程序，这就把人和动物相区分开了，这是动物所不能企及的境界，所以"知声而不知音者，禽兽是也"②。这些"音"包括旋律、节奏，并可以由此创作出风格各异的乐曲。比"音"更高的意义层次是"乐"。"德者，性之端也；乐者，德之华也。"③"乐"是音乐理论中的最高境界，只有学养深厚的君子才能懂这个道理。在儒家看来，音乐的运用，不可不慎重，因此，真正称得上"乐"的都是那些风雅中正、心灵平和的德音，它的核心标准就是它是否"通伦理"，因此，"知音而不知乐者，众庶是也，唯君子为能知乐"，甚至"审乐以知政，而治道备矣"。④《乐记》中魏

---

① 礼记·乐记 [M] //陈襄民，等注译. 五经四书全译（二）. 郑州：中州古籍出版社，2007：1483.

② 礼记·乐记 [M] //胡平生，张萌，译注. 礼记. 北京：中华书局，2007：716.

③ 礼记·乐记 [M] //胡平生，张萌，译注. 礼记. 北京：中华书局，2007：736.

④ 礼记·乐记 [M] //胡平生，张萌，译注. 礼记. 北京：中华书局，2007：716.

文侯与子夏关于古乐与新乐、德音与溺音的讨论最具代表性。魏文侯问子夏为什么听古乐"则唯恐卧",而听郑卫之音"则不知倦"?子夏答曰:"今君之所问者乐也,所好者音也。夫乐者,与音相近而不同。"①子夏告诫魏文侯,郑卫之音的所谓新乐"淫于色而害于德",国君难道喜欢的是有害德性的溺音吗?君子之听音,应"谨其所好恶",因为"彼亦有所合者也",不过是要从音乐中听出与心相契合的东西来的,进而表达出儒家把"乐"与统治者的德行和事功相关联的严肃态度和礼乐的教化功能。《诗经》里的三百多篇国风和雅颂之曲,相传都是经过严格挑选的,内容纯正典雅,富于审美情趣,宜于人的道德提升,属于德音的范畴,孔子评价说:"诗三百,一言以蔽之,曰思无邪。"②

乐者,何以具有伦理教化功能呢?乐的缘起全在于人性乃感于物而生情,"乐者,音之所由生也,其本在人心之感于物","是故其哀心感者,其声噍以杀;其乐心感者,其声蝉以缓;其喜心感者,其声发以散;其怒心感者,其声粗以厉;其敬心感者,其声直以谦;其爱心感者,其声和以柔"。这些声音形式并非天性,而是人心感于外物而所发出的,所以先王对于引发人们情志的事物是非常审慎的,强调"礼以道其志,乐以和其声"③。"是故君子反情以和其志,比类以成其行。"④中国古代的读书人,将琴棋书画作为进德修身的法门,足见音乐对于变化气质、修养心性的重要性。据《史记·乐书》说:"正教者皆始于音,音正而行正。故音乐者,所以动荡血脉,通流精神而和正心也。"⑤《乐记》亦载:"故乐行而伦清,耳目聪明,血气和平,移风易俗,天下皆宁。"⑥可以说,中国古代的乐文化,或者乐教,通过音乐教化的方式,养性怡

① 礼记·乐记［M］//胡平生,张萌,译注. 礼记. 北京:中华书局,2007:742.

② 论语·为政［M］//陈襄民,等注译. 五经四书全译(四). 郑州:中州古籍出版社,2007:3051.

③ 礼记·乐记［M］//胡平生,张萌,译注. 礼记. 北京:中华书局,2007:713.

④ 礼记·乐记［M］//胡平生,张萌,译注. 礼记. 北京:中华书局,2007:734.

⑤ 史记·乐书［M］//王利器,主编. 史记注译(二). 西安:三秦出版社,1991:883.

⑥ 礼记·乐记［M］//胡平生,张萌,译注. 礼记. 北京:中华书局,2007:735.

情、变化气质，是中国文化非常独特的地方。

只有真正"知乐"，方能称得上是把握了礼之真谛，是故，在儒家看来，"知音而不知乐者，众庶是也。惟君子为能知乐"①。乐文化，通过与礼文化形成取向相异却功能相向的张力结构，而通达礼文化之精神内核，并与其相得益彰。"礼以道其志，乐以和其声"②，"乐由中出故静，礼自外作故文……揖让而治天下，礼乐之谓也"③。

2.1.3　礼乐文化的基本内涵

基于礼乐文化的结构特征，对于其内涵的界定，必须从"礼""乐"二者的内涵和关系入手。"明于天地，然后能兴礼乐也"④；"天下有道，则礼乐征伐自天子出；天下无道，则礼乐征伐自诸侯出"⑤；"名不正则言不顺，言不顺则事不成，事不成则礼乐不兴"⑥；"人而不仁，如礼何？人而不仁，如乐何"⑦。可见，礼乐并称由来已久，二者关系更是水乳交融、相互依存。事实上，先秦以降，由于二者在整体文化结构中的功能、地位的演进，在中国传统文化普遍性的语境中，"礼乐文化"常常是与"礼文化"通意使用的。

礼乐文化奠定了中国文化的基调。伴随着中国文化几千年的流变，无论是显性形态还是隐性形态的礼乐文化，在历史舞台上，其自身的核心价值和功能效用随着时代命题的需要，始终在发生变化。但总体而言，广义的礼乐文化是

---

① 礼记·乐记［M］//胡平生，张萌，译注. 礼记. 北京：中华书局，2007：716.

② 礼记·乐记［M］//胡平生，张萌，译注. 礼记. 北京：中华书局，2007：713.

③ 礼记·乐记［M］//胡平生，张萌，译注. 礼记. 北京：中华书局，2007：721.

④ 礼记·乐记［M］//胡平生，张萌，译注. 礼记. 北京：中华书局，2007：723.

⑤ 论语·季氏［M］//陈襄民，等注译. 五经四书全译（四）. 郑州：中州古籍出版社，2007：3212.

⑥ 论语·子路［M］//陈襄民，等注译. 五经四书全译（四）. 郑州：中州古籍出版社，2007：3170.

⑦ 论语·八佾［M］//陈襄民，等注译. 五经四书全译（四）. 郑州：中州古籍出版社，2007：3061.

一种以乐为载体、以礼为核心的独特的文化范式，其内涵从意识形态、价值观念、典章制度、刑罚律令到行为规范、人生之道、风物习俗，可谓无所不包，其外延甚至与中国文化的外延相同。狭义的礼乐文化，基于"乐由天作，礼以地制"，往往是从二元结构的礼与乐建构的文化形式进行理解和言说，是基于文化学意义上的，而不是从社会、国家，甚至天下、民人等治理实践层面考察。本书的礼乐文化的内涵是从广义而言的。

第一，意识形态。礼乐，既具有宗教神秘意味，又潜含现实社会作用。最初礼与乐衍生于原始宗教，经过不断的发展变化，在西周时代逐渐世俗化，慢慢摆脱了宗教的神秘色彩，融入深刻的人文精神，促成了中国古代政治的伦理化倾向和文化的功利化倾向。先秦儒家将错综复杂的社会关系，规约成由血缘关系生发而成的、最基本的人伦脉络，即夫妇、父子、兄弟、君臣、朋友。荀子言："礼者，贵贱有等，长幼有差，贫富轻重皆有称也。……由士以上，则必以礼乐节之；众庶百姓，则必以法数制之。"[①]《礼记·坊记》中记载："夫礼者，所以章疑别微，以为民坊也。故贵贱有等，衣服有别，朝廷有位，则民有所让。"[②]儒家认为把这五种关系处理好了，社会就和谐了，而五伦关系的和谐是通过礼来实现的，如长幼有序、君臣有义、父子有亲、夫妇有别、朋友有信。晏子云："礼之可以为国也久矣，与天地并。君令臣共，父慈子孝，兄友弟敬，夫和妻柔，姑慈妇听，礼也。"[③]因此，礼乐文化具有通过维护礼治秩序进而形成社会差序格局的意识形态属性。

第二，价值观念。儒家的礼乐文化，其根本上倡导的是一种理性精神，即实践理性，也就是道德理性。《礼记·乐记》中说，"礼也者，理之不可易

---

① 荀子·富国［M］//方勇，李波，译注. 荀子. 北京：中华书局，2018：141.

② 礼记·坊记［M］//胡平生，张萌，译注. 礼记. 北京：中华书局，2018：986.

③ 左传·昭公二十六年［M］//郭丹，程小青，李彬源，译注. 左传. 北京：中华书局，2018：2009.

者也"①，荀子也提到"夫乐者，乐也，人情之所必不免也"②。理性的礼与感性的乐相须相济，形成了美善相乐的教化方式。礼乐二者又是完全建立在儒家以"仁"为核心的价值体系之上的，并且始终对后世的价值体系起着基础性作用。众所周知，春秋时期，礼崩乐坏、制度瓦解、世道大乱，贵族们为了权力，彼此征战不息，致使孔子更向往周公之礼。于是，在孔子等人的努力下，从礼乐规范中抽象出礼乐精神，使礼乐文化摆脱了政治制度的外壳，逐渐成为日用不觉的价值传统深潜人心。

第三，典章制度。儒家倡导政体以德，强调德治，这样礼就具有了政治的功能。在西周开国之初，周公在借鉴了夏商两代为政得失的基础上制礼作乐，奠定了中国传统文化的基调，如孔子在《论语》中所言，"周监于二代，郁郁乎文哉，吾从周"③。西周具有非常完备的官制、军制、田制、税制、礼制等国家政治制度和职责分工明晰的国家机构设置，可以说对秦汉以降的古代政治制度和历代国家机构建制产生了深远的影响。《周礼》被称为上古文明的百科全书，其中详细记载了西周的典章制度。其中国家机构分设天官冢宰、地官司徒、春官宗伯、夏官司马、秋官司寇、冬官司空六部。天官是治国理政之官；地官掌管土地、人民、教育；春官掌管"邦礼"；夏官掌管军政；秋官是执掌刑罚之官；冬官（因《周礼·冬官》遗失，后以《考工记》补齐，学者考证内容有差别）掌"事典"，即履行"富邦国""养万民""生百物"的职能。西周最著名的"五礼"，即"吉、凶、军、宾、嘉"五种礼制就属于春官的职责范围。

第四，行为规范。礼是社会生活中人们必须遵守的行为准则。人猿相揖别，就是从人的言谈举止、仪表容貌等开始有了体现主体性的符号系统和人为

---

① 礼记·乐记［M］//陈襄民，等注译. 五经四书全译（二）. 郑州：中州古籍出版社，2007：1496.

② 荀子·乐论［M］//方勇，李波，译注. 荀子. 北京：中华书局，2018：325.

③ 论语·八佾［M］//陈襄民，等注译. 五经四书全译（四）. 郑州：中州古籍出版社，2007：3065.

程序开始的。因此，儒家提出，非礼勿视，非礼勿听，非礼勿动。人与人之间因地位、身份、辈分、性别、年龄等的不同，都必须以礼行事，谨遵规范。《仪礼》中详细记载了冠礼、昏礼、士相见礼、乡饮酒礼、乡射礼、燕礼、大射仪、聘礼、公食大夫礼、觐礼、丧服、士丧礼、既夕礼、士虞礼、特牲馈食礼、少牢馈食礼、有司彻等仪制仪典，涉及社会生活各个方面的具体礼仪规范和行为准则。可以说，从庭院洒扫、言谈举止、进退揖让、衣食住行、飨宴庆贺、婚丧嫁娶、哀悯吊唁、操演征伐、邦国相交等，万民皆可在这雁行有序的行为规范的图谱中按图索骥地有序生活。

第五，刑罚律令。自三代以降，礼作为国家治理、社会治理的手段便已深入人心。但是不具有强制约束力的礼，是很难一贯稳定地发挥调节社会关系的作用的，任何社会都会有僭越和破坏社会规范的言行，因此，"出礼入刑"成为"以礼治世"的重要保障。荀子认为人性本恶，因此，主张引法入礼，隆礼重法。《荀子·劝学》指出："《礼》者，法之大分，群类之纲纪也。"[1]《荀子·修身》认为："故非礼，是无法也。"[2]"故圣人化性而起伪，伪起而生礼义，礼义生而制法度。"[3]《荀子·王霸》指出："上莫不致爱其下，而制之以礼；上之于下，如保赤子。政令制度，所以接下之人百姓；有不理者如豪末，则虽孤独鳏寡必不加焉。故下之亲上欢如父母，可杀而不可使不顺。君臣上下，贵贱长幼，至于庶人，莫不以是为隆正。然后皆内自省以谨于分，是百王之所以同也，而礼法之枢要也。"[4]他认为，礼是制定法律条文的准则和依据，类似于现代国家的宪法，而礼的实质是使各个社会层级的人们共同遵守制度规范。《荀子·修身》指出："好法而行，士也；笃志而体，君子也；齐明而不竭，圣人也。人无法，则伥伥然；有法而无志其义，则渠渠然；依乎法，而又

① 荀子·劝学［M］//方勇，李波，译注. 荀子. 北京：中华书局，2018：7.
② 荀子·修身［M］//方勇，李波，译注. 荀子. 北京：中华书局，2018：22.
③ 荀子·性恶［M］//方勇，李波，译注. 荀子. 北京：中华书局，2018：376.
④ 荀子·王霸［M］//方勇，李波，译注. 荀子. 北京：中华书局，2018：179.

深其类，然后温温然。"①礼法是士、君子乃至圣人都尊崇和身体力行的准则，遵礼守法才能使人泰然自若、安然自在。事实上，由于礼直接与宗法体系相融合，在以族权为保障的前提下，礼的实践实际上具有宗法组织习惯法的效力。

第六，人生之道。儒家对礼乐文化最大的贡献是将制度、社会关系、人伦法则上升成了人生的规范。这个逻辑的实现，是因为礼乐文化精神内核的凝练和提升。"礼者，理也。"孔子认为礼的实质就是修己成人，主张用内在的道德力量来约束自己。在儒家看来，君子只有"博学于文，约之以礼"才能守住人生正途。礼之所以可行的根本前提是礼的道德理性，即礼是历史地根据道德原则制定出来的，因此，礼是修身用世的根本，是人生最重要的科目。

第七，风物习俗。礼乐文化还通过生活方式、建筑风格、节日和风俗习惯等方式世俗化，影响着社会大众的观念和行为。如除夕守岁、正月初一拜年、元宵节观灯、端午节吃粽子、中秋节吃月饼，是中国人普遍接受的世俗文化，礼乐文化通过这种方式浸透在中国人的日常生活中，体现着一个民族的文化特色和整体素养。

传统礼乐文化是以"仁"为核心，以礼和乐为两翼，以社会建构、文化建构和国家建构为目标的中华民族的伦理道德文化。但是历经数千年流变，其内涵和形态随时代发展也在发生着分裂和再生。尤其是近代以来，随着礼乐文化发轫时的社会政治制度、经济制度发生的根本性转变，礼乐文化为封建统治阶级服务的意识形态、典章制度、刑罚律令的内涵和功能都已不复存在了。但是，文化发展因循自身的规律又呈现出与社会基础、时代条件不尽相同的演进轨迹，尤其是礼乐文化中已经沉潜为中华民族优秀文化传统的部分，恰恰呈现出超越时代性、代代相袭的文化生命力。需要明确的是，助益于培育社会主义核心价值观文化使命的礼乐文化形态，正是在这一层面上而言的。礼乐文化现代性内涵主要体现在精神文化和行为文化层面的人文精神、价值追求、修身之道和行为规范等伦理道德。

---

① 荀子·修身［M］//方勇，李波，译注. 荀子. 北京：中华书局，2018：21.

第二节 礼乐文化的历史演进

礼乐肇始于中华文明的源头，是中华文明显著的文化标志，蕴含着中华民族最重要的历史文化基因。本书运用历史与逻辑相统一的方法，以礼乐文化发展的历史考证为基础，以礼乐文化价值系统的质性转化为重要节点，力求梳理出礼乐文化历史演进的基本文脉，为准确把握礼乐文化历史形态、精神实质乃至重新估定礼乐文化价值做好理论准备。

2.2.1 礼乐文化的起源：事神致福

中国的文化传统是历史主义的，强调整体化的历史意识，对礼乐文化发展历史的考察也力求遵循这一传统。周公旦"兴正礼乐，度制于是改，而民和睦，颂声兴"[①]，历史上普遍认为这标志着礼乐制度的兴起。从《周礼》《仪礼》《礼记》的相互印证可以清晰地看到，周公在西周初年的制礼作乐的确对于中华文化的走向起到了非常重要的定型作用。如果溯源礼乐的文化传统，礼乐则肇始于更早的原始社会。

"礼"的萌芽可以追溯到原始社会的巫术仪式。人们希望通过这些巫术仪式向上苍天神表达自己虔诚，以获得神的庇护，从"巫"字的结构便可以一观其意。巫字的上横代表天，下横代表地，中间的"丨"表示能上通天意、下达地旨，加上"人"，就是通达天地、中合人意的意思。其中的"人"，不是孤立的人，是复数的"人"，是众生。它蕴含着祖先期望沟通天地、得到庇护的梦想。在这些仪式中巫师产生了，巫师是维护和创造各种仪式的专职人员，被人们看作神的化身，代表神与人进行对话沟通，既可以把神的旨意传达给人，也可以把人的祈求传递给神。巫术仪式被认为是礼仪的最原始的表现形式，在人类文明的普遍语境中，原始巫术、自然崇拜、祭天图腾等都

---

① 史记·周本记［M］//王利器，主编. 史记注译（一）. 西安：三秦出版社，1991：62.

被认为是原始礼仪的样式。通过"礼"字的甲骨学考证，王国维先生指出："此诸字皆象二玉在器之形，古者行礼以玉，……奉神人之事通谓之礼。"①可以说，人类这种通过巫术礼仪试图沟通天地、祈福免灾的活动，代表着人类初期的文化形态。

乐的起源与礼事活动密切相关。当然远古时期的乐与今天所言的乐并不尽相同。由于远古时期的艺术门类没有形成，乐可以说是一种综合体艺术。礼乐文化意蕴中的乐也是这样一种综合体艺术，包括音乐、诗歌、舞蹈等。最早礼乐是同源的，后来乐作为礼的辅助形式得以进一步发展完备。

在红山文化遗址中，发掘出大型的祭坛、神庙和石冢，可见在5000年前，人们已经开始举行大规模的祭祀活动。而在更早的仰韶文化墓葬中，死者头颅均西向而卧，彩陶上可见面虫身像，这些也都印证着远古礼仪的发端。房龙在《宽容》一书中指出，统治原始社会的只有一个信条，即至高无上的求生欲望，正是这种求生的欲望，使原始人不断地与大自然搏斗抗争，但这种抗争难免失败和无能，人们这时会感到自然是归之于神的意志和权力，于是就产生了原始的宗教，也产生了对无形的自然和一种神灵的膜拜，在这一系列的膜拜的过程中，便形成了一系列的原始礼仪，这种原始的礼仪同原始宗教是一样的，源于人类的蒙昧时代的狭隘而愚昧的观念②。在原始社会时期，由于生产力水平的限制，人们对世界认知极为有限，在大部分的时候只能听天由命，通过祭神祭天的图腾的礼仪表示自己的虔诚，希望得到自然神的保护，但因为这种崇拜本身就是虚幻和不现实的，这种仪式的发展也五花八门。"巫术系体，最重要的一点，它是全部落人民共同经营的事业里最有效的组织及统一的力量。"③尽管礼乐起源于事神致福的带有原始宗教意味的巫术、祭祀活动，但是已经可见礼乐在组织和安顿生活的现实社会作用已开始显现，而这一功能的

---

① 王国维. 观堂集林（卷六）[M]. 北京：中华书局，1959：291.

② 亨德里克·威廉·房龙. 宽容 [M]. 北京：中华书局，2012.

③ 马林诺夫斯基. 文化论 [M]. 北京：华夏出版社，2002.

真正开显还要始于三代之礼。

三代之礼的历史演进过程："殷因于夏礼，所损益可知也；周因于殷礼，所损益可知也。其或继周者，虽百世可知也。"事实上，夏、商两代的礼乐由于考古材料的不足，在春秋时期就已经难考其详了，但文化的发展总是有历史继承性的，因循其中的文化传统大概可见其演进的历史脉络。礼乐文化从上古时代而来，根据社会的现实需要不断被损益，某些具体内容肯定是因时代而异的，但是其基本的文化形态在层层的历史沉淀中反而越发得以形成。西周时期可以说开辟了中华文化的人文时代，经由周公的制礼作乐，粲然大备的中华礼乐就此定型、一脉久远。孔子的"周监于二代，郁郁乎文哉，吾从周"可以见证，礼乐文化在西周时期发生了历史性的转变和飞跃。《礼记·表记》明确记载了于商、周两代在政治文化上的巨大差异，"殷人尊神，率民以事神，先鬼而后礼，先罚而后赏，尊而不亲"，"周人尊礼尚施，事鬼敬神而远之，近人而忠焉，其赏罚用爵列，亲而不尊"[①]。商朝是跛足的巨人，虽然创造了令后人惊叹的青铜文明，但是因为信奉天命和严苛暴力而广失民心，终招致灭亡。

周王朝鉴于殷商灭亡的惨痛教训，彻底摆脱了"事神致福"的天命观，确立了"兹在德""天人合德"的伦理道德观，中华民族的人文精神和道德理性自此开篇。

2.2.2 礼乐文化的发展：释仁入礼

在古代礼仪发展的历史上，尤其是在礼义理论上，《周礼》《仪礼》《礼记》是我国最早的礼学专著，记载了大量周代的礼仪，被后人奉为礼经，是秦汉以降历代国家制礼作乐的依据。从礼制的层面而言，西周时期产生了吉礼、嘉礼、宾礼、军礼、凶礼，并称五礼。吉礼是五礼之冠，主要是对天神、地祇

---

① 礼记·表记［M］//陈襄民，等注译. 五经四书全译（二）. 郑州：中州古籍出版社，2007：1652-1653.

的祭祀典礼，历代礼书以吉礼最繁，封建社会的礼制中，吉礼都是占绝大篇幅的。嘉礼是调节社会人际关系、沟通交往的礼仪。如《周礼》所言，嘉礼是用以亲万民的，主要的出发点也是为统治阶级自身服务的，包括饮食之礼、冠之礼、宾射之礼、飨宴之礼、庆贺之礼，在等级制度下，随着地位的尊卑贵贱而有仪节繁简多寡的不同。宴礼，系宴饮之礼。宾礼，是接待宾客之礼，天子和诸侯国之间，以及诸侯国与诸侯国之间的往来交际之礼，即为宾礼。军礼是师旅操演征伐之礼，正所谓以军礼统邦国。凶礼，是哀悯吊唁忧患之礼。可见，西周之时的礼仪制度已经非常完备，周公所做的伟大的文化整合使礼乐以统一的形制得以传播，终使华夏文明获得礼乐上国的盛誉。

但是春秋开始，礼乐开始被一些人自觉或不自觉地、主动或被动地遗弃了，颇有讽刺意味的是，礼乐所力图维护的统治阶级本身首先成了僭越礼乐的人。从周礼的六官制度和五礼仪制可见当时的社会、政治理想，即无论是天子、诸侯、公卿、大夫、士还是普通百姓，均需依礼行事，以求上下相安、万民和谐。但是，随着周天子地位趋于式微，诸侯们不愿再接受周礼的制约，于是"礼崩乐坏"的社会现实无可避免地上演了，发展到战国时代，西周礼乐从初始的被奉为圭臬完全演变为弃之如敝屣。礼崩乐坏的现状促成了以孔子为代表的先秦儒家做深刻的历史性反思，首开对传统文化的创造性转化与创新性发展的先河。孔子对礼乐文化进行了深入的研究和广泛的挖掘，删诗书、修礼乐，赋予其丰富的文化精神。孔子约仁入礼，提出了"内仁外礼"的伦理模式，使得礼乐在后世长久而深远地影响了整个中华民族的文明样式和文化人格。

乱世不可用，盛世犹可为。西汉的"罢黜百家，独尊儒术"，使得礼乐文化再次以显耀身份重回历史舞台，但是新儒学已经与孔子为代表的原始儒学发生了变化，礼乐文化中很多带有源头精神的文化基因也因辅政之需被改写，后世礼乐文化自身多次分裂"再生"并沿承继的各种形态发展演进，这为后世"礼教吃人"的历史批判埋下了伏笔。封建社会的礼仪最终走向了极其烦琐、等级森严的僵化时期。封建统治者为了维护自己最高统治者的地位，把自己奉为真命天子，绝对至高无上，正如《清宫琐记》所载，朝见天子，须三跪九叩，特殊的场合还被要求叩出响头，体现出极森严的政治制度信息。随着资本主义的萌芽，尤其是西方资产阶级自由、平等、民主、博爱等思想的影响，我国的传统礼仪文化也受到了冲击，彼时的封建伦理道德又被蒙上了一层温情脉脉的西方礼仪面纱。民国初年，特别是辛亥革命的爆发，西方文明有力地冲击了东方古老的文化，这种冲击自然也影响到人们生活的各个方面，礼仪文化即首当其冲。不仅是礼仪样式的变迁，如跪拜礼被握手礼取代、长袍被西装取代，更重要的是当时以西方资产阶级革命的理想和理性思想为武器，在很大程度上破除了旧礼教的一些封建落后的伦理道德观念。

2.2.3 礼乐文化的困境：传承危机

礼乐文化为中国人安顿自我、追索精神归宿，建构了一个文化共同体，可以说，礼乐文化贯穿于中国人的人生意义和生命证成的全部社会关系，包括人与自然、人与社会、人与他人、人与自我。在这个雁行有序的文化谱系中，每个人各安其实、各守其分、各养其心。然而近代以来，随着政治经济社会的深刻变化，传统礼乐的文化模式和社会功能却与现实矛盾之间失去张力，不仅不能成为中国人精神世界的安顿之所，反而沦为腐朽遗物的指证，陷入传承危机。

（1）历史视域中，中国近代对传统礼乐文化的继承遭遇前所未有的考验

从鸦片战争开始，随着帝国主义的坚船利炮强行打开中国的大门，西方帝国主义的工业化和军事强权，与中国社会现代化的"低度发展"形成强烈反差，使得知识分子在探寻救亡图存的文化道路时，一度形成民族文化的自卑心理和自我矮化的思维定式，把因国力衰弱带来的深重灾难完全归因于孔学、归因于礼教，一时形成"非儒反孔"的狂飙突进式的文化批判，传承数千年的礼

乐文化遭遇了前所未有的挑战和危机。1919年11月1日，吴虞在《新青年》上发表了《吃人与礼教》一文，直言："我们如今应该明白了！吃人的就是讲礼教的！讲礼教的就是吃人的呀！"①吴虞对礼教的激烈批判深得新文化运动领袖胡适先生的赞赏，被评价为"中国思想界的一个清道夫""只手打孔家店的老英雄"，吴虞因此名噪一时。积毁销骨，众口铄金，礼教终被推到历史的对立面，而吃人之论断，更使得礼教成为无人不晓的贬义词。

礼乐文化的命运折射出传统文化的近代历史命运，在急于寻求国家民族出路的文化激荡中，民众普遍表现出对传统文化从批判、抛弃发展到隔绝和懵懂的疏离状态。余英时认为，五四的第一代是反传统的，"五四第二代、第三代以至今天的知识分子对于中国人文传统大概只有一个抽象的概念"②。事实上，"吃人"的礼教与兴于三代的"礼乐文化"绝不能简单等同。应该看到，新文化运动中对传统文化进行的批判和反思是历史进步的体现，而且的确在历史上铸造了辉煌的文化成就，但遗憾的是，反思和批判一旦走向极致，就会成为狭隘的文化精神和极端思潮的护身符，如西方谚语所说，"把洗澡水和婴儿一起泼掉了"。马克思主义唯物史观认为，人们自己创造自己的历史，但是他们并不是随心所欲地创造，并不是在他们自己选定的条件下创造，而是在直接碰到的、既定的、从过去承继下来的条件下创造。中华民族是一个历史性的民族，只有从历史发展的整体中来审视新的时代问题，才能获得把握大势的历史自觉。近代以来，传统礼乐文化的遭遇恰恰暴露出新文化运动中对传统文化的批判的不彻底性。文化作为上层建筑，的确有其与经济基础、生产关系相适应的一面，但同时也应该看到文化所具有的相对的独立性，不会随着社会形态的更替、经济基础和政治制度的变迁而断流。优秀传统文化的基因和价值合理性具有超越时代的属性，不能因为社会形态的更迭就做彻底否定。同样，对待礼乐文化也不能因其产生于原有的政治、经济、社会基础，就对其时代价值做全

---

① 吴虞. 吃人与礼教 [J]. 新青年，1919，6（6）.

② 余英时. 中国近代思想史中的激进与保守 [R]，香港中文大学，1998.

盘否定，其实恰恰需要批判反思的是，礼乐文化的精神实质怎样才能在实现中国梦的历史实践中得以生发出来。

（2）价值视域中，礼乐文化形态与政治经济形态的自洽性受到质疑

价值是一个关系范畴，是客体属性对主体的有用性。中国特色社会主义文化的建设，需要与社会主义经济基础和政治制度相适应、对其产生促进和推动作用的先进文化形态。但是，礼乐文化起源于三代，流变数千年，是由自给自足的自然经济基础决定的上层建筑，还能否与社会主义经济基础和经济制度相容？其历史合法性和价值合理性何在？马克思主义唯物史观认为经济基础决定上层建筑，但同时也强调上层建筑对经济基础具有反作用。恩格斯还针对某些"经济决定论"的误读，专门澄清文化对于经济运行和社会发展的独立推动作用。比如，晚年在其关于历史唯物主义的书信中，对包括文化在内的上层建筑与经济基础的关系就进行了有益的补充，他写道："没有什么是绝对的，一切都是相对的。"①具体到礼乐文化而言，其历史演进和发展，一方面，保持了文化的自身特质，代代相袭流转而下；另一方面，由于各代社会需要之不同，其内容亦有所损益，各具时代特征。对礼乐文化的质疑和批判，是某些特定的时代主题下的产物，绝不能就此得出思想文化本身丧失价值的结论。任何文化都是历史性的，礼乐文化与社会主义政治经济形态能否自洽，取决于礼乐文化以什么功能效用和价值内涵满足社会主义先进文化建设的需要。

因此，对于礼乐文化，我们绝不能不加筛选地全盘继承，要通过创造性转化和创新性发展，将中华民族本根的文化基因传承下去，并使其与社会主义制度、文化和时代发展相适应，创造出属于社会主义当代社会的先进文化形态。历史唯物主义的文化观，不是简单机械的经济决定论，意识形态的文化毕竟只是文化形制中的一部分，现代礼乐文化早已失去了意识形态层面、制度层面的原始内涵，只是以文化传统和行为文化的范式取得其当代价值。因此，礼乐文化完全可以能动地遵循文化固有规律赓续发展，并且为新时代

---

① 马克思恩格斯文集（第十卷）［M］．北京：人民出版社，2009：601．

文化任务服务。

（3）理论视域中，礼乐文化承续的具体指向不清

理论视域中，礼乐文化因缺失时代坐标下系统而深刻的理性反思而显得发展乏力。主要表现在：第一，缺少对礼乐文脉的梳理。由于缺少从文化层面对礼乐精神的整合提升，因此，无法完成与时代精神的链接，礼乐的时代价值被忽视，礼乐文化的传承呈现出因传统而传统的"两张皮"，仅仅是从某些浅层、散乱的传统仪式礼仪的层面获得可有可无的存在感。第二，缺失对礼乐文化的重新阐释。传统文化被现代文明接收、被现代人认同的前提是，必须回应时代主题、符合时代之需。所有的经典都活在解释之中，礼乐文化成为社会主义先进文化的重要资源，其合法性在于对传统经典的解释应该投射出现代文化建设的诉求。传统只有开出新意，才能重获自身的生命力和大众传播力。第三，缺乏礼乐文化释放活力的现代生活场域。随着我国社会的转型，组织形态、社会结构发生了根本性的转变，礼乐文化赖以展现生命力的环境场域被改写，没有完成现代转型的礼乐文化仅仅萎缩到书本和舞台等符号形式和传统文化研究者的学术活动之中，而远离百姓生活视野。综上所述，礼乐文化的理论困境其实透显出传统礼乐文化与现代文明相融合的无所适从。事实上，礼乐文化的现代重建，首要的理论前提就是明确当代礼乐重建的承续指向，以完成价值系统的确立和理论阐释的文化资源。

礼乐文化自西周以降，至近代新文化运动被彻底否定，历时数千年之久，其间礼乐文化自身多次分裂"再生"并沿承继的各种形态发展演进，被赋予不同时代的特征，对传统儒家礼乐文化的承续，应溯源到哪一时代为好，始终是学者们争议的焦点。为了保持文化传统演进的连续性，一种观点主张优先继承宋明时期的新儒学，但是跨过较近的历史时期而直接追慕古典时期文化的成功实践也是非常具有启示性的。获得恩格斯高度评价的欧洲的"文艺复兴"，正是这样一个回归传统却面向未来的貌似矛盾却充满哲理的历史过程。它完全跨过漫长的中古时期，直接向希腊、罗马的古典文明寻求文化发展的答案，可以

说是最典型的以古典为师的文化运动。文化的复兴，或者说对传统的回归，不应是简单的顺承关系，而应该根据具体时代的发展需求，通过回归到最初的传统，挖掘其之所以能够源远流长的内在价值，服务于时代主题和当下的生活实践。文化的传承不是一个抽象的概念，应该从辩证的历史观出发，审视其是否合乎历史发展规律，合乎时代发展需求。礼乐文化的传承和发展应当明确指向先秦时期孔子为代表的礼乐文化，这有助于准确把握礼乐文化的本质、价值和功能及其蕴含的人文内涵，更有利于从总体上把握"兴文化"的时代命题。

第三节　礼乐文化的历史形态与精神实质

以伦理道德为核心的中国文化，数千年来始终以入世伦理和道德理性为主轴一脉向前，成就了中华民族独特的精神品性，同时给予中国人安身立命的终极关怀。礼乐文化是"中国文化之心"，其在伦理道德形态的基底上，更以"仁礼相合"的模式成就了中华文明中的独特范型。

2.3.1　历史形态：仁礼相合的伦理道德

礼乐兴于三代，尤其到西周时，吉礼、嘉礼、宾礼、军礼、凶礼等从内容到形式已颇为完备。《左传》有载"先君周公制周礼"。周礼把人们的衣、食、住、行、婚丧、嫁娶、朝聘、祭祀、征伐、吊唁等都纳入礼乐典章制度，从而把夏代尊"天命"、商代信"鬼神"的文化传统带入"明德慎罚"的"礼乐文明"。周人以"小邦周"能替代丧失民心的殷商建立西周王朝，无疑是"兹在德，敬在周"的历史必然。《尚书》《逸周书》等先秦文献中，均对周人崇德尚礼做过记载。周人的铭文中多次出现"德"的字眼，如"先王德""恭德""孔德""元德"等，可见"敬德"、积德性义的历史经验和理政哲学已然奠定了中国传统文化的德性基调。我们知道，礼乐文化是从原始先民的祭祀文化发展而来的，而这也正为后人所诟病。事实上在周公以后，人牲人祭的现象已经很少了，取而代之的是使用牛、羊等牲畜为祭品。"殷人尊神，率民以事神，先鬼而后礼，……周人尊礼尚施，事鬼神而远之，近人而忠焉。"①周人吸取商灭亡的教训，深刻地领悟了"敬德保民"的执政理念，因此，周公的制礼作乐使得周礼彻底与宗教鬼神文化揖别，彰显出人本主义和人类理性的光辉。周礼的内涵不仅是政治制度、国家机构、设官分职，更是涉及政治、经济、军事、教育、风俗等全部社会生活领域的思想文化体系。《左传·文公十八年》载鲁国季文子语："先君周公制礼曰：则以观德，德以处事，事以度功，功以食民。"②由此可见，周公制礼作乐与"德"之间的关系。周公反复强调要敬德保民，明德慎罚，体现了礼乐文化体系在思想层面的深层底蕴。

到了春秋战国时期，"礼崩乐坏"的现实促成了以孔子为代表的先秦儒家做深刻的历史性反思。孔子提出了"内仁外礼"的伦理模式，"克己复礼，天下归仁焉"，将"仁"融入"礼"中，使人的情感成为"循礼"的内在动因。注重外在与内在的和谐、内化与外化的统一，是孔子对礼乐文化理论升华的突出贡献，其成为中国礼仪之邦的理论依据，为当今的礼仪教育和核心价值观的培育提供了有益的参考。周礼的符号礼仪自孔子始，以仪式礼仪为重的礼乐风貌开始以道德理性的姿态向世俗伦理发生了转型。正如孔子所言："不仁，如礼何？不仁，如乐何？"礼乐的核心价值开始从"事神致福"的逻辑起点，澄清为"仁者爱人"的世俗伦理规范体系，是深入中国人心世道的常理。

总体来说，礼乐文化主要表现为两种历史形态。一是，春秋之前的三代之礼，表现为典章制度的"礼制"和以礼施治的"礼治"。二是，随着春秋的礼崩乐坏，重新以实践理性开始深潜入心的主要是"礼义"，即理论道德的形态，正因如此，徐复观先生将春秋时期称为"以礼为中心的人文世纪"，《左传》中更是比比皆是，用"礼也，非礼也"来分辨事物的对错。同时，也开始明确区

---

① 礼记·表记［M］//陈襄民，等注译. 五经四书全译（二）. 郑州：中州古籍出版社，2007：1652-1653.

② 左传·昭公二十六年［M］//郭丹，程小青，李彬源，译注. 左传. 北京：中华书局，2018：713.

分礼与仪，这种区分是有非常重要的现实意义的，也就是说，礼开始超越了单纯的文化符号系统，从"义"的层面开始深刻追问礼的内在价值，换句话说，人们对礼的理性精神的思索，开始从礼的形式层面深化到礼的实质层面。用梁漱溟先生在《中国文化要义》中的评价可以看出礼乐文化在两种历史形态下对中国文化总谱系的贡献："孔子又远大过周公。"孔子修礼制乐的努力，将华夏文明推进到一个新的时代。

孔子对周礼的改造，旨在使其成为生活秩序所依托的标准。孔子整理出了大量关于周礼的资料，并对其进行详细的意义解释。但这种解释并非从宗教的角度将其神秘化，而是为了力证其世俗伦理道德的合理性。孔子通过一生的努力，把中华文化精要集中在人与自然、人与人、身与心的关系上，从而使中华文化锚定在了以仁为核心的伦理型文化的形态。例如，人与自然的关系，《礼记·月令》篇中记载春天不能伐幼树、不能捕怀孕的母兽、不能掏鸟窝等，以利自然、保护生态平衡；人与人的关系，《仪礼》中的《士相见礼》《乡饮酒礼》《乡射礼》等篇均详尽描述；人如何自处的问题，是中国礼乐文化最重要的特色，通过"冠礼""婚礼""丧祭之礼"等的学习和践礼的过程，变化气质、涵养德性、安顿人生。客观来讲，礼乐文化中的主体"人"，完全是在现实的社会关系中寻求安身立命的，出发点便是通过多重关系的和谐融洽最终实现自身的身心自洽，这样的礼乐处处闪烁着道德理性。

礼乐文化尤其是先秦时期的礼乐，完成了将周礼的符号礼仪系统上升为理论化仁学的价值系统，并因循实践理性之路最终完成人文精神、价值体系、日用文化的多重推进，定型成为独特风范的伦理道德文化，深刻地影响了中华德性文化的走向。

2.3.2 精神实质：以人文精神为核心的实践理性

礼乐文化之所以能在数千年的中华民族文明进程中得以传承沿袭，其生命力在于其重视实践理性的人文传统。所谓实践理性，"就是把理性引导和贯彻在日常现实世间生活、伦常感情和政治观念中，不做抽象的玄思"①。唐君毅先生认为儒家文化的特点是非常注重把文化活动融于日常生活中，赋予生活形式以文化的意义，正如他在《中国文化之精神价值》中所指出的："自儒家思想自觉肯定礼乐文化之生活，当无所不运，以之垂为教化；而中国数千年之民间之日常生活，遂皆颇含礼乐文化之意义，并与其劳动生产之生活相结合者矣。"②正是主体在日常生活的各个场域都能有意或无意地与礼乐教化融合共生，构成了礼乐文化亦即礼乐生活的双重推进，使得礼乐文化得以赓续，民族精神品性得以形塑。

夏商周三代已成的礼乐，在春秋时期地位尽失，使得先秦的原始儒家深感痛惜，正是基于"礼崩乐坏"的现实反思，孔子开始了对三代之礼的创造性转化与创新性发展的富有伟大历史意义的文化实践，希望社会通过礼乐回归安定有序的社会秩序。可是，礼乐的制度层面的地位丧失，只能从精神文化的革故鼎新寻求文化发展的出路，继续赋予礼乐文化赓续发展的新的生命力。孔子为代表的先秦儒家在整理三代之礼的基础上，删诗书、修礼乐，重新解释和挖掘礼乐文化的精神意蕴，并通过释仁入礼，最终升华了礼乐在先民的天人关系、日常生活、人际交往、理想人格等蕴含的普遍原则，把礼乐思想中蕴含的以人为本的价值立场、为政以德的价值追求、仁义理智信的价值规范昭明于世，自先秦两千多年来，人们几乎是以集体无意识的方式遵循着传统核心价值观，形成深刻的文化认同。礼乐即是通过将社会期望的规范进行系统的总结，形成仪式和程序，从而成为人们日用不觉的实践理性。

礼乐文化的实践理性是以人文精神为逻辑起点的。春秋时期礼崩乐坏、社会失序，在当时的士阶层中，普遍存在着深厚的文化焦虑。就是在这种文化焦虑的背景下，在礼乐废弛的现实面前，孔子首开中华民族历史上"创造性转化、创新性发展"的先河，他没有从礼文化外在的行为规范层面进行损益，而

① 李泽厚. 美的历程［M］. 北京：生活·读书·新知三联出版社，2009：52.

② 唐君毅. 中国文化之精神价值［M］. 桂林：广西师范大学出版社，2005：182.

是着力于内在的"人心"，转向以人的主体性为起点，以人文精神为根本的摆脱礼的价值危机的文化实践。事实上，孔子对于礼乐的注重，更关注其内在精神而非外在形式。他认为："人而不仁如礼何？人而不仁如乐何？"[①]礼乐归根结底在于"仁"。其仁爱之心体现为，上行仁德之政，下重孝悌亲情，外谋社会幸福，内建理想人格，以此作为社会道德标准，构建和谐大同社会。在这个以合情化、合理化为主要依据的普遍的社会实践中，世俗化的人性基础被普遍确立，这不仅相较于人性从神性的枷锁中解放出来具有巨大的历史进步意义，更在于外在建构性的价值体系借由普遍的社会意义的获得激发起人们主动性的内在欲求，人文精神得以在中国传统文化中根深叶茂。人文精神实现的逻辑路径，正是孔子毕生致力的礼乐文化。儒家深谙道德的抽象属性，所以儒家并不空喊道德理想，孔子也从未空悬一个先验理性的绝对律令来作为人的主宰，而是把这种道德理性融合到社会生活的各个层面和实践领域。这样，每一个个体就有了践行道德的基本操作方法，因此，礼乐成为承载中国文化不可或缺的载体。

礼乐文化亦即礼乐生活，这是以孔子为代表的儒家的理想。正是在遵循"文化活动融于日常生活"的文化实践中，不仅"致礼乐之道，举而错之，天下无难也"[②]的社会功能得以发挥，更为根本而长远的意义还在于对中华民族整体人格的砥砺，成就了精神家园的礼乐风景。

第四节　本书礼乐文化研究阈值的框定

本研究是以先秦时期孔子为代表的原始儒家礼乐文化为研究阈值的。

众所周知，春秋战国时期礼崩乐坏，礼乐本于西周的统一形制开始发生分裂。汉代以降，由于名教兴起，礼教抛弃乐教的辅助，尤其是宋代以后的礼乐

---

① 论语·八佾［M］//陈襄民，等注译. 五经四书全译（四）. 郑州：中州古籍出版社，2007：3061.

② 礼记·乐记［M］//胡平生，张萌，译注. 礼记. 北京：中华书局，2007：754.

文化发展因政治统治的需要在内涵和价值诉求上发生了巨大的变化，工具理性越来越多地替代价值理性，成为一种抽象的说教和形式主义的规范，礼乐文化越来越呈现出背离轴心时期充满生命力的文化样态，特别是明清以来的礼教，严重地束缚人性的健康发展。因此，厘清研究对象成为本书研究展开的理论前提，其意在于避其太多枝蔓，突出研究的针对性和确定性。

虽然礼乐文化肇始于三代，但是从先秦的历史视域审视，在孔子等代表人物的努力下，礼乐文化以思想文本的方式开始深潜人心。在礼崩乐坏的春秋时期，孔子对周礼进行了重新整合，尤其是做了大量的"礼义"的诠释，形成了崇尚思想理性的"春秋之礼"，即将周礼上升为理论化仁学，并通过释礼归仁，以实践理性之路最终完成人文精神、价值体系、日用文化的多重推进，定型成为独特风范的伦理道德文化。正是孔子删诗书、修礼乐，将华夏文明推进到自觉的时代。孔子对周礼的改造目的在于使其归为生活秩序的标准。因此可见，以孔子为代表的礼乐文化最能彰显原始儒家文化的精髓，透显出礼乐文化富有生命力的一面。

先秦时期是中国文化的形成期，其后中国文化所表现出的主要精神和基本走向在先秦时已现端倪，正如梁启超所言前秦时代是"全盛时代"，先秦时期的礼学与传统政治体制的建制性关联被打破，是最贴近原始儒家理想的礼乐文化形态，尤其是蕴含的智慧的价值理性，孕育了丰富的人文精神，成为百家争鸣的文化背景，礼乐开始以精神文化和行为文化的形态更深远地影响着中华民族的文化走向。这也是本研究选取原始儒家礼乐为研究视域的初心。

需要补充说明的是，本研究在探讨礼乐文化的内涵、礼乐文化的历史形态、礼乐文化的精神实质、礼乐文化与核心价值观的辩证联系、礼乐文化的当代价值、礼乐文化的创造性转化与创新性发展、礼乐化人对价值观培育的文化启示等大部分内容时，都是限定在先秦时期这一语境的，但是在大跨度回溯礼乐文化历史演进和历史局限性时突破了研究阈值的设定，是为了能在完整历史脉络中呈现礼乐文化的整体考察，以体现历史与逻辑相统一的审视。

第三章　社会主义核心价值观的礼乐文化意蕴

　　"核心价值观是一个民族赖以维系的精神纽带，是一个国家共同的思想道德基础。如果没有共同的核心价值观，一个民族、一个国家就会魂无定所、行无依归。为什么中华民族能够在几千年的历史长河中生生不息、薪火相传、顽强发展呢？很重要的一个原因，就是中华民族有一脉相承的精神追求、精神特质、精神脉络。"①优秀礼乐文化作为中华民族文化的独特标识，其内蕴的人文情怀、社会理想、伦理道德、价值追求就是中华民族生生不息的文化心理动力和精神图谱，时至今日，仍然具有民族文化的凝聚力和感召力。礼乐文化和社会主义核心价值观分别代表着传统与现代的价值观体系，对二者内在联系的历时态考察，折射出中华民族文化价值系统中传统与现代的关系，是在新的时代坐标上对于价值传统从哪里来和向哪里去的历史审视。

第一节　社会主义核心价值观的基本内涵

　　社会主义核心价值观的提出，是中国共产党着眼于人民正在进行的奋斗、回应国家需要解决的时代问题而凝练的新的价值共识。2012年11月，中共十八大报告明确提出了培育和践行社会主义核心价值观的根本任务，强调要"倡导富强、民主、文明、和谐，倡导自由、平等、公正、法治，倡导爱国、敬业、诚信、友善"。2013年12月，中共中央办公厅印发《关于培育和践行社会主义

---

　　① 十八大以来重要文献选编（中）［M］．北京：中央文献出版社，2016：133.

核心价值观的意见》，就培育和践行社会主义核心价值观的指导思想、基本原则、基本要求等提出具体意见，指出："这24个字是社会主义核心价值观的基本内容。"富强、民主、文明、和谐是国家层面的价值目标，自由、平等、公正、法治是社会层面的价值取向，爱国、敬业、诚信、友善是公民个人层面的价值准则。2014年2月10日，由中共中央办公厅印发的《关于培育和践行社会主义核心价值观的意见》单行本正式出版发行。同年2月12日，以24个字来高度概括的社会主义核心价值观的基本内容通过媒体正式向社会发布。2018年3月，十三届全国人大一次会议通过宪法修正案，把"国家倡导社会主义核心价值观"正式写入宪法。

　　"富强、民主、文明、和谐"是国家层面的价值目标。1987年，党的十三大提出了党在社会主义初级阶段的基本路线，即"领导和团结全国各族人民，以经济建设为中心，坚持四项基本原则，坚持改革开放，自力更生，艰苦创业，为把我国建设成为富强、民主、文明的社会主义现代化国家而奋斗"。2007年，党的十七大把"和谐"与"富强、民主、文明"一起写入了党的基本路线。因此，建设富强、民主、文明、和谐的社会主义现代化国家既是党在社会主义初级阶段的奋斗目标，也是我国社会主义现代化国家的建设目标。"自由、平等、公正、法治"是社会层面的价值取向，是对中国特色社会主义的基本属性和制度优越性的凝聚，集中表达了孜孜以求的现代社会理想。"爱国、敬业、诚信、友善"是公民层面的价值准则，也就是公民应该遵守的基本道德规范，是社会主义核心价值观从顶层设计落实到个人行为层面的基本价值遵循。

　　社会主义核心价值观是中国特色社会主义文化的核心，社会主义核心价值观的培育和践行，是中国特色社会主义道路自信、理论自信、制度自信、文化自信的关键，直接关涉以文化为核心的国家软实力的地位和在世界文化格局中中国文化的地位。对社会主义核心价值观培育的重要性和迫切性的理解，要放在历史的新方位和时代的新使命维度上。习近平总书记指出："核心价值观是文化软实力的灵魂、文化软实力建设的重点。这是决定文化性质和方向的最深层次要素。"①核心价值观是上层建筑中最核心的观念形态，培育和弘扬社会主义核心价值观不是一般意义上的文化建设，而是决定中国特色社会主义文化价值取向和中国模式文化道路的文化工程。价值观的培育，必须放在整体文化软实力提升的战略要义上加以考虑，定位为提升整体国民素质的凝心聚魄的工程，而不能简单地纳入认知教育或知识教育的范畴。美国前教育部部长Duncan反思，美国的教育曾一度过于关注阅读和数学等知识教育，而牺牲了公民学、价值观、历史观的教育，因此，损害了全面素质教育的长期利益。②因此，价值观培育不仅在国民教育中，更应该在全社会、全体成员、全部组织中形成协同教育的合力，使情感认同和习惯养成在落实、落细、落小的三全育人过程中得以实现。

2014年2月24日，习近平总书记主持十八届中央政治局第十三次集体学习时指出，培育和弘扬社会主义核心价值观必须立足中华优秀传统文化，"要认真汲取中华优秀传统文化的思想精华和道德精髓，大力弘扬以爱国主义为核心的民族精神和以改革创新为核心的时代精神，深入挖掘和阐发中华民族传统文化讲仁爱、重民本、守诚信、尚正义、尚和合、求大同的时代价值，使中华优秀传统文化成为涵养社会主义核心价值观的重要源泉"③。这些时代价值恰恰是中国礼乐文化最根本的精神所在，是以孔子为代表的先秦儒家礼乐的价值理想和精神追求的高度凝聚。因此，培育和弘扬社会主义核心价值观必须立足中华优秀传统文化，从优秀礼乐文化的道德资源中，深入挖掘整理和准确诠释阐发以时代价值为导向、以中国精神为引领的文化整合工作迫在眉睫。

---

① 习近平. 习近平谈治国理政［M］. 北京：外文出版社，2014：217.

② Duncan A. The Social Studies are Essential to a Well-Rounded Education[J]. Social Education, 2011, 75(3):124-125.

③ 习近平. 习近平谈治国理政［M］. 北京：外文出版社，2014：164.

第二节 社会主义核心价值观的德性文化取向

道德是以人的价值为根据，规范人们的伦理关系，以建立善的生活的一种文化现象。随着中国社会的现代化转型和"世界范围思想文化交流交融交锋形势下价值观较量的新态势"，党的十八大提出积极培育和践行社会主义核心价值观的历史性课题，这对于实现中国梦、建构中国人的现代精神生态具有深远的历史意义。中共中央办公厅印发《关于培育和践行社会主义核心价值观的意见》中明确指出，社会主义核心价值观"是我们党凝聚全党全社会价值共识做出的重要论断"。习近平总书记对社会主义核心价值观这一全党全社会新的价值共识的精髓曾做出透彻的解读，在五四讲话中，他指出："核心价值观，其实就是一种德，既是个人的德，也是一种大德，就是国家的德、社会的德。"①

礼乐文化，是典型的德性文化。中国文化以"礼"为灵魂，这是从殷周之际开始的，正如王国维先生在《殷周制度论》中指出的，"中国政治与文化之变革，莫剧于殷、周之际"，殷周之际的文化变革指的就是周公旦的制礼作乐，这的确称得上是一个革命性的变革。"出于万世治安之大计"，其制礼作乐的规模之巨、规制之祥，令后世叹为观止，更令孔子追慕不已。王国维先生认为，"周之制度典礼，乃道德之器械"，"其旨则在纳上下于道德"，因此，"殷、周之兴亡，乃有德与无德之兴亡"。②周之制度典礼，实皆为道德而设，可以说从西周时期开始，以周公旦制礼作乐为标志，整个中华民族文化的德性文化基调就已经定型了。由此，以德治国、以礼乐治国，奠定了中国文化的走向也奠基了治国理政的模式。春秋时期，诸侯僭越礼制，严重破坏了礼乐的道德基础，孔子鉴于"天下无道"的现实处境，力求重新建构礼乐的道德精神。孔子删诗书、修礼乐，苦心孤诣地"释礼归仁"，并终以"仁"为儒家的价值理想和道德典范，体现出礼乐文化对自身价值传统的深刻自觉。

---

① 孟子·离娄下 [M] // 陈襄民，等注译. 五经四书全译（四）. 郑州：中州古籍出版社，2007：3374.

② 王国维. 殷周制度论 [M]. 杭州：浙江教育出版社，2010.

社会主义核心价值观在国家、社会、个人三个层面的价值目标和道德要求，与先秦礼乐文化在国家之大德、社会之公德、个人之私德三个维度中展现的德性文化的基因可谓一脉相承。

（1）国家之大德：为政以德的理政哲学

国家层面的礼乐文化一直强调为政以德的理政哲学，为政以德诉求的是一种道德政治，包含着丰富的人文主义理想和治国理政的智慧。这与社会主义核心价值观在国家层面富强、民主、文明、和谐的价值目标一脉相承，体现了中华民族久远而深沉的价值追求。在国家层面，富强、民主、文明、和谐作为社会主义核心价值观的价值目标，也是党在社会主义初级阶段的奋斗目标。这些价值目标居于社会主义核心价值观的第一个层面，其重要意义在于不仅关涉国家性质的内在规定，关涉中国梦的实现，更在于这代表了最广大人民的根本利益。所以这是大德，是国家的灵魂之所系。孔子认为："为政以德，譬如北辰，居其所而众星拱之。"习近平也指出："国无德不兴，人无德不立。如果一个民族、一个国家没有共同的核心价值观，莫衷一是，行无依归，那这个民族、这个国家就无法前进。"①社会主义核心价值观在国之大德层面是对礼乐文化"为政以德"价值理念的传承，更是在新的历史方位回应新时代主题的价值内涵的超越。

（2）社会之公德：天下归仁的社会理想

礼乐文化中对于公正、平等、仁爱等社会理想的描述，与自由、平等、公正、法治这些社会层面的价值取向具有深厚渊源。马克思主义"以每个人的全面而自由的发展为基本原则"，社会主义国家尽最大可能为人的发展创造良好的社会条件，而这也正符合人民群众的主体性选择和价值性认可。所以，自由、平等、公正、法制的社会德性不仅呼应了社会主义实践的客观要求，而且还透显出人的自由而全面发展的价值旨归。仁爱是儒家传统价值观的核心和根本，

---

① 习近平. 青年要自觉践行社会主义核心价值观——在北京大学师生座谈会上的讲话[N]. 人民日报，2014-5-5（1）.

既是普遍性的社会关爱，更蕴含着中国古代知识分子企望的开明的政治愿景。《礼记·礼运》有言，"大道之行也，天下为公"，是孔子对夏、商、周三代理想社会中公正性的描述，也是礼乐文化的价值旨归。"不患寡而患不均"的思想，倡导均贫富的社会理想，体现了古代社会的平等思想，与现代平等思想在价值追求上一致。这些仁爱共济的传统价值取向，对当今时代仍具有宝贵价值，是蕴含社会主义核心价值观的文化源泉。

（3）个人之私德：立己达人的道德主义

礼乐文化中对人生哲学有精辟的论述，强调立己达人、民胞物与，以礼为核心把人强烈的自然本能引导为符合社会要求的理性的伦理道德。孔子认为"礼义者，人之大端也"①，孟子提出"人之异于禽兽者几希"②"恭敬之心，礼也"③，荀子指出"礼者，人道之极也"④，把礼看作做人的根本目的和最高理想。社会主义核心价值观在个人层面规范了爱国、敬业、诚信、友善的价值准则，皆与中华优秀礼乐文化直接相连。中国传统文化的价值传统总是把人放到与之相关的群己关系中去考察，个体的德性生成是人自觉顺应和满足社会实践必然要求的德性所指。其实，爱国、敬业、诚信、友善这些价值观不仅是对中华民族美德的传承，也早已为中国人所日用而不觉。

由此可见，社会主义核心价值观正是力图接续传统文化的德性基因砥砺中华民族向善向上的正能量，而中国传统文化的德性基因从国家、社会、个体的不同层面在社会主义核心价值观中得以映射和融合。

---

① 礼记·礼运［M］//陈襄民，等注译. 五经四书全译（二）. 郑州：中州古籍出版社，2007：1344.

② 孟子·离娄下［M］//陈襄民，等注译. 五经四书全译（四）. 郑州：中州古籍出版社，2007：3374.

③ 孟子·告子上［M］//陈襄民，等注译. 五经四书全译（四）. 郑州：中州古籍出版社，2007：3419.

④ 荀子·礼论［M］//方勇，李波，译注. 荀子. 北京：中华书局，2018：306.

第三节　两种德性文化的关系考察

道德理性是中华民族传统文化的显著特征，也是中华民族不需要借由宗教关怀来解决安身立命终极问题的根本原因。一般来说，宗教以教义、教器、教仪等呈现方式规范人的行为，调节社会关系；在传统中国，则是以伦理道德为载体，以礼义、礼制、礼俗、礼教为主要内容，构建了以"一个世界"为前提的、以"情本体"为价值支撑的世俗社会的终极关怀体系，起到安顿人心、调整社会关系的作用。社会主义核心价值观的德性文化取向，契合了中华民族传统文化尤其是礼乐文化的人文传统，承续了道德至上的德性文化基因，彰显了优秀传统文化的"根"和"魂"的现实意义。同时，对德性文化品性的精准阐释，也有效地消解了社会主义核心价值观与最广大民众在心理意识和日用常行层面的隔阂，对于真正使得核心价值观入脑入心，成为"民间知识""百姓共识"，提供了非常重要的论域和场域。

3.3.1 礼乐文化是涵养社会主义核心价值观的源泉

礼乐文化是"中国文化之心"，是中华民族保持民族记忆的独特方式。礼乐文化中包含仁民爱物的仁爱精神、以民为本的人文精神、刚健有为的进取精神、和而不同的包容精神、彰往察来的历史精神、深厚绵长的家国意识和民族情怀、追求大同的崇高理想、真善美统一的理想人格等，是涵养社会主义核心价值观的重要源泉。文化不是无根之木，而是流动的历史，虽然社会主义核心价值观有着独特的时代特征，但礼乐文化的思想资源、文化底蕴和精神脉络，仍与其保持着内在的链接。

（1）富强

富强自古以来就是中国历朝历代发展的重要目标，也是考察"国治"的判断标准。《周礼》是儒家《十三经》中的一部经典，其反映的政治制度、文化制度、审美风尚对后世影响极其深远。《周礼·天官冢宰》说"大宰之职，掌建邦之六典，已佐王治邦国"，大宰是国之重臣，周朝的六典（治典、教典、礼典、政典、刑典、事典）皆由其所建，他所建"事典"的职责非常明确，就是"以富邦国，以任百官，以生万民"①。《周礼·地官司徒》中明确大司徒的职能是"以保息六养万民：一曰慈幼，二曰养老，三曰振穷，四曰恤贫，五曰宽疾，六曰安富"②。儒家礼乐文化的富强观很丰富，包含着国富民富、国强民强、国富民强、民富国强等含义，富强的目的是使人民享受更多的福祉和快乐，正如《礼记·郊特牲》有言"富也者福也"③。

同时，富强不仅是过上富裕的生活，还要树立富而有礼、富而有道的价值观。《礼记·礼运》有"协于艺，讲于仁，得之者强"④，《礼记·祭义》也有记载"老、穷不遗，强不犯弱，众不暴寡""富而有礼"⑤。可见，富强不能背离仁义，重伦理与守礼是礼乐文化中富强的前提。《论语·子路》有载："夫百姓者，既庶矣，又何加焉？富之。既富矣，又何加焉？教之。"⑥在孔子看来，富强不是唯一的目的，富而有礼才体现教化正俗的力量。所以，他强调"不义而富且贵，于我如浮云"⑦。《论语·卫灵公》中的"君子谋道不谋食""君子忧道不忧贫"⑧，《论语·泰伯》中的"邦有道，贫且贱焉，耻也；邦无道，富且贵焉，耻也"⑨等，都传达了礼乐文化道德视域中的富强观。

---

① 周礼·天官冢宰［M］//徐正英，常佩雨，译注. 周礼. 北京：中华书局，2014：27.

② 周礼·地官司徒［M］//徐正英，常佩雨，译注. 周礼. 北京：中华书局，2014：225.

③ 礼记·郊特牲［M］//胡平生，张萌，译注. 礼记. 北京：中华书局，2018：506.

④ 礼记·礼运［M］//胡平生，张萌，译注. 礼记. 北京：中华书局，2018：438.

⑤ 礼记·祭义［M］//胡平生，张萌，译注. 礼记. 北京：中华书局，2018：918.

⑥ 论语·子路［M］//陈襄民，等注译. 五经四书全译（四）. 郑州：中州古籍出版社，2007：3172.

⑦ 论语·述而［M］//陈襄民，等注译. 五经四书全译（四）. 郑州：中州古籍出版社，2007：3109.

⑧ 论语·卫灵公［M］//陈襄民，等注译. 五经四书全译（四）. 郑州：中州古籍出版社，2007：3207.

⑨ 论语·泰伯［M］//陈襄民，等注译. 五经四书全译（四）. 郑州：中州古籍出版社，2007：3121.

此外，重视社会公平也是富强观的重要内涵。孔子在礼崩乐坏、大道不存的春秋乱世，目睹诸侯肆意掠夺他人土地财产、贫富悬殊巨大、社会动荡不安的社会现实，更加向往三代之大同社会。他通过历史经验和现实考察，清醒地意识到民众的普遍社会心理——"不患寡而患不均，不患贫而患不安"，"均"是"安"的基础，"不均"是"不安"的隐患。对于民众而言，固然需要"富之"，但更重要的是分配公平、贫富有度，这样社会才能"安无倾"。习近平总书记指出，"共同富裕，是马克思主义的一个基本目标，也是自古以来我国人民的一个基本理想"①。可见，这些思想与核心价值观关于国富民强、共同富裕的理想是一脉相承的。

（2）民主

礼乐文化中包含着民主政治的可贵资源。中国人的政治观念中，很早就有天下为公、主权在民的观点。五帝时期，唐尧破除了"父死子继、兄终弟及"的血统继位制，在经由各部落领袖推举后，最终将没有血缘关系的虞舜立为继承人。虞舜采用了同样的方式，经过各方民主协商，推举治水有功的禹为领导人。禹也选举了益为接班人，只是被其子启野心篡权。可以说，夏启破坏了"禅让制"的民主制度，是中国民主政治的罪人。夏代以后，虽然实行世袭制度，但是民主的思想并未彻底泯灭。中国古代的民主，本义为"民之主"，与现代民主观念显然是不能同意而语的，如《左传·昭公五年》中晏子所说"能用善人，民之主也"②。值得一提的是，中国古代积淀深厚的民本思想的确使得君主专制政体中呈现出一定的民主色彩。李泽厚曾高度评价孟子的"民为贵，社稷次之，君为轻"③，认为是把握了历史发展的本体。孔子提出统治者的君

---

① 习近平. 在省部级主要领导干部学习贯彻党的十八届五中全会精神专题研讨班上的讲话［R］. 北京：人民出版社，2016：25-26.

② 左传·昭公五年［M］//郭丹，程小青，李彬源，译注. 左传. 北京：中华书局，2018：1657.

③ 孟子·尽心下［M］//陈襄民，等注译. 五经四书全译（四）. 郑州：中州古籍出版社，2007：3471.

子之道："养民也惠""使民也义""使民以时""使民如承大祭"①。《孟子·尽心下》指出，在人民、国家、君主之间，人民是第一位的，因此，主张民心向背是主政要务。《孟子·梁惠王》指出君主就应该"乐以天下""忧以天下"②，因此，武王伐纣，绝非"以臣弑君"的不义之举。③《孟子·离娄上》指出"得天下有道，得其民斯得天下矣"④的思想，"爱民"一直被作为评价一个国家能否长治久安的依据。

大同社会的理想制度一直是孔子的政治理想。《礼记·礼运》有载"大道之行也，天下为公，选贤与能，讲信修睦"⑤，这是孔子追慕的大同社会和三代之治的盛世理想，"选贤与能"的选举制度，是实现"天下为公"的制度保障，而唐尧、虞舜的禅让制正是"公天下"的民主实践。选贤举能的传统不独为礼乐文化所推崇，也多由先秦诸子公认为优良制度，在《墨子》《吕氏春秋》中都保有相关的记载。

（3）文明

《易经·乾卦》中"见龙在田、天下文明"⑥，首次使用文明一词。在中国古代社会，常以"有道"指文明。孔子认为，大同正是"大道"的表现。《礼记·礼运》有载"大道之行也，天下为公，选贤与能，讲信修睦……是谓

---

① 论语·公治长［M］//陈襄民，等注译. 五经四书全译（四）. 郑州：中州古籍出版社，2007：3086.

② 孟子·梁惠王下［M］//陈襄民，等注译. 五经四书全译（四）. 郑州：中州古籍出版社，2007：3272.

③ 孟子·梁惠王下［M］//陈襄民，等注译. 五经四书全译（四）. 郑州：中州古籍出版社，2007：3279.

④ 孟子·离娄上［M］//陈襄民，等注译. 五经四书全译（四）. 郑州：中州古籍出版社，2007：369.

⑤ 礼记·礼运［M］//陈襄民，等注译. 五经四书全译（二）. 郑州：中州古籍出版社，2007：1334.

⑥ 易经·乾卦［M］//杨天才，张善文，译注. 周易. 北京：中华书局，2018：19.

大同"①，描述了一幅举贤任能、老有所养、弱有所依、夜不闭户、盗贼不兴的和谐社会图景，是古代人的中国梦。可见，文德辉耀、文治教化、文教昌明是中华民族为世界文明贡献的自有价值的文明期许。尽管文明存在不同的类型，人类文明处在不断进阶发展的过程之中，但是《礼记》所描述的文明盛世所包含的共同价值至今仍符合广大公众认可的理想，顺乎民心、政在养民、服务于民是文明社会永远不会背离的价值遵循。

并且，在崇尚"礼仪之邦"的中华文化中，文明突出体现在礼及其伦理道德精神之中。"礼"不仅是指一种仪式规范，更是价值标准和伦理道德体系。"礼，经国家，定社稷，序民人，利后嗣者也。"②"德以叙位、礼以定伦。"③人们应该明礼守礼，维护人际间的伦理关系。更重要的是，"礼"不仅是外显的规范，更是基于"仁"的核心精神。如果脱离了"仁"的根本，"礼"就仅仅是僵化、空洞的形式，异化为"理"。这种将礼学与"仁"的道德精神相融合的努力，最终使中国获得"礼乐上国""文明古国"的盛誉。

（4）和谐

在传统礼乐文化的价值体系中，"和"一直居于核心价值的地位。自周公制礼作乐开始，天人和谐、邦国咸宁、身心和谐就是其价值追求。和是求善的结果，周不以武立国，而任德治，因此，天下和谐，实现了长治久安。中华民族在五千多年灿烂文明的发展过程中，逐渐形成以"天人合一"为核心的传统价值观。"天人合一"是中国优秀传统文化的主要思想的总和，是中华文明世袭、长盛不衰的历史见证。它是人类社会自古以来追求的一种崇高理想。今天，它仍然对人类社会的生存和发展具有最强大的生命力和深刻的

---

① 礼记·礼运［M］//胡平生，张萌，译注. 礼记. 北京：中华书局，2018：419.

② 左传·隐公十一年［M］//郭丹，程小青，李彬源，译注. 左传. 北京：中华书局，2018：88-89.

③ 荀子·致士［M］//方勇，李波，译注. 荀子. 北京：中华书局，2018：224.

现实意义①。

礼乐文化语境中的"和"也是求同存异、和而不同的和谐观。"和实生物，同则不继"②，世间万物之所以能生生不息，统一协调发展，正是以其多样性和差异性为前提的。孔子认为："君子和而不同，小人同而不和。"③对此，学者邹贵波总结为，在经济上、思想上、个人修养上、美学上统统"都是把'和'放在重要的位置"④。

从礼乐文化的创制、"礼""乐"相辅的独特文化模式，也可洞见和谐的内在机理。"礼"与"乐"同体同源，功能相异，礼用以"明份"，乐乃"和合之道"。正如《乐记》所言，"乐者为同，礼者为异。同则相亲，异则相敬"⑤。二者以其特殊的张力结构共襄儒家"经国家、定社稷、序民人、利后嗣"的伦理理想。《礼记·中庸》说："致中和，天地位焉，万物育焉。"⑥《论语·学而》载有子说"礼之用，和为贵，先王之道斯为美"，又说"知和而和，不以礼节之，亦不可行也"⑦。其在强调礼乐相须、礼乐相辅的同时，还强调礼乐必须受内在道德理性"仁"的制约。孔子认为："人而不仁，如礼何？人而不仁，如乐何？"⑧由此可见，"礼别序"只是手段，"乐和同"才是实践的归宿，最终是要体现"仁"的核心价

---

① Chen Z. On the core of Chinese traditional values–The "Unity between Heaven and Man"[J]. International Journal of Social Science and Humanity, 2016, 6(4): 282-287.

② 国语·郑语 [M] //陈桐生，译注. 国语. 北京：中华书局，2017：573.

③ 论语·子路 [M] //陈襄民，等译注. 五经四书全译（四）. 郑州：中州古籍出版社，2007：3178.

④ 邹贵波. 社会主义核心价值观对中华优秀传统文化的继承与超越 [J]. 安徽行政学院学报，2015，6（02）：20-26.

⑤ 礼记·乐记 [M] //胡平生，张萌，译注. 礼记. 北京：中华书局，2007：723.

⑥ 礼记·中庸 [M] //胡平生，张萌，译注. 礼记. 北京：中华书局，2018：1007-1008.

⑦ 论语·学而 [M] //陈襄民，等注译. 五经四书全译（四）. 郑州：中州古籍出版社，2007：3048.

⑧ 论语·八佾 [M] //陈襄民，等注译. 五经四书全译（四）. 郑州：中州古籍出版社，2007：3061.

值，否则只会疏离人心。这种兼容并蓄、共生共存、持中贵和的和谐理念，已经成为中国人普遍的价值认同，并仍对当代中国社会发展产生着重要影响。

（5）自由

在礼乐文化的语境中，自由的理念包含以下几个方面：一是限制君权，给人民以自由的空间。"道千乘之国，敬事而信，节用而爱人，使民以时"①，孔子认为，治理大国尤其要给百姓自由，正所谓"使民以时"。二是推崇大同理想，赋予人民自由。如"老有所终，壮有所用，幼有所长，鳏、寡、孤、独、废疾者皆有所养"②，实际指的就是民有、民治、民享的制度安排，让人民免于匮乏和恐惧。三是强调获得自由的法门是"仁"。孔子的"里仁"、孟子的"居仁由义"就是强调永远不能做危害他人的事情，通过自律获得自由。不仅如此，中国的礼乐文化更看重心灵的自由，颜回的"箪食瓢饮"为孔子所赞颂，"贤哉回也"，因为颜回对精神境界的追求超越了物质条件的束缚。可见，中国礼乐文化追求自由之文化精神，为社会主义核心价值观的自由观提供了肥沃的文化土壤。

（6）平等

平等的思想在中国古代历来就有。在古代平等的概念是"均平""齐整"之意。《周礼·地官司徒》有载："以土均之法，辨五物九等，制天下之地征，以作民职，以令地贡，以敛财赋，以均齐天下之政。"③周代设贾师之官，就是平准物价、防止囤积居奇、影响公平交易的。《论语·季氏》中鲁国季孙氏准备讨伐颛臾，孔子说："夫颛臾，昔者先王以为东蒙主，且在邦域之中矣，是社稷之臣也，何以伐为？""丘也闻有国有家者，不患寡而患不均，不患贫而患不安。盖均无贫，和无寡，安无倾。夫如是，故远人不服，则修文德

---

① 论语·学而［M］//陈襄民，等注译. 五经四书全译（四）. 郑州：中州古籍出版社，2007：3045.

② 礼记·礼运［M］//胡平生，张萌，译注. 礼记. 北京：中华书局，2018：419.

③ 周礼·地官司徒［M］//徐正英，常佩雨，译注. 周礼. 北京：中华书局，2014：219.

以来之。既来之，则安之。今由与求也相夫子，远人不服而不能来也，邦分崩离析而不能守也，而谋动干戈于邦内。吾恐季孙之忧，不在颛臾，而在萧墙之内也。"①孔子在这里的均平思想既关注了经济权利，也包含了政治权利，而且是与他的大同的政治理想一脉相承的。孟子还提出"人皆可以为尧、舜"②，强调通过修身养德人人都具备成人成圣的可能性，即肯定了人格层面并无高低贵贱，并且其还主张社会权力的平等，正如《孟子·梁惠王下》中孟子赞许齐宣王的，听音乐"与民同乐"、田猎"与民同之"③，认为赋予人民与君主平等的权利，君主才能得到人民拥戴。

事实上，孔子的终极理想是大同社会，但是无奈身处礼崩乐坏的春秋乱世，也只能接受"大人世及以为礼"，因此，把礼制仁义作为纲纪，提出"亲亲尊尊长长，男女之有别，人道之大者"④。其实孔子是把"长幼有序"⑤、亲亲尊尊、差等贵贱看作实现大同社会理想的渐进式平等，所以他明确了与尊卑、上下等级序列对等的责任与义务，以框定其等级权利。《论语·子路》中，孔子答子路问政，"先之，劳之"⑥，孔子认为处于等级上位的人，必须自己率先垂范、不辞劳苦，成为德性的榜样，正所谓"子欲善而民善矣。君子之德风，人小之德草，草上之风必偃"⑦。统治者只有端正自己，治国理政才会有公信力。应该肯定，这种以权责相当为前提的等级观念还是具有历史进步

---

① 论语·季氏［M］//陈襄民，等注译. 五经四书全译（四）. 郑州：中州古籍出版社，2007：3210.

② 孟子·告子下［M］//陈襄民，等注译. 五经四书全译（四）. 郑州：中州古籍出版社，2007：3432.

③ 孟子·梁惠王下［M］//陈襄民，等注译. 五经四书全译（四）. 郑州：中州古籍出版社，2007：3268.

④ 礼记·丧服小记［M］//胡平生，张萌，译注. 礼记. 北京：中华书局，2018：626.

⑤ 礼记·祭统［M］//胡平生，张萌，译注. 礼记. 北京：中华书局，2018：937.

⑥ 论语·子路［M］//陈襄民，等注译. 五经四书全译（四）. 郑州：中州古籍出版社，2007：3169.

⑦ 论语·颜渊［M］//陈襄民，等注译. 五经四书全译（四）. 郑州：中州古籍出版社，2007：3166.

性的。

（7）公正

公正自古是中国先贤们的良好愿望。公正观念的建立，源于"天下为公"的理念，即天下是天下人的天下，不是一个人或者少数人的天下。公即"背私"，正即正直正义。《礼记·礼运》中孔子有言，"大道之行也，天下为公""大道既隐，天下为家"，其意在于有大道天下为公，无大道则为家。荀子认为"公生明，偏生暗"（《荀子·不苟》）[1]，把社会的公正看作治国之要、兴国之道。《荀子·大略》有载："天之生民，非为君也，天之立君，以为民也。故古者列地建国，非以贵诸侯而已；列官职，差爵禄，非以尊大夫而已。"[2]《荀子·王霸》篇记载："农分田而耕，贾分货而贩，百工分事而劝，士大夫分职而听，建国诸侯之君分土而守，三公总方而议；则天子共己而已。"[3]其描述了尊卑有序、秩序规范、公平公正、安乐祥和的社会。

礼乐文化中把公正视为政治文明的重要体现，强调一心为公的立场。《礼记·孔子闲居》载子夏问"三王之德"，孔子曰"奉三无私以劳天下"，又云："天无私覆，地无私载，日月无私照。奉斯三者以劳天下，此之谓三无私。"盛赞三王像天、地、日月一样大公无私地领导天下。"尧有子十人，不与其子而授舜；舜有子九人，不与其子而授禹：至公也。"[4]郭店楚简《唐虞之道》有载："唐虞之道，禅而不传。尧舜之王，利天下而弗利也。禅而不传，圣之盛也。利天下而弗利也，仁之至也。故昔贤仁圣者如此。身穷不贪，没而弗利，穷仁矣。必正其身，然后正世，圣道备矣。"[5]《论语·泰伯》中孔子评价泰伯

---

① 荀子·不苟 [M] //方勇，李波，译注. 荀子. 北京：中华书局，2018：35.

② 荀子·大略 [M] //方勇，李波，译注. 荀子. 北京：中华书局，2018：453.

③ 荀子·王霸 [M] //方勇，李波，译注. 荀子. 北京：中华书局，2018：173.

④ 礼记·孔子闲居 [M] //胡平生，张萌，译注. 礼记. 北京：中华书局，2018：981.

⑤ 郭店楚简·唐虞之道 [M]. 刘钊，郭店楚简校释. 福州：福建人民出版社，2003：148.

"其可谓至德也已矣。三以天下让，民无得而称焉"①。这种"至公"与原典儒家推崇的"至善""至仁""至义""至德"并举，体现了公正的最高典范。

先贤还对如何实现社会公正指出了很多具体的途径，如任人唯贤、以直抱怨、敢于诤谏等。《论语·为政》有载鲁哀公问孔子"何为则民服"的问题，孔子回答"举直错诸枉，则民服；举枉错诸直，则民不服"②，选用正直之人，则天下之人争为善人，选用邪曲之人，则天下人争为邪曲之人，最终把社会引向邪路。孔子认为"以直报怨，以德报德"是是非明断、坚持正直的原则。《论语·为政》中的"君子周而不比，小人比而不周"③、《论语·卫灵公》中的"君子矜而不争，群而不党""三代之所以直道而行也"④，都是强调坚持正直行事，只论是非不论朋党。《荀子·子道》载："入孝出弟，人之小行也。上顺下笃，人之中行也；从道不从君，从义不从父，人之大行也。"⑤

（8）法治

礼在先秦时期的原始内涵中包含了"法"的内涵，是调节君臣、父子、兄弟、夫妇等关系的法度，也是统治阶级治国理政的工具。《孟子·离娄上》指出，"徒善不足以为政，徒法不能以自行"⑥。相比之下，荀子更加强调法治的重要性，认为"法治"是补充"礼治"的必要环节。礼乐文化的原始经典，号称"礼经"的《周礼》《仪礼》《礼记》也与今天的法治内容多有关联。礼

---

① 论语·泰伯［M］//陈襄民，等注译. 五经四书全译（四）. 郑州：中州古籍出版社，2007：3116.

② 论语·为政［M］//陈襄民，等注译. 五经四书全译（四）. 郑州：中州古籍出版社，2007：3057.

③ 论语·为政［M］//陈襄民，等注译. 五经四书全译（四）. 郑州：中州古籍出版社，2007：3055.

④ 论语·卫灵公［M］//陈襄民，等注译. 五经四书全译（四）. 郑州：中州古籍出版社，2007：3204.

⑤ 荀子·子道［M］//方勇，李波，译注. 荀子. 北京：中华书局，2018：483.

⑥ 孟子·离娄上［M］//陈襄民，等注译. 五经四书全译（四）. 郑州：中州古籍出版社，2007：3351.

与法的关系密切，"礼法"常常连用，现存早期传世文献《周礼·春官宗伯》中就有"礼法"一词。《荀子·修身》中有载"故非礼，是无法也"[①]，礼法连用，其意与现代汉语中的法律概念接近。

同时，传统法治观念还强调在立法层面上要制定善法，《论语·季氏》有载"天下有道，则礼乐征伐自天子出"[②]。同时还要重视法律的执行，《论语·子路》有载，"礼乐不兴，则刑罚不中；刑罚不中，则民无所措手足"[③]。孔子强调正名定分，就是为了纠正僭越礼法的"天下无道"的乱象。另外也注重法律的普遍适用性，一直被后人诟病的"礼不下庶人，刑不上大夫"[④]，也在一定程度上存在语意的误解。"上、下"乃"尊、卑"之意，即礼不贬平民，刑不尊大夫，孔子认为大夫理应以身作则遵守法律，而庶人未受教化，不应被强求以礼。

（9）爱国

爱国主义从古至今都是中华民族弘扬和赞颂的永恒主题。早期国家观念中，"国"指的是诸侯之领地，也称社稷，"家"并不是家庭，而是分封制下大夫的采邑封地，周天子所统领的地域为"天下"。《论语·尧曰》有载，尧命舜，舜命禹，"天之历数在尔躬。允执其中，四海困穷，天禄永终"[⑤]。《孟子·尽心上》指出"民为贵，社稷次之，君为轻"，"诸侯危社稷，则变置"，《论语·泰伯》说"三分天下有其二，以服事殷，周之德，其可谓至德也

---

① 荀子·修身［M］//方勇，李波，译注. 荀子. 北京：中华书局，2018：22.

② 论语·季氏［M］//陈襄民，等注译. 五经四书全译（四）. 郑州：中州古籍出版社，2007：3210.

③ 论语·子路［M］//陈襄民，等注译. 五经四书全译（四）. 郑州：中州古籍出版社，2007：3170.

④ 礼记·曲礼上［M］//胡平生，张萌，译注. 礼记. 北京：中华书局，2018：47.

⑤ 论语·尧曰［M］//陈襄民，等注译. 五经四书全译（四）. 郑州：中州古籍出版社，2007：3244-3245.

已矣"①。可见传统爱国思想的核心内涵是以天下得治为己任，鞠躬尽瘁、死而后已的奉献精神和一心为民的价值立场。《论语·尧曰》载"性灭国，继绝世，举逸民，天下之民归心"②，反对因一己之私而兴兵灭国。商纣无道，因此，武王伐纣不是犯上，而是诛独夫民贼，见《孟子·梁惠王下》的"闻诛一夫纣矣，未闻弑君也"③。可见，人民利益的最大化是评判爱国的标准，体现了"重民"的爱国情怀。

（10）敬业

敬业，是中国自古以来崇尚的职业道德标准。中华民族勤劳勇敢的传统美德，代代相传，创造出了璀璨的华夏文明。中华民族如此粲然大备的文明，如果没有各行各业世代赓续的敬业者们，是难以创造出来的。从《论语·子路篇十三》中孔子的教导——"执事敬"，到《汉书》记载的"各安其居而乐其业"，都体现了对所从事职业的敬业精神，成为中华传统职业道德的箴言。即便是对治理国家的领导者也有敬业的要求，《礼记·学记》有载"敬业乐群"，《论语·学而》载孔子之言，"道千乘之国，敬事而信，节用而爱人，使民以时"。《论语·子路》中子路问政，孔子回答"先之劳之""无倦"，即先天下之忧而忧，对待所执之事率先垂范；坚持不懈地吃苦在前；不知疲倦地辛勤工作。《论语·颜渊》子张问政，子曰"居之无倦，行之以忠"④，居之无倦既是为政者忠于职守、不知倦怠的敬业精神，也是一种乐以忘忧、乐此不疲的工作境界。儒家的敬业理念还包含着深沉的为民情怀，"节用而爱人，使民以时"，认为评价敬业与否的标准不仅在于过程还在于结果，好大喜功的折腾根本

---

① 论语·泰伯［M］//陈襄民，等注译. 五经四书全译（四）. 郑州：中州古籍出版社，2007：3124.

② 十八大以来重要文献选编（中）［M］. 北京：中央文献出版社，2016：3245.

③ 孟子·梁惠王下［M］//陈襄民，等注译. 五经四书全译（四）. 郑州：中州古籍出版社，2007：3279.

④ 论语·颜渊［M］//陈襄民，等注译. 五经四书全译（四）. 郑州：中州古籍出版社，2007：3164.

不算敬业。《论语·宪问》孔子说，"修己以安人""修己以安百姓"①，敬业的衡量标准在于能否"济众"，也就是今天的以人民满意不满意为检验一切工作的标准。

（11）诚信

诚信也是礼乐文化中重要的价值要素之一。无论是个人修身、商贾贸易，还是君主理政，都离不开"诚信"，具体表现为诚和信两个层面。

先秦儒家认为诚是本体论，"诚者，天之道也；诚之者，人之道也"（《礼记·中庸》）②，"君子养心莫善于诚"（《荀子·不苟》）③。《礼记·中庸》载，"唯天下至诚，方能经纶天下之大经，立天下之大本"④，把诚信看作天下太平的根本价值观。《论语·卫灵公》中孔子曰"言忠信，行笃敬，虽蛮貊之邦行矣"⑤，《礼记·曲礼上》中也强调"祷祠祭祀，供给鬼神，非礼不诚不庄"⑥，《论语·八佾》言"祭如在，祭神如神在"⑦。《礼记·大学》开宗明义地提出大学之道在三纲八目，所谓三纲即明明德、亲民、止于至善，所谓八目即格物、致知、诚意、正心、修身、齐家、治国、平天下。三纲八目所展开的人生图示中，"诚其意"具有关键性的作用，是格物致知的目的，更是修齐治平的起点，是道德认知升华为道德情感和道德意志的逻辑重点和关键环节，"意诚而后心正，心正而后身修，身修而后家齐，家齐而后国治，国治而后天

---

① 论语·宪问［M］//陈襄民，等注译. 五经四书全译（四）. 郑州：中州古籍出版社，2007：3196.

② 礼记·中庸［M］//胡平生，张萌，译注. 礼记. 北京：中华书局，2018：1026.

③ 荀子·不苟［M］//方勇，李波，译注. 荀子. 北京：中华书局，2018：31.

④ 礼记·中庸［M］//胡平生，张萌，译注. 礼记. 北京：中华书局，2018：1037-1038.

⑤ 论语·卫灵公［M］//陈襄民，等注译. 五经四书全译（四）. 郑州：中州古籍出版社，2007：3199.

⑥ 礼记·曲礼上［M］//胡平生，张萌，译注. 礼记. 北京：中华书局，2018：5.

⑦ 论语·八佾［M］//陈襄民，等注译. 五经四书全译（四）. 郑州：中州古籍出版社，2007：3065.

下太平"①。信是诚的外显，因此，信德也是被普遍推崇的价值原则。"人而无信，不知其可也。大车无輗，小车无軏，其何以行之哉？"②人而无信，就如牛车没有輗，马车没有軏，寸步难行。作为人与人相处的基本原则，人若言而无信，则不能立身处世。《论语·学而》中说"敬事而信""谨而信""主忠信"，《论语·子路》中说"信以成之"。《论语·颜渊》中子贡问政，孔子答曰："足食，足兵，民信之矣。""必不得已而去"，则"去兵""去食""自古皆有死，民无信不立"③。此强调"信"是个人在社会上立足的根本，也是国家立国的根基。

更值得一提的是，从伦理学的角度而言，原始儒家认为诚信应该以善为目的，以仁义为前提。《礼记·中庸》说"诚身有道：不明乎善，不诚乎身矣"，"诚之者，择善而固执之者也"④，诚信必须是以实现善为目标。《荀子·不苟》载"君子养心莫善于诚。致诚则无它事矣，唯仁之为守，唯义之为行"⑤。孔子重视诚信，但认为违背仁义则无诚信，《孟子·万章上》中孟子赞赏舜善待他的异母弟弟象，彼"以爱兄之道来，故诚信而喜之"⑥，是宅心仁厚的体现。

（12）友善

友善也是为先秦儒家推崇的美德之一。虽然作为一个固定的词汇在汉代以后才被广泛使用，但"善"和"友"单用的情况很普遍，从意蕴内涵而言与现代汉语语境是一致的，主要在两个方面：一是推崇亲密友好的人际关系；二是

---

① 礼记·大学［M］//胡平生，张萌，译注. 礼记. 北京：中华书局，2018：1162.

② 论语·为政［M］//陈襄民，等注译. 五经四书全译（四）. 郑州：中州古籍出版社，2007：3058.

③ 论语·颜渊［M］//陈襄民，等注译. 五经四书全译（四）. 郑州：中州古籍出版社，2007：3161.

④ 礼记·中庸［M］//胡平生，张萌，译注. 礼记. 北京：中华书局，2018：1026.

⑤ 荀子·不苟［M］//方勇，李波，译注. 荀子. 北京：中华书局，2018：31-32.

⑥ 孟子·万章上［M］//陈襄民，等注译. 五经四书全译（四）. 郑州：中州古籍出版社，2007：3387.

肯定"以善为友"的价值取向。《荀子·大略》讲"取友善人,不可不慎,是德之基也",即选择朋友、与人为善,不能不审慎,这是道德的根基。"友者,所以相有也。道不同,何以相友也?"①这里"有"通"友",选择朋友的前提是志同道合。《孟子·万章下》讲"不挟长,不挟贵,不挟兄弟而友;友也者,友其德也,不可以挟也"②。《荀子·性恶》讲"人虽有性质美而心辩知,必将求贤师而事之,择良友而友之。得贤师而事之,则所闻者尧、舜、禹、汤之道也;得良友而友之,则所见者忠信敬让之行也"③。择良友的标准是"忠信敬让",因此,正体现了"以善为友"的择友之道。《论语·颜渊》载:"子张问崇德辨惑,子曰:'主忠信,徙义,崇德也。爱之欲其生,恶之欲其死。既欲其生,又欲其死,是惑也。'"④与人交往应该是追求仁义、崇尚道德的,之所以会迷惑不清,不过是藏私而已,因此,不应因私改变待人和处事的态度。

上升到伦理层面,善被赋予了终极价值追求,这也是礼乐文化实践理性的最高升华,正如《礼记·大学》开篇就讲"止于至善"⑤。儒家强调"仁者爱人",推崇"温、良、恭、俭、让"的美好品德。追求善、戒除不善是礼乐文化的重要价值旨归,《论语·述而》中记录孔子也深感其忧:"不善不能改,是吾忧也。"又曰:"三人行,必有吾师焉。择其善者而从,其不善着而改之。"⑥孟子认为禹听到善言,必以礼相拜;舜更是从善如流,把愉快地向别人学习当作一件善事,学习别人的优点来自己行善,就相当于同别人一道行善;君子最

① 荀子·大略[M]//方勇,李波,译注. 荀子. 北京:中华书局,2018:465.

② 孟子·万章下[M]//陈襄民,等注译. 五经四书全译(四). 郑州:中州古籍出版社,2007:3404.

③ 荀子·性恶[M]//方勇,李波,译注. 荀子. 北京:中华书局,2018:389.

④ 论语·颜渊[M]//陈襄民,等注译. 五经四书全译(四). 郑州:中州古籍出版社,2007:3163.

⑤ 礼记·大学[M]//胡平生,张萌,译注. 礼记. 北京:中华书局,2018:1161.

⑥ 论语·述而[M]//陈襄民,等注译. 五经四书全译(四). 郑州:中州古籍出版社,2007:3111.

高的德性就是与别人一道行善，故感慨"君子莫大乎与人为善"①。

3.3.2 社会主义核心价值观是对礼乐文化的超越

马克思主义认为，"生产关系的总和构成社会的经济结构，即有法律的和政治的上层建筑竖立其上并有一定的社会意识形式与之相适应的现实基础"②。中国特色社会主义的核心价值观，是由社会主义经济基础决定的，并与社会主义的政治、法治和文化相适应的上层建筑，是社会主义制度的本质规定性在价值层面的集中反映。因此，社会主义核心价值观与礼乐文化的历史逻辑关系，既包含对礼乐文化的传承，当然不是全盘接受和原封不动地继承，同时更包含着对礼乐文化的发展、超越和引领。

（1）富强

富强始终是中国人民的追求，也是中国共产党矢志不渝的奋斗目标，早在党的七大的政治报告《论联合政府》中，就提出要"建立独立、自由、民主、统一和富强的新中国"。社会主义核心价值观中的富强观被列为首要价值，充分反映出对社会主义本质的准确把握。社会主义核心价值观内在地继承了礼乐文化"富民""足民"有益的思想资源，更在价值目标和价值属性上超越时代和阶级的局限性，阐明社会主义中国在历史的新坐标上从"富起来"到"强起来"的新使命。富强首先在于富民，这是"人民的幸福线"，这个富裕不是少数人的富裕，而是逐步实现共同富裕；富强的价值目标还在于强国，不仅是经济的强大，更是综合国力的提升和在世界舞台的影响力的提升。

（2）民主

虽然古代的礼乐文化中也强调"民本"，乃至"民贵君轻"的思想，强调君主应该关注百姓的物质和精神生活，但这与社会主义核心价值观所倡导的真

---

① 孟子·公孙丑上［M］//陈襄民，等注译. 五经四书全译（四）. 郑州：中州古籍出版社，2007：3302.

② 马克思恩格斯选集（第二卷）［M］. 北京：人民出版社，1995：32-33.

正的"民主"还是有着本质的区别。社会主义民主的本质和核心是"人民当家作主",《宪法》通过确认国体、政体、基本经济制度等，从本质上、经济上、组织上确保人民当家作主，并保障人民在社会主义国家的政治中拥有决策权和参与权。尽管礼乐文化中的"公天下""选贤举能"某种程度上包含了民主的成分，民贵君轻的思想更是中国历代政治伦理的根本，但是"民本的'民'不是实际意义上的人民群众，民本的'本'也没有根本触及人民群众的根本需求和利益"①。社会主义民主作为国家层面的价值目标，是对传统"民之主"的政治观念的超越，体现的是"以民为主"的现代政治原则，而且是通过宪法和法律保障、以人民代表大会制度为根本组织实现形式的真实的、现实的民主。

（3）文明

社会主义核心价值观中强调的文明，超越了传统礼乐文明的器物和精神层面，更强调的是在"创新、协调、绿色、开放、共享"五大发展理念下，构建物质文明、政治文明、精神文明、社会文明、生态文明五位一体、全面提升的现代文明体系②，强调中华民族的璀璨文明与世界各民族文明的求同存异和共同发展。"文明是实践的事情，是一种社会品质。"③五位一体的现代文明体系，相对于物质文明和精神文明的文明体系建构，展现出中国特色社会主义对文明本质的深刻把握和历史超越。同时，核心价值观强调的是在经济全球化和现代多元文化背景下更为理性的文明价值观，即所有的文明都不应该是自持优越、故步自封的，更不应该借由某种文明的优势地位否定其他文明。承认文明之间的多样性是核心价值观中对于现代文明的基本立场，正如习近平总书记所言："文明因交流而多彩，文明因互鉴而丰富。"人类文明具有历史性和多样性的特点，不同文明之间的交流互鉴，一直以来是推动整个人类文明进步的动

---

① 邹贵波. 社会主义核心价值观对中华优秀传统文化的继承与超越［J］. 安徽行政学院学报，2015，6（02）：20-26.

② 习近平. 决胜全面建成小康社会　夺取新时代中国特色社会主义伟大胜利——在中国共产党第十九次全国代表大会上的报告［R］. 北京：人民出版社，2017.

③ 马克思恩格斯全集（第一卷）［M］. 北京：人民出版社，1956：666.

力，也是推动世界和平与发展的重要途径。

（4）和谐

和谐是礼乐文化的结构性功能和价值旨归。社会主义核心价值观不仅传承了传统礼乐文化中人伦和谐、人与自然和谐的基本内涵，更在历时态和共时态的多重要素中追求在变革性实践中更高层面的和谐。社会主义核心价值观的和谐观作为治国理念，把和谐从伦理体系上升为国家治理体系，是中国共产党对治理能力提升的执政自觉。国家层面的和谐，是建立在实现民主、自由、公正等基本价值基础上的和谐，其根本的指向是人的自由全面发展的和谐，这是由社会主义制度的优越性保障实现的，在理论内涵和外延上具有显著的历史超越性和实践可能性。和谐观的发展与超越还突出表现为"世界和谐"的新的价值追求。国际关系中不同国家或国家集团之间的利益冲突，倡导通过和谐的方式解决，为构建人类命运共同体提供价值遵循。

（5）自由

自由一定是历史性的，礼乐文化中的自由观倡导通过限制君权实现人民的自由空间，而在社会主义社会，主权在民，法律和制度设计必须为人民当家作主服务，人民的自由是真正意义上现实的、具体的自由，是真正指向"自由而全面发展"的终极理想的自由，自由的主体不再是特权阶级，而是最广大的人民群众。自由的内涵也不仅是停留在个体的精神和生命意义上的体验，而且是全面的、充分的由法律保障的自由。这种自由在个体而言，是每个人可以自主选择和自由行动，与传统自由观相比最本质性的超越表现在政治权利方面。从国家和社会层面而言，社会主义核心价值观的自由，强调要坚持以人为本，坚持执政为民，坚持把人的全面自由的发展作为最高目标，因此，党和国家的一切工作都要以保障人民群众的各项权益实现和发展成果共享为出发点和落脚点，为人民群众的真实自由的实现创造社会条件。

（6）平等

社会主义的平等是社会主义制度下的平等，是人民主权基础上的平等，是有法律、制度、物质基础做保障的平等。平等最重要的是借由法律面前人人平等实现政治地位、社会地位的平等。《宪法》明确规定："中华人民共和国公民在法律面前一律平等。"这种平等是无差异的主体平等，也是在公民权利和义务上的人人平等。这种平等是坚决反对特权思想和特权现象的，是把"权力关进制度的笼子"的法律刚性要求。这是礼乐文化"天下大同""刑无等级"的社会平等理想的发展和超越。社会主义核心价值观的平等观是由社会主义的经济基础和新型人际关系决定的本质上的平等，超越了传统文化价值观中受限于社会现实基础的带有局限性的平等。在宗法制社会形成的君臣、父子的伦理标准下平等，是不可能获得真正的政治地位、社会地位的平等的。社会主义核心价值观的平等不仅是法律权利、政治权利和社会地位的实体平等，还特别强调机会平等，也就是"共同享有人生出彩的机会，共同享有梦想成真的机会，共同享有同祖国和时代一起成长与进步的机会"①。机会平等是实现平等的起点，在实现中华民族伟大复兴的实践中，平等和公正最能催生广大人民群众筑梦圆梦的动力。

（7）公正

"大道之行也，天下为公"，公正自古是中国先贤们的良好愿望，礼乐文化中把公正视为政治文明的重要体现，强调一心为公的立场。但是在皇权鼎盛和等级严格的社会体系中，公正更多的是寄托了儒家强烈的社会理想和价值追求，但是没有法律和制度的保障是很难真正实现的。核心价值观强调的公正，是由法律和制度共同保障实施和实现的社会价值目标。最根本的公正体现在社会权利的分配和社会利益的划分上，众所周知，社会主义的本质是"解放生产力，发展生产力，消灭剥削，消除两极分化，最终实现共同富裕"②，可以

---

① 习近平. 习近平谈治国理政［M］. 北京：外文出版社，2014：40.

② 邓小平文选（第三卷）［M］. 北京：人民出版社，1993：373.

说，公正是从中国特色社会主义的本质维度上内生出的必然要求。十八大报告指出，要"逐步建立以权利公平、机会公平、规则公平为主要内容的社会保障体系"①，可见，公平正义是保证权力主体在政治、经济和其他利益面前享有合理、公平分配和占有的权力，这是现实的、具体的，是理想与现实统一于实践的过程。

（8）法治

礼乐文化中礼法是同构的，礼、乐、刑、政四位一体，囿于特定的历史条件，人治、德治的特色明显强于法治。社会主义核心价值观强调的法治是与德治相辅相成的治国方略，是以法制化推进国家治理和社会管理、以实现公平正义为价值追求的治理体系。社会主义法治，从立法原则上而言，是对礼乐文化强调"为民"的宗旨的根本实现，而且人民真正成为依法治国的主体和力量源泉；从功能、地位而言，礼乐文化中"法治"是补充"礼治"的必要环节，而现代中国完全是"礼法分治"的，法治不是补充性的，而是基本治国方略，是调节各种社会关系的根本遵从。因此，社会主义法治是对传统社会人治、德治的理论超越和实践发展。

（9）爱国

爱国主义是一个历史性的范畴，不同的历史条件下爱国主义的内涵也是不尽相同的。礼乐文化价值观的爱国，是基于宗法社会确立起来的，必然带有君臣、父子的依于血缘构建的伦理逻辑，从而在最高层面上把"君"和"国"统一在一起，忠君亦即爱国。社会主义核心价值观的"爱国"，是在祖国这个集合体概念中自然要素、社会要素、文化要素、政治要素的高度统一，超越传统爱国主义的"忠君"而统一在"人民主权"的国家这一范畴上，因此，是人类历史上最高级别的爱国主义。当代中国爱国主义在继承中华民族爱国主义优良传

① 胡锦涛. 坚定不移沿着中国特色社会主义道路前进　为全面建成小康社会而奋斗——在中国共产党第十八次全国代表大会上的报告［R］. 北京：人民出版社，2012：14-15.

统的基础上，还具有了鲜明的时代特征，最集中地体现在爱国与爱党、爱社会主义的相统一，这既渗透着历史的逻辑也回应了时代的诉求，是从根本上体现爱国主义的价值核心，即实现民族富强、人民幸福的必然要求。

（10）敬业

敬业是中华民族的传统美德，孔子倡导的"执事敬"的职业态度和以"济众"来衡量的职业标准仍具有丰富的时代价值。社会主义核心价值观的敬业，在继承的基础上从个人与社会的关系维度发展了其时代性的内涵。在职业理想上，强调个人要勇于担当时代使命，要把个人的选择融入国家和民族的需要，体现出人生价值的更高立意。在职业道德层面，落实为基本的职业操守，如爱岗敬业、诚实守信、办事公道，同时还指向为人民服务的基本立场和奉献社会的最高价值。社会主义核心价值观的敬业，是建立在社会关系人人平等、职业没有高低贵贱的自由职业选择基础上的职业精神，是在主体平等前提下劳动者人生价值实现的必然要求，因此，"劳动最光荣、劳动最崇高、劳动最伟大、劳动最美丽"①应成为全社会的价值导向。

（11）诚信

诚信是礼乐文化的核心价值观之一，从个人修身到治国理政都离不开"诚信"二字。但是立于宗法社会或后世宗法观念的诚信，更多的是调整基于血缘纽带形成的人际关系和熟人社会的交往行为。当代的诚信观，则是在广泛社会生活的人际交往和劳动交往中的普遍法则，同时从主体而言，也不仅是个人层面的价值遵循，更上升为社会层面、国家层面的价值导向，是协调全部社会关系的价值遵循。

（12）友善

友善的传统与现代语境有很大不同，礼乐文化中友善的最高伦理价值是"止于至善"，儒家倡导的"以善为友""仁者爱人"等内涵在社会主义核心价

---

① 习近平. 习近平谈治国理政［M］. 北京：外文出版社，2014：84.

值观的其他内容中多有体现。仅从与人为善的利他性上而言，社会主义核心价值观的友善观较传统友善观具有明显的突破和发展：一是在交往关系上，从人与自然、人与他人的友善，丰富为人与社会的和谐共生、国家之间友善相处的人类命运共同体；二是在价值目标上，从友善一般意义上的利他性，上升为社会整体和人民的幸福，止于全心全意为人民服务的社会实践。

"文化虽然永远在不断变动之中，但是事实上却没有任何一个民族可以一旦尽弃其文化传统而重新开始。"①社会主义核心价值观是新时代实现中华民族伟大复兴中国梦的价值引领，反映了中华民族历史的新方位和时代的新使命。但是，文化不是无源之水、无本之木，作为中国特色社会主义文化的核心，核心价值观也是通过与文化传统的内在链接不断获得民族形式和广泛认同的。一方面，礼乐文化是涵养社会主义核心价值的源泉，其所蕴含的人文精神、治世理想、道德理念、家国情怀不仅具有历史价值，也仍然具有可贵的时代价值；另一方面，社会主义核心价值观是以回应时代主题为取向的对以礼乐文化为载体的传统价值观的超越，这种超越不是机械的否定，而是对礼乐文化的现代性批判，蕴含着传统文化向新发展的力量和契机。

---

① 余英时. 文化传统与文化重建［M］. 北京：生活·读书·新知三联书店，2004：429.

第四章 礼乐文化的当代价值审视

习近平总书记强调："不忘历史才能开辟未来，善于继承才能更好创新"，"中华传统文化是我们民族的'根'和'魂'，如果抛弃传统、丢掉根本，就等于割断了自己的精神命脉"①。他在全国宣传思想工作会议上具体指出，"要讲清楚每个国家和民族的历史传统、文化积淀、基本国情不同，其发展道路必然有着自己的特色；讲清楚中华文化积淀着中华民族最深沉的精神追求，是中华民族生生不息、发展壮大的丰厚滋养；讲清楚中华优秀传统文化是中华民族的突出优势，是我们最深厚的文化软实力；讲清楚中国特色社会主义植根于中华文化沃土、反映中国人民意愿、适应中国和时代发展进步要求，有着深厚历史渊源和广泛现实基础"②。这些论断深刻揭示了当代中国与传统中国不可分割的联系，揭示了中华优秀传统文化对于民族发展和社会进步的重要作用，揭示了中国特色社会主义与中华文化的深厚历史渊源，昭示了社会主义核心价值观的价值底蕴源于优秀传统文化。粲然大备的礼乐文化是中华民族独特的文化标志，蕴含着深厚的文化软实力。挖掘和阐释好这一宝贵的文化资源，把礼乐文化的当代价值和优势讲清楚，把社会主义先进文化的历史渊源和现实诉求把握清楚，才能坚持古为今用、去粗存精，并为时代文化所用。

---

① 习近平. 在纪念孔子诞辰2565周年国际学术研讨会暨国际儒学联合会第五届会员大会开幕式上的讲话［N］. 人民日报，2014-09-25（1）.

② 习近平. 习近平谈治国理政［M］. 北京：外文出版社，2014：209.

礼乐文化是中国传统文化"之心",阿瑟·史密斯在《中国人的性情》一书中引用了卡莱尔在《中央王国》中的结论:"礼是中国人所有思想观念的集中体现。在我看来,中国可贡献给世界的最合适、最完美描述他们民族性情的专著就是《礼记》。中国人的感情靠礼来满足,他们的职责靠礼来实现,他们的善恶靠礼来评判,人与人之间自然的关系靠礼来维系。总而言之,这是一个由礼来控制的民族。"①礼乐文化不仅指导着古代中国社会的生活方式和古代国人的精神世界,在社会主义核心价值观的视域中,对于实现中国梦、建构中国人的现代精神生态也具有不可低估的当代价值。

第一节　礼乐文化当代审视的价值依据

我们该如何审视礼乐文化呢?先秦礼乐文化曾经以独特的文化形态承载着民族的人文血脉和深沉的精神追求。然而数千年历史变迁,礼乐文化已经远离了当时的经济、政治、社会条件,还能否保持文化动力和生命力,为当代文化建设服务呢?按照历史唯物主义的立场观点,作为观念形态的文化是对经济和政治的反映,这是否意味着一种社会文化的形态,必然只能直接地与其所处的经济形态和政治形态相适应,从而失去在新时代中延续传承的可能性呢?

毋庸置疑,不同的文化形态的确依存于不同的经济形态和政治形态,然而,文化传统则不同。在伴随社会经济、政治形态变化而变化的文化形态中,支撑一个民族文化传承、积累、创造的文化基因不断地沉淀,归入中华文化谱系中更深的层面,成为文化之"根",这就是文化传统。换言之,传统文化正是以文化传统的方式赓续传之后世,保持着民族文化不因社会形态的更迭而失序和异化。正是在此意义上,毛泽东同志指出:"我们是马克思主义的历史主义者,我们不应当割断历史。从孔夫子到孙中山,我们应当给予总结,继承这一份珍贵的遗产。"②以清明和理性的态度面对自身的文化传统,进行基于传统

---

① 阿瑟·史密斯. 中国人的性情 [M]. 哈尔滨:哈尔滨出版社,2009:76.
② 毛泽东选集(第二卷)[M]. 北京:人民出版社,1991:534.

之上的厘清、解释和转化，体现了一个民族的智慧和信心。因此，必须从这种历史的实际出发，用马克思主义的思想方法进行辩证分析和转型。

站在中国特色社会主义发展新的历史方位，对数千年前的传统文化进行价值审视，体现着中国化马克思主义文化发展的历史经验和时代判断中的深刻自觉。礼乐文化当代价值的挖掘和实现，不是对传统礼乐所含内容不加批判地全盘吸收，当然也不能是对传统礼乐文化完全解构、再造重生，尤其不能为了礼乐文化复兴把某些毫无关联的时代意蕴挂单名下，这些非理性的批判与传承，不仅对传统国故有失敬畏，更是对当代文化发展和文化使命的轻慢。毛泽东同志在《新民主主义论》中指出："我们必须尊重自己的历史，绝不能割断历史。但是这种尊重，是给历史以一定的科学地位，是尊重历史的辩证法的发展。"①

礼乐文化价值的审视，必须坚持马克思主义唯物史观的基本立场，运用历史与逻辑相统一的方法，以"三个是否有利于"为价值依据。本书认为对礼乐文化的当代审视应该坚持"三个是否有利于"的标准，即是否有利于中国特色社会主义的现代化事业、是否有利于建设和形成中国特色社会主义的文化和道德体系、是否有利于培养"时代新人"。对礼乐文化价值的审视，是用新的时代标准为传统文化取值，因此，适用价值标准在方法层面还要注意以下三点：第一，必须在尊重历史的前提下展开，充分运用历史的方法获得对传统文化的准确把握。第二，必须充分运用逻辑的方法，开展定性与定量相结合的分析，不能用传统文化的某些"细枝末节"否定其历史宏阔视域下的质性因素。第三，对历史文化的考察，其价值归宿在为时代文化任务服务，必须坚持历史与逻辑相统一、辩证与发展相统一，在"古为今用""推陈出新"两个层面上获得礼乐文化的当代价值。

习近平在纪念孔子诞辰2565周年国际学术研讨会上，对中华民族优秀传统文化资源进行了高度评价，认为其在认识和改造世界、治国理政、道德建设等

---

① 毛泽东选集（第二卷）［M］．北京：人民出版社，1991：707．

方面都能够提供有益启示。①在主持中央政治局学习时，其也指出要通过传统美德的转化与发展，"引导人们向往和追求讲道德、尊道德、守道德的生活，让13亿人的每一分子都成为传播中华美德、中华文化的主体"②。礼乐文化是伦理道德形态的文化，从春秋时期孔子"释仁入礼"使其从文化符号系统发展成为文化价值系统以来，为中华民族的精神谱系积淀下丰富的德性基因。这些承载着民族精神的德性基因，在社会主义核心价值观的引领下通过转化与融合，必将在中国特色社会主义伟大实践中展放出时代价值和新的文化生命力。

第二节 礼乐文化内蕴的当代价值

我们在新的历史方位，重新审视礼乐文化的当代价值，是珍视我们自身的文化传统的历史性反思。客观地说，由于种种原因的影响，在较长的一段时间里，没有科学看待优秀传统文化，这就"给一些别有用心和存在认知偏差的人鼓吹历史虚无主义以可乘之机"。其实任何民族的传统文化都不可能全是精华，毫无杂质，中华民族文化也是一样。中华民族在历史上不少领域都取得了世界瞩目的成果，但同时也积淀了不少文化杂质。如果只看到精华而无视杂质，当然是片面的，可如果不着眼于中华民族的基本文化传统，而过分强调她的杂质，更失之于片面。之所以要对礼乐文化的当代价值进行反思，其意义不仅在于对一种特殊文化形态的历史地位和功能的重新评估，更透显出对整个传统文化在现代社会的尴尬处境的迫切反省。近代以来，礼乐文化遭遇的困境，不仅是民族文化发展的困境，也是中国特色社会主义文化建设亟须破题的文化机遇。传统与现代不是必然对立的，传统文化是连接现代的历史基因，优秀传统文化在当代社会的边缘化和去生活化，其实是在人为地隔断历史与现实的连

---

① 习近平. 在纪念孔子诞辰2565周年国际学术研讨会暨国际儒学联合会第五届会员大会开幕式上的讲话［N］. 人民日报，2014-09-25（1）.

② 习近平. 主持中共中央政治局第十二次集体学习并发表重要讲话［N］. 人民日报，2014-01-01（01）.

接。传统文化中最深层次沉淀下来的文化传统蕴含着丰富的面向未来的民族智慧和精神力量，是现代文化建设的重要资源。

面对以文化人、以文育人的时代文化任务，礼乐文化的当代价值应该从培养国民素质的个人层面、涵养文化心态和调节社会关系的社会层面、提升国家软实力的国家层面和增强文化传播的世界层面得以开显。由图4-1所示礼乐文化的当代价值审视模型可见，国民素质的培养属于个人层面的价值，文化心态的涵养与社会关系的调节是社会层面的价值，国家文化软实力的提升与文化传播力的增强是国家层面的价值，在各个层面上，礼乐文化都将在社会主义核心价值观的引领下，返本开新，激发出立足时代、服务时代的新价值。

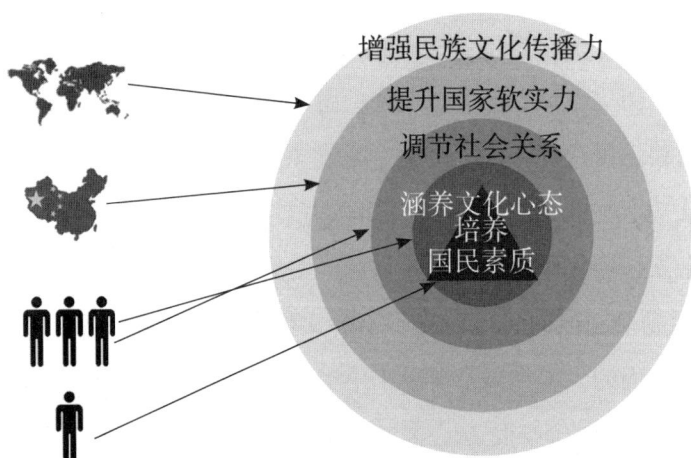

图4-1　礼乐文化的当代价值审视模型

4.2.1 强素质：培养文明有礼的国民风范

礼乐文化在中国数千年的历史长河中，通过显性或隐性的文化形态，以礼乐精神激发个体价值成长的内驱力，以礼乐规范形塑文明气象，从而深刻地影响着中国人整体的社会人格和文明大国形象。

（1）推崇文明是中华民族深沉的文化禀赋

中华文明以原生文明的形态五千年生生不息，在人类历史的长河中是绝无仅有的。文明是文化创造的过程和结果，中华民族伟大的文化首创精神成就了伟大的中华文明。在人类文化的轴心时代，不同文化类型就已经明确了"分工"，中华民族文化沿着"人与人的关系"走向，生发出与农耕社会的生产方式和宗法社会的社会结构相适应的独特的文化形式——礼乐文化，礼仪之邦的美誉由此而来。中国文化崇尚"礼仪"，也就是崇尚人猿相揖别的文明之治，在儒家看来"人之所以异于禽兽者几希"，"明于庶物，察于人伦"，就是人与禽兽相别之处，具体而言就是仁、义、礼、智"四端"。于个体而言，明人伦、行仁义是人之为人的本根；于社会而言，"礼以定伦，德以叙位"①则是家国天下安定有序的根本保障。因此，三千年前，周公旦制礼作乐，以期"经国家，定社稷，序民人，利后嗣者也"②，为中华文化奠定了独特的德性文化基调。先秦儒家尤其是孔子，喟叹于乱世礼崩乐坏的文化处境，开始了一场中华民族文化史上对传统文化进行创造性转化与创新性发展的首次伟大的文化实践。孔子"释仁入礼"，赋予礼乐文化以超越符号文化体系的价值文化体系的历史内蕴，礼乐文化中包含的家国情怀、人文精神、理想人格、至善追求等，对中华民族文化心理、价值传统、行为方式都起着重要的影响作用，从而以行稳致远的"中国文化之心"③的历史深意，在文化基因的层面塑造了整个中华文明的独特范式和中华民族的独特品性。

亨廷顿在《文明的冲突》中对未来世界文明的几种基本形态进行了划分，并预言21世纪是一个"文明的冲突与世界秩序重建"的时代。汤因比在更早的时候就对人类文明形态进行过划分，并通过各种文明的比较，对"中国文明"抱有极大的信心，"恐怕可以说正是中国肩负着不止给半个世界而且给整个世界带来政治统一与和平的命运。中国人和东亚各民族合作，在被人们认为是不

---

① 荀子·致士［M］//方勇，李波，译注. 荀子. 北京：中华书局，2018：224.

② 左传·隐公十一年［M］//郭丹，程小青，李彬源，译注. 左传. 北京：中华书局，2018：88—89.

③ 邓尔麟. 钱穆与七房桥世界［M］. 北京：社会科学文献出版社，1995：7.

可缺少和不可避免的人类统一的过程中，可能要发挥主导作用"①。在当今文明多极化的时代，中华文明能否形成汤因比所言的"给整个世界带来政治统一与和平的命运"的人类的新文明不得而知，但是中国历史长河中形成的中华文明，无疑是贡献给未来世界的人类文明的宝贵财富。

（2）礼乐文化内塑理想人格

要实现"国家富强、民族振兴、人民幸福"的"中国梦"，需要与之相符合的国民人格素养。先秦诸子对于理想人格的追求，如儒家的"君子""圣人"，道家的"真人""至人"，都强烈地传达出中国传统文化关注人的精神品格的独特文化传统。梁启超先生指出"政治的目的，在提高国民的人格，此儒家之最上信条也"，②将儒家政治的目的归结于国民人格的培养。可以说人格追求是整个文化心理结构中最核心层次的内容。人格追求具有道德自律的性质，体现为个体自觉能动地适应社会环境的道德要求。

理想人格就是礼乐文化的人格化。礼乐文化天人合德、仁爱共济、立己达人的价值追求内化为个体的理想人格的过程，正是个体对于社会核心价值的认同过程，凸显出文化的主体性力量。人格理想的实现，不是抽象完成的，而是需要在现实生活中通过遵守合理的规范来践行和构建。在日常生活中，遵循不断创新发展的、符合时代要求的"礼"，个体得以将自己的生活符合社会的规范，在最大限度上符合人们整体的共识和最大利益。在此规范中，人们可以展现本真性情与真实生命，营造更加满足人类本性需求的生活方式。因此，以礼乐文明为载体规范社会生活，具有现实的价值。礼乐文化强调从价值主体的层面激发、唤醒主体的人格修养，以达成对价值观的自觉与自信。西方的文化哲学关注对自然世界的探索，重视科学实证和法治精神，与之相比，中国的文化哲学更关注对自我内心的修养。《礼记·中庸》中强调的"君子不可以不

---

① 池田大作，阿·汤因比. 展望二十一世纪——汤因比与池田大作对话录［M］. 荀春生，等译. 北京：国际文化出版公司，1985：294.

② 梁启超. 先秦政治思想史［M］. 天津：天津古籍出版社，2004：108.

修身"，体现了人们对提升内在精神境界的崇尚。①追求理想人格的实现，有方法论可参照，这其实也是礼乐文化的功用，即修己安人、内圣外王。格物致知、诚意正心，就是"修己"，目的在于"内圣"；齐家、治国、平天下就是"安人"，目的在于"外王"。通过修己，达至成物，不仅强调心性，而且重视事功。这样就把理想人格的养成放到了群己关系的具体实践之中，把理想人格的实现放到了可供考察的现实生活之中，从而使人文化成在人格养成中得以照见，这对于社会主义核心价值观的培育和践行，是具有现实参照意义的。

（3）礼乐文化外塑国民形象

中国特色社会主义进入新的历史阶段，中国开始从世界舞台的边缘走向世界舞台的中央，中华民族来到伟大复兴最近的历史节点，中国人的大国民风范和形象受到前所未有的关注。与国家经济发展水平显著提高不无吊诡的却是公共生活领域频频遭遇文明危机，失礼、无礼、非礼的现象层出不穷，如随地吐痰、乱扔垃圾、大声喧哗、车窗抛物、地铁争座血洒车厢、高铁霸座男被列入失信联合惩戒名单、广场舞大叔与篮球少年大打出手、中国式过马路挑战文明底线等一系列事件的出现，尤其是部分海外游客的形象，更是把不文明的形象放大呈现引发围观，如在埃及神庙刻字"到此一游"、在普罗旺斯为抢拍照位置大打出手、在苏黎世航班上斗殴等，使富起来的中国国民形象大受诟病。这看似是国民个人形象的受损，其实折射出民族整体文明形象的焦虑。

国民形象包括国民个人形象和国民整体形象两个层面。从个人形象层面而言，就是一个人文明礼貌、仪表形象的视觉传达系统，传递的是个人的文化教养、道德品质和个人操守。从国民整体形象层面而言，是国家形象的文化表达，传达的是民族的价值观念、文化认同和文明程度，显现着国家文化软实力的影响力和传播力。国民整体形象的提升，是以个人形象提升为基础的，国民个人形象的集体表达就是国民整体形象。文明有礼的国民形象，是整体民族社会人格的外显，是价值认同和行为习惯的风向标。

---

① 张琦. 核心价值观与公民文化人格构建 [J]. 求索，2013（10）：113-11.

富而有礼的国民，是中国强国梦想的题中应有之义。中华民族素有"礼仪之邦"的美称，汉代学者何休甚至将其作为中国的定义——"中国者，礼仪之国也"。礼乐文化在当代的黯淡，凸显出礼仪教育的迫切性。曾经的礼乐上国，伴随着近代史开展以来对礼教的批判，使得中华民族的传统美德和礼仪规范在现实生活中被弃之如敝屣，而同时新的礼仪制度和礼仪规范体系没有及时建立起来，使得"礼仪之邦"的华夏子孙在现实生活中往往表现出不自知、不自觉的礼仪道德的频频失范。"文质彬彬，然后君子"，国民形象塑造既需要从内在的价值层面的定位，就是要以社会主义核心价值观为内在支撑，还需要从外在的行为层面的定位，就是倡导文明守礼的外在表达。"德辉动于内，礼发诸外乎"，尊礼尚礼不仅体现了个人的道德文化素质水平，更彰显着一个国家精神文明的程度。用数千年浸润的文明范式——礼乐教化，塑造文质彬彬、温文尔雅、雍容雅正、清明和睦的中华民族的大国国民形象，归复礼乐之邦的盛大气象，无疑是礼乐文化最鲜明的时代价值。

4.2.2 化民心：涵养积极达观的文化心态

文化心态，即民众普遍性具有的社会文化心理。一个真正意义上的文化强国，一定铺垫着支撑其文化高位势的积极向上的文化心态。[①]我国正处于社会转型期，尽管"自尊自信、理性平和、积极向上"正日益成为文化心态的主流，但一定程度上存在的浮躁功利、焦虑悲观、极端偏执、价值虚无、低俗恶趣等不良文化心态，仍对社会产生了比较消极的影响。

礼乐文化从文化心理学的研究范式而言，具有鲜明的乐感文化特征。李泽厚先生针对本尼迪克特（Benedict）提出的"罪感文化"和"耻感文化"形态，依据"情本体"为核心的考察，得出中国文化是"乐感文化"的研究结论。他认为，"中国人很少真正彻底的悲观主义，他们总愿意乐观地眺望未

---

① 沈壮海. 论文化自信［M］. 武汉：湖北人民出版社，2019：196.

来……"①，社会文化普遍呈现"乐感文化"的特征。英国哲学家罗素也如此评价中国的文化精神："中国人似乎是富于理性的快乐主义者。"林玮生认为"女娲补天""精卫填海""愚公移山"等中国神话，昭示了"乐感文化"中中国人的人生态度，即积极入世、奋发有为，并保持人际关系的和谐和人与自然的和谐②。因此，乐感文化对于鼓舞中华民族在新的时代继续奋斗、涵养积极达观的文化心态起到积极的作用。

（1）乐感文化是中华文明的底色

乐感文化，属于深层心态文化范畴。"乐"的本质不是肤浅的快乐体验，而是一种积极乐观、愉悦明朗的健康心态和情感状态。"乐感"也并不仅是感官上的审美追求，而且是融理性、意志于其中的本体感悟。乐感文化内涵主要包含三个层面：一是乐天知命，强调精神自立的达观心态；二是入世态度，在"一个世界"的前提下强调人的主体性存在；三是实用理性，强调理性凝聚的伦理道德。乐感文化以其独特的心理文化结构，成就了中华文明关注现世、积极达观、自强不息的精神底色。正如郭齐勇先生所言，中国文化表现出在庆生、乐生、肯定生命和日常生存中去追寻幸福的情本体特征，赋予人参与天地之化育的本体地位，从而培育了中国人自强不息、乐观积极的精神状态③。

第一，精神自立的达观心态。《周易》中最早表现出"乐天知命""遁世无闷，不见是而无闷。乐则行之，忧则违之""否极泰来"的文化心态，《论语》中也多次提到"乐"的人文态度，譬如"学而时习之，不亦说乎；有朋自远方来，不亦乐乎""发愤忘食，乐以忘忧，不知老之将至云耳"等，逐渐使中华民族"与天地参"、百折不挠的乐观主义和实践精神一脉得以开显。《论语》中记载了孔子关于乐的态度："子贡曰：'贫而无谄，富而无骄，何

---

① 李泽厚. 中国古代思想史论 [M]. 北京：生活·读书·新知三联书店，2017：289.

② 林玮生. "乐感文化"与"罪感文化"的神话学解读 [J]. 社会科学研究，2009（6）：183-187.

③ 郭齐勇. 忧患意识与乐感文化 [N]. 光明日报，2018-04-22（6）.

如？'子曰：'可也。未若贫而乐，富而好礼者也'"①；"一箪食，一瓢饮，在陋巷，人不堪其忧，回也不改其乐"②。孔子认为无论身处怎样的环境之中，都不应该对现实采取悲观绝望的态度，只要能"乐道"，便能超脱贫富贵贱，不以外物为忧，任旁人随波逐流，自己依然处之泰然。而孔子自己更是躬行不辍，"饭疏食，饮水，曲肱而枕之，乐亦在其中矣。不义而富且贵，于我如浮云"③。孔颜之乐，不在衣食富贵，而在摒弃"人为物累、心为形役"的刚健有为的生命力量。正如儒家追求内圣外王，但却不以事功取人，而是采取极为达观的心态，"发愤忘食，乐以忘忧，不知老之将至"④。之所以能有所忘，更有所乐，全在于有志盈盈于胸，是"仁"的一以贯之。这种精神是营造中华民族精神家园的浩然正气，更是塑造中华民族淡泊名利、奋发有为的整体人格的价值支撑。

第二，关注"一个世界"的入世态度。李泽厚先生对乐感文化的核心把握首先在于"一个世界"。所谓一个世界，就是关注"此世"而非"彼世"，不谈论和构想超越于此世的哲学层面的形上世界或宗教意义上的天堂地狱。众所周知，整个中古时期，西方社会经历了漫长的宗教主导历史，直至文艺复兴人文精神才得以确立，开始以人为中心，肯定脱离神性的人性和人的价值、关注如何在现世寻求幸福。而中国在上古时期就经历了一次人神相离的历史巨变，如《尚书·吕刑》所记载的"绝地天通，罔有降格"，从而将关注点从神转为世俗社会，"实现了政权的垄断和秩序的重建，标志着原始社会的神本观念向文

① 论语·学而［M］//陈襄民，等注译. 五经四书全译（四）. 郑州：中州古籍出版社，2007：3049.

② 论语·雍也［M］//陈襄民，等注译. 五经四书全译（四）. 郑州：中州古籍出版社，2007：3096.

③ 论语·述而［M］//陈襄民，等注译. 五经四书全译（四）. 郑州：中州古籍出版社，2007：3109.

④ 论语·述而［M］//陈襄民，等注译. 五经四书全译（四）. 郑州：中州古籍出版社，2007：3110.

明社会的人本观念的转变"①。到了春秋时期，百家争鸣，对人的价值自觉的
讨论更是蔚为壮观。《左传·庄公三十二年》记载"国将兴，听于民；将亡，
听于神"②，提出了国家兴盛在于民而不是神的人本思想，对"礼"的推崇远
胜于"事神"，进而发展出了政治、社会、道德与思想的世间秩序。

第三，实用理性的思维方式。《孟子》记载，淳于髡请教孟子，男女有
别，授受不亲，那如果嫂子掉在水里，可以用手去拉她吗？孟子曰："援之以
手者，权也。"③可见，礼教并不是僵化的，对于既成礼法的规定，强调应该灵
活变通，这就体现了思维方式上的实用理性。同时，乐感文化的核心是"情本
体"。李泽厚指出，中国文化"强调人的感性生命、生活、生存，从而人的自
然情欲不可毁弃、不应贬低"，破解人的自然情欲与伦理理性之间难题的出路，
不在于用宗教来压制感性生命，也不在于用理性之名异化人的情感需求（如
"存天理灭人欲"），而在于正确地处理"理"与"欲"之间权重、尺度、关
系等④。在礼乐制度中，"礼"森严地规范着利害关系，而乐则是融通隔层关
系并催生愉悦的工具。"礼辨异，乐统同"，礼乐的共同作用使得万物有序、天
地和谐。

乐感文化深深植根于礼乐文化的滋养和教化，因其蕴含着人生真实意义的
理性共识而具有了持续性和稳定性，已然成为一种全民族的集体无意识或者潜
意识，更重要的是，乐感文化"精神超越而不迷失、行为自由而不放纵、生活
务实而不庸俗"⑤的价值取向，发展出中华民族天人合一、乐观积极、自强不
息的人文传统。

---

① 王震，郑杰文. 从先秦主流学派看乐感文化状态下的内省精神 ［J］. 理论学刊，
2017（1）：145.

② 左传·庄公三十二年［M］//郭丹，程小青，李彬源，译注. 左传. 北京：中华书
局，2018：288.

③ 孟子·离娄上［M］//陈襄民，等注译. 五经四书全译（四）. 郑州：中州古籍出
版社，2007：3362.

④ 李泽厚. 人类学历史本体论［M］. 天津：天津社会科学院出版社，2008：220.

⑤ 刘伟. 浅析"乐感文化"的主要特征［J］. 世界宗教文化，2015（1）：127-131.

（2）乐感文化涵养积极达观的文化心态

礼乐文化不仅是乐感文化的源泉和土壤，也为乐感文化注入了深厚的人文精神。西方的罪感文化即对原罪的自我意识，是以获得神眷、重回上帝怀抱为价值旨归的。中国的乐感文化则强调通过"提高自身境界，……从而实现对人性缺陷的匡救和改造"①。乐感文化的心理品性主要表达为重视人伦和乐、追求仁者之乐、志在生命大乐，这为涵养积极达观的文化心态提供了持续的文化心理动力。

第一，重视人伦和乐。在人与社会、人与人的交往关系以及人自我的身心关系方面，礼乐文化以"修己及人""将心比心"的"恕道""推爱"的方式，把全部关系落定于血缘老、幼的私人伦理，推至人之老人之幼。尽管这种"爱有差等"的实践理性受到质疑，但是发展于农耕文明、受制于宗法制度的爱人方式，比超越诸多社会要素的兼爱、博爱更具有现实性和实践性。尤其应该强调的是在这种差等之爱中来推己及人，不是以差等之爱为目的，而是以最终超越血缘关系的"老吾老以及人之老，幼吾幼以及人之幼"的人伦和谐境界为目的的。事实上，这也一直代表着中国人对和谐社会的理想描绘，是中国人普遍认同的生存和审美的理想，也作为审美的价值尺度，一直影响历代中国人成己、成人、成物的价值追求，对于当代民族文化心态的整体培塑仍具有积极意义。

第二，追求仁者之乐。礼与乐从内外两个层面对道德人格的培养和教化，使感文化的乐体现为仁者之乐。乐感文化形态的形成，与儒家的价值体系和文化取向是密不可分的。"礼"的核心价值观是仁爱精神，因此，在关于儒家所追求的理想人格的追问中，"子曰：修己以安人。修己以安百姓"②。修己安人可谓儒家的终极伦理关怀，正是建立在通过"修己安人""修己以安百

---

① 王震，郑杰文. 从先秦主流学派看乐感文化状态下的内省精神［J］. 理论学刊，2017（1）：144-145.

② 论语·宪问［M］//陈襄民，等注译. 五经四书全译（四）. 郑州：中州古籍出版社，2007：3196.

姓"的社会价值实现而最终达成"内圣""外王"人生价值的逻辑路线，成就了乐感文化推崇仁者之乐的价值取向。仁者之乐高度具象地表达了中华文明的人文传统，即在确立人的身心关系、人与人的关系、人与社会的关系的价值谱系中，始终强调整体性命运和社会责任担当。

第三，志在生命之乐。"兴于诗，立于礼，成于乐"是孔子构建乐感文化心态的实践路线。兴于诗，是礼乐情本体的自然前提；立于礼，标志主体理性的成熟，是乐感文化的重要底色；成于乐，凝注了对"诗意栖居"的追寻，其精神之内核就是强调现实人生的审美取向。乐感文化把个体生存旨趣和生活意义的内在需求导向"生命主体的德性完善和优游和乐的生存情态的获得"①。因此，乐感文化的审美取向并不仅是感官上的审美追求，而且是融理性、意志于其中的本体感悟。礼乐文化是典型的族群文化，是以整个民族的文化心理为依托的精神文化和行为文化，在文化心理的结构层面表现出稳定的认同机制。梁漱溟先生说："一翻开《论语》，我们便知孔子首要之态度，可见孔子乐趣快畅之心理，其生活之乐甚是显著。"②李泽厚先生也认为："孔子以世俗生活中的情感快乐为存在的本体和人生的极致。"③孔子基于仁为核心着重于人的感性生命、生存、生活而构建起的积极、乐观、有为的乐感文化取向，对于构建当下"自尊自信、理性平和、积极向上"的文化心态有着重要的启示意义。

随着经济市场化、文化多元化的发展，多层次、多取向的民众需求在面对多样性的社会矛盾关系面前，往往呈现出负向情绪集聚、内部冲突易发、价值理性旁落的社会群体性心态问题，甚至一定程度上出现了不讲对错、不问是非、不知美丑、不辨香臭、浑浑噩噩、穷奢极欲的负向文化心态，对中国特色社会主义现代化建设构成挑战。负向文化心态不仅破坏和谐的社会关系，更是销蚀中国精神、消解中国力量的"酸"。乐感文化重人伦和乐、追求仁者之

① 成守勇. 古典思想世界中的礼乐生活——以《礼记》为中心 [M]. 上海：上海三联书店，2013：244.

② 梁漱溟. 梁漱溟讲孔孟 [M]. 北京：中国和平出版社，1993：58.

③ 李泽厚. 美学三书 [M]. 安徽：安徽文艺出版社，1999：264-265.

乐，蕴含着中华民族志于生命大乐的文化心态取向，表现出深沉而久远的人的主体性超越，是中华民族敢于担当、敢于创造、敢于梦想、敢于奋斗的民族精神的底色，对于抵制迷心逐物、澄清价值导向、敦行文明风尚具有重要的文化功能。新的时代坐标下，立于中华民族伟大复兴的最近的历史节点上，良好的文化心态无疑是调节社会关系、凝聚民心民智、激发中国力量的重要介体。

4.2.3 促和合：构建和谐有序的社会关系

礼乐在促进社会和谐方面的社会功能一直受到儒家重视。早在西周时期，就有思想家提出"和实生物，同则不继"①的思想。《论语·学而》指出"礼之用，和为贵"，将"和谐"作为礼乐文化的终极价值目标，认为通过推崇礼的教化，能够促进国家政治治理、民众移风易俗，从而促进国家和社会的和谐，达到"和为贵"的终极目标。将礼的最主要社会功能归结为"和"，是对中国传统哲学的一次深刻总结和深化。礼仪观念最早是在接受教育的少数群体中被认可和推广，逐渐通过他们的言行示范成为社会广泛接受和推崇的普遍价值意识，从而对构建社会和谐发挥着重要的价值。以和为贵的思想也成为贯通传统与现代的文化传统。

（1）礼乐肇始于维护社会和谐的需要

汤因比认为，和谐"是迄今已知的所有文明一直有意无意追求的目标"。②礼乐文化正是肇始于社会和谐发展的现实需要。中华民族传统文化的主要形态是伦理道德文化，其中伦理与道德相较，更是尤重伦理。因此，礼乐文化的功能首先是经国序民、伦辈定位。正如班固在《汉书·礼乐志》里所言："人性有男女之情，妒忌之别，为制婚姻之礼；有交接长幼之序，为制乡饮之礼；有哀死思远之情，为制丧祭之礼；有尊尊敬上之心，为制朝觐之礼。哀有

---

① 国语·郑语［M］//陈桐生，译注. 国语. 北京：中华书局，2017：573.

② 阿诺德·汤因比. 历史研究［M］. 刘北成，郭小凌，译. 上海：上海人民出版社，2005：19.

哭踊之节，乐有歌舞之容，正人足以副其诚，邪人足以防其失。故婚姻之礼废，则夫妇之道苦，而淫辟之罪多；乡饮之礼废，则长幼之序乱，而争斗之狱蕃；丧祭之礼废，则骨肉之恩薄，而背死忘先者众；朝聘之礼废，则君臣之位失，而侵陵之渐起。"①马克思指出，"人的本质，在其现实性上，是一切社会关系的总和"。②因此，人的本质不是抽象的、固有的，而是具体的、现实的，每个人必然通过各种方式与其他成员形成广泛而复杂的交往关系，如果没有秩序，社会必将纷争不断，因此，正如徐复观先生所言，礼乐文化旨在建立一种"群居而不乱""体情而防乱"，有序、自由、合理的社会风俗习惯。③人在社会中生存，要维持这些社会关系健康有序，个人的需求满足和行为方式就必须符合一定的规制，符合大多数人的需求和期望，这样人与人之间才能和睦共处，整个社会才能和谐有序。因此，礼乐的起源和兴起具有历史的必然性与合理性。

礼乐文化非常强调"和合"的价值目标，包括和合心性、和合人际、和谐社会、天人合一等多重维度。第一，在和合心性方面，礼乐能调整人的情绪情感，"乐中平则民和而不流，乐肃庄则民齐而不乱"。第二，在和合人际方面，"乐至则无怨，礼至则不争，揖让而治天下者，礼乐之谓也。暴民不作，诸侯宾服，兵革不试，五刑不用，百姓无患，天子不怒，如此则乐达矣"。④因为有了礼乐的规制和教化，人与人之间则无怨无争、清明平和，以至快乐和谐的理想状态。第三，在和谐社会方面，甚至追求的理想社会，也是以和谐为最高目标的，《礼记·礼运》中详细描述了这种理想的大同社会："人不独亲其亲，不独子其子。"⑤第四，在天人合一方面，强调"与天地合其德"。儒家认

---

① 班固，颜师古注. 汉书（卷二二）礼乐志［M］. 北京：中华书局，1962：2027-2028.

② 马克思恩格斯选集（第一卷）［M］. 北京：人民出版社，1995：60.

③ 徐复观. 中国思想史论集［M］. 北京：九州出版社，2014.

④ 礼记·乐记［M］//胡平生，张萌，译注. 礼记. 北京：中华书局，2007：721.

⑤ 礼记·礼运［M］//胡平生，张萌，译注. 礼记. 北京：中华书局，2018：419.

为礼本于天地之道，礼的正当性和合法性体现在对天地之序的遵循上，而人也是由天道化生的，因此应该以顺承自然之道来治理人情，可以说是中华礼文化的发生逻辑。

（2）礼乐实践体现个体的人文观照

礼本质上属于道德范畴，是人们在社会中处理人际关系并约束自己行为的准则、规范，在中华大地上，礼仪文化根深叶茂，甚至已然成为中华民族的文化标识，居于传统价值观的核心地位，是一种深入人心的精神与操守，它有很强的导向性和约束力。

我国有悠久的人文传统，注重提升人的精神境界，把接受教育作为塑造"君子"的手段。据说孔子教六门学问《诗》《书》《礼》《乐》《易》《春秋》，他总是先讲《礼》，在他看来"不学礼，无以立"。用钱穆先生的话来解释，"礼是中国文化之心"，是中国人文精神的体现。在中国传统文化中普遍认为"礼"的人文价值，是通过"修己"的方式体现出来的。或者说，在中国传统文化的视野中，和谐人文、恢复人文精神，首先要对自己的本分有清醒的认识，落实到生活层面就是"修己"。正所谓人不修为己，己不成人。"礼"是"修己"的重要内容。我国的传统礼仪，强调内在德性的能动作用，把道德看作礼的灵魂，而绝不是仅仅停留在外在的、技术性的层面上，因此，礼仪教育是以人文精神作为重心和支撑的。其强调在日常生活中，要严格以礼仪来要求自己、约束自己和指导自己的行为，尤其是在"隐"和"微"上下功夫，只要在内心深处能够建立起自我的礼仪法则，日常生活中的行为就可以扩大到社会的人文精神。①

"释礼归仁"是孔子对礼乐文化的伟大贡献，"仁"是礼乐社会中统摄"礼"和"乐"的根本文化价值观，具有浓厚的人文主义精神。在孔子礼乐思想中，"仁"是灵魂和根本，是礼乐背后的德性基因，贯穿着"礼"和"乐"的核心精神。而通过克己复礼，便可以通达仁的理想境界。"克己复礼为仁。

---

① 李焱. 明礼：构建和谐校园的道德维度［J］. 理论导刊，2008（07）：74-76.

一日克己复礼，天下归仁焉。为仁由己，而由人乎哉？"①也就是说，达至"仁"的境界的决定权就掌握在个人的手里，只要持续不辍地践行礼的规制，即可实现人生的至高境界。可见，礼乐文化对"仁"推崇，超出了单纯强化封建政治统治的社会价值的需要，而是力图将个人人生追求、治国理政、和谐万邦统摄起来，构建出一个理想的和谐社会的景象。因此，对个体的人文关怀，对个体的人格陶养、德性养成的内在诉求的观照，正是礼乐实践的逻辑进路，无疑对于今天构建社会主义核心价值观的培育，依然有重要的思想价值和社会价值。

礼仪不是外在于人情人性的异化产物，因此人们在遵循礼仪的过程中，不仅是依照规范来约束外在行为的过程，更是对礼仪形式所蕴含的道德观念的情感体验，能够获得内在道德追求所引发的愉悦感受。乐与礼相辅相成，通过感染人心，化育对礼的内在情感。这一思想在先秦典籍中被反复论述，如"乐合同，礼别异。礼乐之统，管乎人心"②"乐由中出，礼自外作。乐由中出故静，礼自外作故文""乐至则无怨，礼至则不争。揖让而治天下者，礼乐之谓也"③。可见，乐能够使人发自内心地遵循礼、追求礼、向往礼，人们的行为不是因为外在规范的强制约束，而是因为内在情感的感召和教化。

以仁义为道、以礼乐为用，是礼乐实践的鲜明特色，这种以内在的道德准则与外在的行为尺度来和合自我心性，以关怀与尊重他人为辐射推开和合人际关系的实践模式，内蕴着对自我、对他人的深沉的人文关照。

（3）礼乐异质互补构筑有张力的交往秩序

人际和合，追求和谐共生的社会关系。社会是由个体组成的，个体的诉求在现代社会表现出多样化、多元化、差异化，统合这些诉求却又尊重差异性、

---

① 论语·颜渊［M］//陈襄民，等注译. 五经四书全译（四）. 郑州：中州古籍出版社，2007：3159.

② 荀子·乐论［M］//方勇，李波，译注. 荀子. 北京：中华书局，2018：329.

③ 礼记·乐记［M］//胡平生，张萌，译注. 礼记. 北京：中华书局，2007：721.

避免千篇一律，这是孔子提出的"和而不同"。从内在机理而言，和而不同是礼乐的结构性功能。

在对社会关系的调节作用中，礼主别异而乐重和同，礼是以明确的规制去调节人们的行为，而乐是以其感化熏陶作用对人的内心进行引导。"'和合'理念强调世界是人与万物的一体性存在，构成世界的诸多要素存在既相互矛盾又相互融合的关系，它们在矛盾与融合中共同发展演变，然后产生新要素、新事物、新生命，客观世界因而不断发展变化。"①礼乐在社会关系的调节中，使用了限制和引导的两种不同手段，礼外在规定了一个社会的秩序和个体在社会中的行为举止，而乐则从内在影响和协调不同身份的人相亲和睦。礼是外在的行为文化，以可见的行为规范，实现社会共生的秩序体系。乐属于内在的心态文化，以不可见的心理结构，构筑自我体验式的秩序体系。二者相合，从外部约束到感召人心，有助于共同构建和谐有序的社会氛围。《乐记》有言："乐者为同，礼者为异。同则相亲，异则相敬。"②礼乐正是通过这种属性异质而功能互补的结构，发展出富有张力的社会交往秩序。

中国人重视日常生活中的礼仪，认为理想的生活方式就是在一个礼仪化的社群中实现自我价值。对于中国人来说，礼之于人就如同空气之于人那样须臾不可分离。"礼"的核心是"敬"，《礼记·曲礼》开篇就说，"毋不敬"，这是全篇的纲领。敬是一种严肃恭敬的人生态度，是一种充满人文关怀的体察，既有敬己，更有敬人，就像《礼记》中提到的"虽负贩者必有尊严"，礼仪就是要体现对每一个生命的真正的平等与尊重。孔子说，天地之行人为贵，就是说在天地之间人的生命是最为宝贵的，人是最有价值的。对人的价值的肯定、对人格尊严的注重，是中华道德优秀传统的一个重要方面。因此，礼仪不仅能够促使人际关系和谐、家庭和睦、社会祥和，更重要的是在深刻层面上使人真正成为人，这才是"礼"发挥"和合"功能的作用机理。应该看到，在当今礼仪文

① 陈秉公. "和合"理念具有重要价值［N］. 人民日报，2018-11-08（07）.

② 礼记·乐记［M］//胡平生，张萌，译注. 礼记. 北京：中华书局，2007：723.

化保留较好的地区和国家，由于有"礼"，人们之间就更能相互尊重，相互礼让，人民就显得比较有修养，社会秩序也比较和谐。可以说，古今中外盛行于世的礼仪都表达了人们追求文明的理想，开展礼仪教育就是在传达公民社会应有的明人伦、守分寸、显平等的文明规范。①用礼来调适人际关系，达成成员之间精神上的认同，形成平等、信任、尊重、理解的氛围，是构建和谐社会的前提。礼仪本质上属于道德范畴，是人们在社会中处理人际关系并约束自己行为的准则、规范，在中华大地上，礼仪文化根深叶茂，甚至已然成为中华民族的文化标识，是一种深入人心的精神与操守，它有很强的导向性和约束力。

4.2.4 兴文化：提升国家文化软实力

当今时代，和平与发展是世界的主题，因此软实力成为一个国家在国际社会拥有发言权和影响力的重要因素。但我们所言的文化软实力与约瑟夫·奈是不尽相同的。在对软实力的形态的界定上虽然是一致的，但是我们把文化、价值观等要素的价值更看作文明交流互鉴的力量，而不认为是借此进行文化同化、价值观同化的重要手段，也不认同把文化软实力看作文化霸权的倚重力量。国家文化软实力主要体现为以下几方面：第一，本民族文化在国际社会中对其他文化形式的吸引力和感染力；第二，本民族的意识形态和政治价值观对国际社会的吸引力；第三，国际外交政策所体现的公正性；第四，处理国际事务、营造国家间关系时体现出的亲和力；第五，国家发展道路和制度模式的吸引力；第六，对国际制度和规范的影响力；第七，国际舆论对本国国际形象的美誉度。软实力不软，才能增强国家的综合实力。

改革开放以来，我国在经济建设方面取得了众所瞩目的成就，在国际社会中获得越来越多的关注，但在文化软实力方面还亟需加强，撒切尔夫人曾毫不讳言地批评"中国只出口电视机而不是思想观念"②。提升文化软实力，是

① 李焱. 明礼：构建和谐校园的道德维度［J］. 理论导刊，2008（07）：74-76.
② 迈克尔·巴尔. 中国软实力［M］. 石竹芳，译. 北京：中信出版社，2013.

国家总体安全观的重要内容，事关世界文化激荡中中华文化的地位与安全，因此，习近平总书记反复强调："博大精深的中华优秀传统文化是我们在世界文化激荡中站稳脚跟的根基。"①礼乐文化不仅是中华文化的重要组成部分，而且是激发文化主体力量的重要形态。

（1）礼乐文化是启发文化自觉的出发点

所谓文化自觉，是指"一个民族、一个政党在文化上的觉悟和觉醒，包括对文化在历史进步中地位作用的深刻认识，对文化发展规律的正确把握，对发展文化历史责任的主动担当"②。对礼乐文化时代价值的考察是提升国家软实力、启发文化自觉和文化反思的起点。在现代化的历史进程中，世界各民族的传统文化都面临着一个共同的难题：自身文化传统遭遇了现代化进程的挑战，面临着与文化历史的断裂。如何在全球化、多元化的新时代里赓续和超越自身的文化传统，是各国文化研究者们进行探讨和反思的重要议题。对社会演进和现代化理论的研究，不断地深化着对传统文化和现代性关系的思考，逐渐掀起了席卷全球的"文化自觉"思潮。Black代表的新现代化理论，强调现代化研究的历史取向和人文关怀，倡议各国在看待自身文化传统时，应以扬弃的态度具体分析。现代性不是抽象存在的，而是深植于各自传统的文化形态之中，无论西方与东方国家，各种文化都能从本土传统中发掘出贡献于现代性的宝贵文化资源。③放弃传统不仅不能保证现代性的顺利实现，反而会导致价值体系的解体和文化认同的深刻危机④。因此，各国应该打破现代化模式非此即彼的僵化思维，从自身文化传统本身出发，寻找适合本国文化传统的方式。

20世纪初，在帝国主义和封建主义对中华民族造成深重灾难的压迫下，

---

① 习近平. 习近平谈治国理政［M］. 北京：外文出版社，2014：164.

② 云杉. 文化自觉文化自信文化自强——对繁荣发展中国特色社会主义文化的思考（上）［J］. 红旗文稿，2010（15）.

③ 孙英春. 传统、软实力与中国文化的"全球视域"［J］. 浙江学刊，2016（3）：60-67.

④ 西里尔·布莱克. 比较现代化［M］. 杨豫，译. 上海：上海译文出版社，1996.

知识分子们开始积极探寻救亡图存之路，以"现实的社会功用性"的价值标准"重新估定一切价值"，认为导致中国国力衰弱、现代化"低速发展"的根源正是孔学、礼教，唯有破除传统方能获得新生，由此形成了狂飙突进式的"非儒反孔"的文化批判。新文化运动中，对民族传统文化批判态度最为激烈的可属钱玄同。作为深受经学传统影响的古文大家，在袁世凯复辟帝制、康有为等鼓吹定孔教为国教的一系列现实政治闹剧的背景下，钱玄同转为赞赏胡适的文学改良思想，进而清算了自己之前所持"主张复古、保存国粹"的文化立场，坚决地走上了"批孔"的道路，更试图以废除汉字的方式来彻底斩绝旧文化的弊端，因为他认为欲废孔学，不可不先废孔学的基础，而且认为"汉文尤为解决之根本"！在《关于新文字》中鲁迅也表达过文字改革的态度，"如果不去除方块字，中国只能等死"。在疾风骤雨的"非儒反孔"的批判中，礼教更是遭遇了前所未有的挑战和危机。吴虞在《新青年》发表《吃人与礼教》一文，直言"我们如今应该明白了！吃人的就是讲礼教的！讲礼教的就是吃人的呀"，并得到新文化运动的旗手胡适的盛赞。在《吴虞文录序》中胡适称其为"中国思想界的一个清道夫""四川省只手打孔家店的老英雄"，使得吴虞名噪一时。正所谓积毁销骨，众口铄金，礼教终被推到历史的对立面，而吃人之论断，更使得礼教成为无人不晓的贬义词。礼乐文化的命运折射出传统文化的近代历史命运，在急于寻求国家民族出路的文化激荡中，民众普遍性地表现出对传统文化从批判、抛弃，发展到隔绝和懵懂的疏离状态。余英时认为，五四的第一代是反传统的，"五四第二代、第三代以至今天的知识分子对于中国人文传统大概只有一个抽象的概念"。

民族形成于历史和文化，中华民族是个几近没有宗教传统的历史性民族，文化的传统是民族保持自立的价值支撑。如果尽弃传统，很难想象中华文明乃至世界文化的走向。文化自觉是保持文化生命力和自主性的前提，意味着"生活在一定文化中的人对其文化有自知之明，明白它的历史、形成过程、所具特色和发展的方向"。对自身所处文化的自知之明"不带有任何文化回归的意思，不是要复旧，同时也不主张全盘西化或全盘他化。自知之明是为了加强对传统文化转型的自主能力，取得决定适应新环境、新时代文化选择的自主地位。文化自觉是一个艰巨的过程，首先要认识自己的文化，理解所接触到的文化，才有条件在这个正在形成中的多元文化的世界里确立自己的位置，经过自主的适应，和其他文化一起，取长补短，共同建立一个有共同认可的基本秩序和一套与各种文化能和平共处、各抒所长，联手发展的共处守则"[①]。

礼乐文化与中华民族在数千年的文化实践中，早已联结、融合为生命共同体。礼乐文化承载着中华民族追求天人合德、家国天下、人伦和谐、修己成人的精神追求，是中华民族的精神命脉和文化标识。人总是文化性的存在，文化主体与自身文化传统的联结，在经济全球化和文化多元化的时代具有战略性意义，这是中华文化主体精神的传统与现代关联的关键，直接影响文化传统的历史传承和文化认同的深化提升。因此，礼乐文化作为中国传统文化中浓墨重彩的一笔，在几千年的文化流变中与中华民族的德性基因、民族性格和生活方式紧密相连，必然成为中华民族文化自觉过程中的重要起点之一。

（2）礼乐文化是涵养文化自信的支撑点

文化自信是文化的主体性和自为性的统一，集中表现为文化主体对自身所处文化形态力量的肯定性估定和强烈的归属感。文化自信一般意义上是面对异质文化时文化主体对本民族文化生命力的确信和对自我文化身份的确认。民族文化生命力是贯通民族发展历程起着历史基础性作用的精神力量和关键性质素。礼乐是中华民族五千年来人文实践的结晶，积淀了宝贵的民族文化资源。在多元文化交流交融交锋的今天，避免精神生活领域的庞杂无序、良莠不齐，尤其是在面对异质文化的时候，我们要保持文化理性的对话与沟通，是必须对民族文化生命力保持乐观积极态度的，否则极易形成对其他强势文化的照单全收，因此，我们要坚守中华文化立场、传承中华文化基因，展现中华审美风

---

① 费孝通. 中国文化的重建［M］. 上海：华东师范大学出版社，2014：143.

范①，才能更好地展现中华民族的自信。

华夏是对中华民族这个文化共同体的称谓，其意蕴用唐代学者孔颖达的解释就是，"中国有礼仪之大，故称夏；有服章之美，谓之华"。礼乐文化是中华民族五千多年文明孕育的优秀文化传统，数千年来以"礼乐上国"的盛誉向世界文明展现着中华民族伟大的文化创造精神。中国科学院院士杨叔子先生说："没有先进的科学，没有现代的技术，一个民族，一打就垮；而没有民族传统，没有人文精神，一个国家，一个民族，不打自垮。"中华文明上下五千年，始终得以保持原生文明样态生生不息，历经外侮内乱都没有亡族灭种，其原因就在于赓续不绝的民族精神提供的生命力和凝聚力②。

礼乐文化在人类文明轴心时代，就以鲜明的人文精神和实践理想形成了独特的文化范式，使早慧的中华民族在日常生活世界能够获得精神超越和终极的伦理关怀，从而铸就了乐观豁达、仁爱友善、自强不息、天人合德的民族文化品性，并延此一脉，赓续不绝地传承着华夏民族特有的价值传统、精神追求、行为方式和伦理道德。对礼乐文化生命力的确证，其意义不仅在于作为中华民族一员的文化身份的价值感和自豪感，更在于"为新时代文化自信留存了割舍不断的优秀文化基因"③。因此，礼乐文化不仅为涵养民族文化自信提供了深厚的历史底蕴，更为新时代提振民族文化心态提供了重要的现实支撑点。

（3）礼乐文化是培塑文化自强的增长点

文化自强是在文化自觉、自信基础上形成的文化的价值张力，使得本民族对自身文化抱有强烈的认同感，形成凝心聚魄、固本强基的文化力。礼乐文化通过直指人心，显示出强大的文化认同软实力。弗洛伊德认为，认同就是"个人与他人、群体或模仿人物在感情上、心理上的趋同的过程"④。随着"认

---

① 十八大以来重要文献选编（中）［M］．北京：中央文献出版社，2016：136.

② 杨叔子．下学上达文质相宜［J］．山东工业大学学报，1998（02）：6-7.

③ 李征．新时代文化自信的历史底蕴［J］．红旗文稿，2019（10）：31-33.

④ 陈国俭．简明文化人类学词典［Z］．杭州：浙江人民出版社，1990：126.

同"被运用于文化领域，形成了"文化认同"这一概念，用来指称"人类对于文化的倾向性共识与认可"①。源远流长数千年之久的礼乐文化深深地植根于民族历史、心理、情感、性格和日常生活习惯之中，具有影响中华民族文化认同的强大力量。

"太史公曰：洋洋美德乎！"②正是礼乐的独特文化结构，使得礼乐在化育德性、培养德性方面表现出强大的功能。梁漱溟先生指出："抽象的道理，远不如具体的礼乐。具体的礼乐，直接作用于身体、作用于血气，人的心理情致随之顿然变化于不觉，而理性乃油然现前，其效最大最神。"③而莱布尼茨对古代中国的道德水平也是大为赞叹："谁人过去曾经想到，地球上还存在着这么一个民族，它比我们过去这个自以为在所有方面都教养有素的民族更加具有道德修养？自从我们认识中国人之后，便在他们身上发现了这点……在生活与人类实际方面的伦理以及治国学说方面，我们实在是相形见绌了。"④应该看到，优秀礼乐文化所具有的强大的同化力、融合力、凝聚力与延续力，筑就了中国特色社会主义文化强国之路的深厚根基。⑤

文化认同是建设文化强国的根基和关键。"文化认同的核心是对中华民族共同体的价值认同"⑥。社会主义核心价值观是社会主义文化力的核心，"是决定文化性质和方向的最深层次要素"⑦。礼乐文化与社会主义核心价值观同属德性文化，因此礼乐文化中的国家层面为政以德的理政哲学、社会层面天下

① 郑晓云. 文化认同与文化变迁［M］. 北京：中国社会科学出版社，1992：4.

② 史记·礼书［M］//王利器，主编. 史记注释（二）. 西安：三秦出版社，1988：851.

③ 唐君毅. 中国文化之精神价值［M］. 桂林：广西师范大学出版社，2005：98.

④ 戈特弗里德·威廉·莱布尼茨.《中国近事》序言：以中国最近情况阐释我们时代的历史//夏瑞春，编. 德国思想家论中国［M］. 南京：江苏人民出版社，1995：4-5.

⑤ 门献敏，武治国. 习近平文化强国战略的四个维度［J］.理论学刊，2018（02）：24-30.

⑥ 卫灵. 增强中华文化认同缘何重要［J］.人民论坛，2019（07）：130-132.

⑦ 习近平. 习近平谈治国理政［M］. 北京：外文出版社，2014：217.

归仁的社会理想、个人层面立己达人的道德主义，成为涵养社会主义先进文化的宝贵的民族文化资源。礼乐文化经过创造性转化和创新性发展完全可以重绽光芒，为增强中国特色社会主义文化的文化力发挥重要作用。文化自强的"自"，强调的就是坚持民族性立场不动摇，坚持中华文化立场不动摇。在多元文化的时代，面对异质文化的挑战，文化自强的力量无疑是消解历史虚无主义的自省力，是提升民族文化对外话语权的传播力，是推动中华文化振兴的驱动力。

4.2.5 展形象：增强民族文化传播力

2018年8月，习近平总书记在全国宣传思想工作会议上明确提出了当前宣传思想工作的五项使命，即举旗帜、聚民心、育新人、兴文化、展形象。所谓展形象，就是要推进中华文化的国际传播力，提升中华文化的影响力。经济全球化时代，在多元文化交流、交融、交锋的现状面前，"讲好中国故事""传播中国好声音"，我们还需要精准发力。中国从世界舞台的边缘，日益走向世界舞台的中心，中国对世界的影响不仅是物质财富的剧增、军事力量的增强，更应该是民族文化在世界舞台上话语权和影响力的增强。礼乐文化丰富的历史积淀、深刻的人文内涵、独特的文化魅力，是中国传统文化中最具代表性的内容，完全可以成为传统文化面对世界文化的窗口，让世界更加全面、客观地了解中国。礼乐文化中对于人与自然、人与他人、人与社会等光辉思想的论述，内涵的"仁爱"的道德伦理精神和理性态度，能够更好地让世界人民了解中华民族的璀璨文化，发挥中国传统文化本应有的感染力和吸引力。

（1）礼乐文化具有独特的民族文化魅力

全球化时代的世界文化体系中，西方文化是强势文化。最发达的国家掌控着文化话语霸权，并借由互联网、金融资本、技术输出等渠道在向全世界配置经济要素的同时进行文化价值观的输出和渗透，倒逼发展中国家的文化话语权，使得一些国家的文化在此过程中渐渐失去了自主性。"文明因交流而多彩，文明因互鉴而丰富"①，"中国文化走出去"战略的提出，是中国调结构、促转型发展战略的需要，是中国进一步对外开放，让世界更好地了解中国、分享中国文化发展成果的应有之举，是提高中国文化软实力的必要途径。

在以孔子为代表的先秦儒家的努力下，礼乐文化从最初旨在维护社会伦理秩序的目的，提升为将修身、齐家、治国、平天下融为一体的伦理体系，发展出深刻的伦理道德精神和人文精神，深深植入中华民族的厚重的文化基因，是民族文化的独特标志，具有代表中国文化走出去与世界文明交流互鉴的历史积淀和文化魅力。延续数千年的礼乐文化为中国社会传袭了独特的文化风貌和艺术形式，不仅有衣裳服制、仪式礼节、礼乐诗书的经典文本，有雅正超脱、宁静致远的文化意境，有温文尔雅、文质彬彬、仁爱自谦、和而不同的气象风度，更有天下为公、世界大同、天人合一、融合共生的未来文明方案。在这多元文化共生的国际社会中，民族性的特色更具有独特的魅力和强大的传播力。数千年的中华礼乐文化承载着中华民族最深沉的精神追求，不仅能够调和引导人们的性情、提升国民素养、重建"礼仪之邦"，更能消解对中国文化的丑化、妖魔化和错误想象，在国际舞台上收获更多的认同和传播。

礼乐文化的现代转型是中华民族文化与世界文明开展对话的前提。随着多元文化背景下意识形态的对立和斗争掩映在文明的冲突下日趋复杂难解，不同的民族文化共同构成了世界文化的组成部分，但同时世界文化的形成也在消解着民族文化的特殊性。民族文化具有鲜明的民族特性，是由于地域、传统、习俗等的不同而创造的文化，是世界文化的组成部分。民族文化要想在世界文化中拥有话语权，必须是以其文化的民族性为出场语境的。中华民族文化的"现代性"和"世界性"融合只能牢牢扎根在中华优秀传统文化之中，同时优秀礼乐文化的现代发展也必须以"历史性"和"中国性"为命脉。多元文化时代，民族文化前所未有地面临与世界其他文化的交流、交融与交锋，民族文化形式是在世界文化格局中保持文化独立和自主性发展的根基，从这个意义上而言，

①习近平. 习近平谈治国理政［M］. 北京：外文出版社，2014：312.

民族传统文化在世界文化中的地位直接关涉国家的文化软实力甚至在战略层面关涉国家综合安全。

（2）礼乐文化海外流播的历史积淀优厚

"展形象"的时代使命的重点在于"展"，这是基于文化属性而展开的功能。"'展形象'，展现、展示的是现实的、实在的特定主体形象，而非经塑造而成的甚至是被拔高和被神化的形象。"①礼乐文化是中华文化中最悠久的文化形态，不仅具有既成性、现实性，而且具有鲜明的主体性。世界了解、接受、礼赞中国传统文明，很重要的一个原因是基于礼乐文化在中西方交流中的广泛传播。历史上，礼乐文化对儒家文化圈曾产生了深远的影响。公元前1122年，商朝遗臣箕子东迁朝鲜半岛，始建箕子朝鲜。箕子其人，正是孔子赞颂的"殷有三仁"②之一。箕子以殷商之礼教化当地民众，客观上促进了朝鲜半岛的文明进程。礼乐文化传播的高潮时期，明代诸子学说在朝鲜取得正统地位，《朱子家礼》倍受推崇，当时读礼、学礼、论礼蔚然成风，留下的论著甚至超过中国，成为朝鲜时代最显著的特点。正是通过《朱子家礼》等广为盛行的著作，儒家文化从根本上改变和塑造了朝鲜的文化形态、社会风尚，并对朝鲜的文化发展产生了深远的历史影响，显示出其强大的文化魅力和移风易俗的巨大影响力。近现代及至当代，礼乐文化仍然是韩国的主流民族文化，尤其是《朱子家礼》所规定的冠、婚、丧、祭四礼，至今仍被遵行。

中国儒学在日本的文化传播可以追溯到1700年前的朝韩三国时代，公元285年，"百济五经博士王仁携带《论语》十卷和《千字文》一卷东渡日本，献给日本天皇并传授儒学"，"随着五经博士陆续东渡传经讲学，儒家《诗》《书》《礼》《易》《春秋》等经典开始传入日本"③。唐朝也是儒学向日本

① 丁柏铨. 论新闻媒体"展形象"的使命任务［J］. 新闻与写作，2018（12）：64-67.

② 论语·微子［M］//陈襄民，等注译. 五经四书全译（四）. 郑州：中州古籍出版社，2007：3229.

③ 赵峰. 儒家文化对日本和韩国教育的影响［J］. 理论月刊，2008（08）：145.

流播的重要历史时期，日本向唐派遣唐使的次数多达十九次，每次使团人数之众、时间之久，在人类文明交流互鉴的历史上都可称为盛举。日本"大化革新"之后，官学"以九经为教材，《孝经》《论语》二经为必修科目，《周易》《尚书》《周礼》《仪礼》《礼记》《毛诗》《春秋左氏传》等七经为选修科目"①。因此，汤因比在《展望二十一世纪——汤因比与池田大作对话录》中指出，"中国文明在日本历史上所起的作用是难以估价的"②。

随着中国在世界上经济和政治地位的变化，礼乐文化也必将进一步得到国际世界的重新认知。

（3）礼乐文化适于阐释当代人类共同价值

在第七十届联合国大会上，习近平总书记在谈到全人类共同价值的时候，指出："'大道之行也，天下为公。'和平、发展、公平、正义、民主、自由，是全人类的共同价值。"③"大道之行也，天下为公"出自《礼记·礼运》，这是孔子对理想社会的经典描述，习近平用此典旨在表达对推动全球治理体系变革的中国方案和智慧，意境深远、语境通融，有效增加了话语空间和传播力度。在2019年5月举行的亚洲文明对话大会上，习近平同志再次倡议用"亲仁善邻，协和万邦"的相处之道夯实亚洲命运共同体的构建。由于礼乐文化的海外流播渊源深厚，亚洲国家更易在心态文化层面亲近东方智慧，形成广泛的人文交流格局，由此可见，中国礼乐文明在向国际社会阐明共同价值的世界意义方面具有独特优势。

其中，礼乐文化的核心"仁"，可以统领人类共同价值的精神要义。孟子的"仁也者，人也"与《礼记》中的"仁者，人也"，表达了儒学的一个重要论题。"仁"凝聚了人类的普遍理性，不仅是人成为人的依据，也是人类社会实

① 赵峰. 儒家文化对日本和韩国教育的影响［J］. 理论月刊，2008（08）：145.

② 池田大作，阿·汤因比. 展望二十一世纪——汤因比与池田大作对话录［M］. 荀春生，等译. 北京：国际文化出版公司，1985：284.

③ 习近平. 习近平谈治国理政［M］. 北京：外文出版社，2014：576.

践应该普遍遵循的伦理道德标准。"仁"的精神价值对于解释人类所共同面临的社会、自然等各个领域的问题，都提供了一种充满人文关怀的视角和路径，应该成为人类的共同价值。

又如，礼乐"和而不同"的精神，有益于构建和谐相处、共生共赢的国际关系。《论语·学而》阐述的"礼之用，和为贵"①，《礼记·儒行》论述"礼之以和为贵"②，都无一例外地把"和"看作以礼处理问题的基本原则。"和"是在至少两个以上要素构成的复杂系统中，不同要素聚合在一起又各得其所；"同"是指要素之间相同而无差别，两者是两个不同的概念。同理，国际间的交往关系，和平的价值为先，和平的实现应该是包容和谐的统一，在其中，各种拥有不同禀赋和才能的人都各自发挥适当的作用，和睦相处，各得其所。国际社会不应该只有一种文化、一个声音，文化霸权、普世价值等打着先进文明旗号强行推广西方价值观体系的行为将越来越受到民族文化复兴努力的抵制。"和而不同"的礼乐文化精神呼应了这一新的国家关系准则，必将因具有更大的文化包容性和博大的人文境界而受到国际社会的欢迎和认可。礼乐文化的传播力是由其在当代世界文化体系中的解释力所决定的。阐旧邦以辅新命，用"己所不欲，勿施于人"阐释国家交往的公平法则，用"己欲立而立人、己欲达而达人"阐释共同发展的世界主题，用"和而不同"倡导世界文明的多样化，用"以德服人""协和万邦"倡导世界和平的共同愿景……礼乐文化穿越数千年的历史时空，对当代的世界文化的建构和民族文化的复兴具有宝贵的时代价值。

礼乐文化是中华民族文化中最具标识性的文化形态，也是其他文化中从未出现的文化实践模式。以礼乐文化的强烈民族性辨识系统对应世界文化的整合，不仅能够在多元文化的交融交锋中保持中华文化基因和文化底色，而且会

---

① 论语·学而［M］//陈襄民，等注译. 五经四书全译（四）. 郑州：中州古籍出版社，2007：3048.

② 礼记·儒行［M］//胡平生，张萌，译注. 礼记. 北京：中华书局，2018：1154.

对于世界舞台中各种文明的交流互鉴做出积极贡献。"增强中华文化在世界上的感召力和影响力"①，从文化自信的历史深意上而言，是对中华民族文化的时代处境和在世界文化格局中的权重地位的必然诉求，更是"以中国文化影响世界进程"文化使命的深刻自觉和责任担当。发挥礼乐文化强素质、化民心、促和合、兴文化、展形象的巨大功能价值，对于改变中华文化在世界文化格局和价值秩序中的边缘化地位，具有普遍而深远的现实意义。

_____

① 中共中央关于深化文化体制改革推动社会主义文化大发展大繁荣若干重大问题的决定［N］．人民日报，2011-10-26（01）．

第五章　礼乐文化的创造性转化与创新性发展

中华优秀传统文化创造性转化和创新性发展，是提升民族文化凝聚力和创造活力、推动中国特色社会主义文化建设、完成以文化人时代任务的重要课题。中华礼乐文化在数千年的发展演进历程中，形成了独特的思想观念、人文精神、道德规范、实践智慧等"普遍性因素"。但同时，其不可避免地糅杂着为封建专制主义服务、与小农经济相适应、维护宗法等级等带有历史局限性的"非普遍性因素"。因此，坚持马克思主义唯物史观的基本立场和方法论，对礼乐文化进行审慎辩证和批判继承，才能从真正意义上避免礼乐文化所蕴含的"普遍性因素"被虚置和悬空，使礼乐文化的强素质、化民心、促和合、兴文化、展形象等时代价值得以开显。礼乐文化的转型，旨在重构与历史文化传统承接、与时代发展相一致的新礼乐，为社会主义核心价值观的培育开阔文化进路。

第一节　礼乐文化当代转型的必要性和可能性

从文化学意义上而言，文化的发展有两个基本立场，一个是民族性，一个是时代性。中国特色社会主义先进文化的载体仍然是中华民族，在不同历史时空下，民族文化的传承与发展总是暗含着某些文化传统发生发展的规律。礼乐文化的创造性转化与创新性发展正是以民族文化传统的激活和重新阐释为社会主义文化建设服务的。

5.1.1 必要性：文化发展的民族性立场

传统礼乐文化曾经被视为繁文缛节、吃人礼教、腐朽落后的同义词而遭到严厉的批判，因此近现代学者们对礼乐文化也表现出模糊暧昧的态度，他们一边以历史进步的名义批判礼乐制度对人们心灵的束缚，一边又对礼仪之邦的传统称谓推崇不已。但是，"礼仪之邦"美誉的得来正是基于中华传统礼乐文化的积淀，当传统的礼仪规范被全盘否定、人们对礼乐文化的认同逐渐丧失殆尽之后，礼仪之邦的称谓也变得虚无缥缈、无从说起了。因此，需要从唯物史观的视角对礼乐文化进行辩证分析和反思。

（1）礼乐文化的转型是民族文化发展的内生诉求

礼乐文化的消解，某种程度上是传统文化当代处境的指喻。近代中国，中华民族迫于家国命运的岌岌可危和向现代化寻求出路的迫切反思，对礼教的批判表现出决绝的态度，这事实上发展成了礼乐文化与现代化的紧张关系。这种彻底否定礼乐文化在现代的地位、作用和现代性转化的可能性，显然是被封建社会后期日趋僵化的礼教的负面因素所障蔽，这种批判恰恰暴露出批判的不彻底性。礼乐教化被打上了等级象征的印记，成为封建腐朽文化、繁文缛节的代言人，其源头的文化精神越来越远离中国人的生活世界。中国人日常的生活礼节、婚丧嫁娶的人生礼仪、代代相传的民俗节庆，正在经历被生活疏离、情感淡化甚至被西方文化替代的现实困境。西方的情人节、圣诞节、万圣节已成为青少年推崇拥护的重要节日，清明节、端午节、重阳节等象征着民族特性的节日越来越呈现出去意义化的存在形式，而中华民族教化民心的最富特色的人生礼仪图景也在现代生活中失去情感认同空间。那些曾在中国人最重要的人生时刻激活生命意义的"礼性精神"，正遭遇逐渐远离生活舞台黯然退场的尴尬处境。

中国先进文化的认同与信仰一定是以民族性的挺立和生生不息的接续为前提的。但礼乐文化毕竟是时代性的产物，难以避免地带有局限性，因此在核心价值观的引领下对礼乐文化进行现代转型，是时代发展的必然要求。例如，安徽六安街头一幅"二十四孝"中"埋儿奉母"的公益广告引发社会的广泛批评。"埋儿奉母"讲的是一个家喻户晓的故事，郭巨家贫如洗，为了赡养老母，决意将不懂事的幼子埋掉，幸而得到金罐，终于得以保全幼子，自此美名传遍天下。但是这种明显违背人性，带有很强的历史局限性的阴暗的教化范例，不仅不会拉近人们与传统文化的距离，恰恰会使人避之不及。正如鲁迅先生在《二十四孝图》中慨然："然而我已经不但自己不敢再想做孝子，并且怕我父亲去做孝子了……"如何推进礼乐文化的现代性转化，已经成为迫切的时代性诉求。根据新时代发展的需求，审慎选择与创造性阐释，成为以礼乐文化为核心的传统文化的现代性转化必须要面对的关键性问题。

（2）礼乐文化的转型是中国特色社会主义文化建设的需要

中华民族在数千年的命运沉浮中，能够始终保持着多元一体的格局，深层的原因正在于始终深深根植于中华文化这一共同体，形成了强烈的族群认同和价值认同。在中华文化共同体中，中国特色社会主义文化属于现代文化形态，礼乐文化属于传统文化形态。现代文化与传统文化不过是中华文化的民族主体性在不同历史时期的具体形态，二者始终不离中国精神的文化传统。或者说离开传统文化也就失去了"中国特色"，也不是真正意义上中国的社会主义文化。恩格斯说："现代社会主义，……必须首先从已有的思想材料出发，虽然它的根源深藏在物质的经济的事实中。"[①]中国特色社会主义文化，必须立足于既有的民族形式，充分挖掘和整合传统礼乐文化资源。

中国传统礼乐文化中的积极成分和价值，蕴含着中华民族文化传承与发展的历史根源，回应着时代之需，是民族文化时代精神的载体。"礼性精神"和礼乐文化，在张岱年先生所谓的中国优秀传统最主要的两个基本思想"人际和谐"和"天人协调"上，其功能显得尤为突出。礼本于天道，并导向天人合德的人间常道。在中国传统礼乐文化几千年的形成发展过程中，这些蕴

---

① 马克思恩格斯选集（第三卷）［M］．北京：人民出版社，1995：206.

含着丰富的思想智慧、道德规范的文化传统，已通过口口相传、世俗相续的方式，深入民族的性格中。历史上，礼乐文化的形态、功能数次被当时的社会之需损益、剪裁，甚至发展出僵化、"吃人"的历史恶果。但是，这并不是原始儒家构建的礼乐。以孔子为代表的先秦儒家"释仁入礼"，推动礼乐文化以思想文本的方式进入先秦儒家的价值体系，从而形成以人的需求和社会需求和谐同构、循环自新的文化体系，这才是先秦礼乐的初心和生命力所在。当然，回应新的时代课题，为时代文化的发展服务，礼乐文化必须进行历史唯物主义批判和新的转型，并借由创造型转化与创新性发展重获生发的空间和时代话语形态。

历史唯物主义告诉我们，与社会政治制度、经济制度相对应的文化形态，可能会随着社会形态的更迭而更迭，但是，已经发展为文化传统的部分是可以相许相系代代相传的。悠久的、灿烂辉煌的礼乐文化，其丰富的文化资源和所具有的历史文化动力的作用，无疑能为社会主义文化建设的中国模式贡献思想智慧和实践参照，正如邓小平同志所说："要懂得些中国历史，这是中国发展的一个精神动力。"①

5.1.2 可能性：文化发展的时代性立场

随着市场经济发展和社会现代化转型，传统文化及其价值观在当代受到巨大冲击。曾经引领中国人安身立命的文化传统，在时代主题的转换和现代性的时代语境下，日渐式微，甚至失去价值张力，大众文化心态存在的普遍焦虑、信仰迷茫、价值空虚等现象，不失为力证。在这一背景下，提出"培育和弘扬社会主义核心价值观必须立足中华优秀传统文化"这一重要论断具有里程碑式的意义。中国独特的礼乐文化是中华民族的精神家园，对其进行文化转型服务当前社会发展是总体趋势，不仅能够解决社会上普遍出现的社会心态问题，而且对综合国力提升尤其是文化软实力的提升，具有战略性的深远影响。

---

① 邓小平文选（第三卷）［M］．北京：人民出版社，1993：357-358.

（1）先秦时期优秀的礼乐文化与社会主义先进文化不是对立互斥而是相得益彰的

历史唯物主义认为，文化形态与社会经济形态、政治形态并非总同步同轨，社会形态的更迭以及新社会制度的建立并不必然地意味着与传统文化的决裂。恰恰相反，文化形态具有相对于社会形态的独立性，传统文化通过文化传统的方式完成精神的连接和传承，持续发挥着塑造民族性格、社会心理、价值选择、道德品行的深远影响，甚至会对社会经济形态产生能动的影响。Hick和Redding认为，中国文化遗产与经济成功之间存在近乎完美的关联性，而且对照其他一百多个发展中国家的情况可知，这种关联性几乎不可能是偶然的①。也就是说，尽管传统文化在现代化的过程中遭遇了各种冲击、挑战和否定，但它仍在以不容置疑的力量影响着当代中国的发展，尤其是当代中国的整体文化心态和精神品性。

可以确信，优秀传统文化、当代文化与马克思主义不仅不是对立排斥的，其内含的丰富的人文精神、价值追求、实践理性，恰恰可以为马克思主义中国化、为推进当代先进文化发挥历史性作用。中国革命者接受来自西方的马克思主义，并不是用它来取代中国文化，而是把它作为一种解决中国问题的立场、观点、方法②。机械地、僵化地把以马克思主义为指导的社会主义文化与中国传统文化对立起来，存在着历史虚无主义的巨大风险，对中华文化伟大复兴的时代使命构成挑战。文化是具有历史继承性的，正是这种继承性使得民族文化的统一性和稳定性得以发展，中国特色社会主义文化的"中国特色"，就是要坚持文化的民族性，"毛泽东同志提出的我国新文化必须带有民族特点的指导原则，对于我国新民主主义革命时期以及建国以后的新文化的发展起了重要的作

---

① Hick GL, Redding SG. The story of the East Asian economic miracle, part one: Economic theory be damned[J]. Euro-Asia Business Review, 1983, 2(3): 24-32.

② 陈先达. 马克思主义和中国传统文化 [M]. 北京：人民出版社，2015：19.

用"①。当然,优秀传统礼乐文化实现发展必须立足当代,必须回应当下的社会实践,必须与社会政治经济相适应。传统礼乐文化的创造性转化和创新性发展,必须通过价值系统的转化,"阐旧邦以辅新命",为建设"民族的科学的大众的社会主义文化"任务服务。因此,对待礼乐文化的态度应该是理性的,不能因为其历史久远就必然地认为是中国现代化发展的阻碍,而应挖掘其蕴含的源头文化精神为时代发展提供动力。

(2)培育和弘扬社会主义核心价值观为礼乐文化当代转型提供契机和价值引领

《关于培育和践行社会主义核心价值观的意见》中指出"培育和弘扬社会主义核心价值观必须立足中华优秀传统文化"②,这与毛泽东同志看待传统文化的价值观是一脉相承的:"我们是马克思主义的历史主义者,我们不应当割断历史。从孔夫子到孙中山,我们应当加以总结,承继这一份珍贵的遗产。"③毛泽东文化思想就是先进的马克思主义文化思想与中华传统文化相结合的成功代表。中华民族是个历史性的民族,文化历史观是中华民族精神凝聚力的核心要素,正如"今天的中国是历史的中国的一个发展",当代的社会主义先进文化也是历史的中华文化的一个发展。但这个发展不是自发性的,而是社会主义的本质在文化层面的必然要求和质性飞跃,因此,礼乐文化的创造性转化与创新型发展,成为核心价值观培育立足礼乐文化的根本性前提和迫切要求。

礼乐文化的创造性转化与创新性发展,最核心的是价值系统的转化。礼乐文化肇始于三代,是与自然经济基础相适应并为专制政权服务过的文化形态,如果不是当代培育核心价值观的文化任务的需要,如果没有核心价值观的价值引领,礼乐文化依靠自身的力量"返本开新"是难以实现的。培育社会主

---

① 中共云南省委宣传部. 毛泽东同志八篇著作哲学问题解答 [M]. 云南:云南人民出版社,1982:210.

② 关于培育和践行社会主义核心价值观的意见 [Z]. 北京:人民出版社,2013.

③ 毛泽东选集(第二卷) [M]. 北京:人民出版社,1991:706-707.

义核心价值观的过程中，为传统礼乐文化的分析与综合、解构与重构、发掘与扬弃、转化与创新，提供了伟大的时代契机，甚至在某些领域获得突破性的飞跃。礼乐文化转型是历史与现实统一的前提。传统礼乐文化是人们精神生活发展的历史过程的反映和积淀，总是与特定历史时代的客观存在和经济、政治制度背景相关联，并不是简单抽象的存在。因此，传统礼乐文化的发展，绝不是对传统文化的复古，而是从当代现实需求出发的对传统礼乐文化的辩证转型，是让传统面向未来、开出新意。

第二节 礼乐文化转型的立场与原则

5.2.1 以回应时代主题，塑造当代中华文化为基本立场

礼乐文化的创造性转化与创新性发展要从转型的基本立场的确立开始，这既是逻辑起点，更是价值旨归。[①]习近平总书记在2014年的五四讲话中指出："一个民族、一个国家的核心价值观必须同这个民族、这个国家的历史文化相契合，同这个民族、这个国家的人民正在进行的奋斗相结合，同这个民族、这个国家需要解决的时代问题相适应。"[②]社会主义核心价值观是中国特色社会主义文化的核心和精髓，价值观的立场也就直接决定了传统礼乐文化现代化的基本立场——同当今中国最鲜明的时代主题相适应，集中体现中国精神，为塑造中国特色社会主义文化服务。

传统文化反映和记载了人们精神生活发展的历史连续性和内在逻辑，换句话说，传统文化本身是指一种联系——"过去"和"现在"之间的联系。传统反映和记载了人们某一方面生活发展的历史连续性和内在逻辑，因此是走到

---

① 李焱，汪紫薇. 关于高校传统文化教育的几点思考［J］. 新西部（理论版），2015（03）：105-106.

② 习近平. 青年要自觉践行社会主义核心价值观——在北京大学师生座谈会上的讲话［N］. 人民日报，2014-5-5（1）.

"现在"的"过去",而不是仅仅停留在历史时态中的"过去"。传统文化是与一定的社会存在和制度形态相关联的,不能够被简单地移植到其他的时空条件之中。每个时代有每个时代的精神,每个时代也都有每个时代的价值理念。历史来到了新的起点,新的起点意味着必须凝聚新的共识。因此,必须明确:我们不是以过去为导向,提倡复古主义,而是以未来为方向,以现实问题为出发点。

新的时代主题,需要新的价值共识。数千年来中国人所推崇的传统核心价值观,如仁、义、礼、智(信)等并没有被直接写进社会主义核心价值观,这是从中国特色社会主义实践的时代性主题出发的理论必然。经济基础决定上层建筑,礼乐文化的转化与创新,必须始终坚持马克思主义历史唯物主义和辩证唯物主义,在现代文明视域下去审视和评价。传统礼乐文化产生的经济基础和社会基础都已经不复存在了,因此简单照搬和机械复制肯定是行不通的。尤其是纠缠于传统礼仪的程式化细节和刻意仿古复古,不但于历史进步无益,还会坐实了中国传统"礼乐"等同腐朽遗物的指证。

礼乐文化创造性转化和创新性发展过程中,不仅要避免回到全盘否定的泥沼中,同时也要审慎辨清哪些是需要转化的、哪些是坚决摒弃的。礼乐文化中一些落后的内容,如强调君为臣纲、父为子纲、夫为妻纲等封建僵化的极端思想,不符合人类发展过程中不断解放人性、强调自由和个性的理念和趋势,因此必然遭到当代人的排斥和否定。同时,传统礼乐文化中蕴含的人文精神、道德追求、实践理性等具有丰富的当代价值和强大的生命力的因素,也应该在现代转型的过程中得以充分彰显,这样才能真正把超越时空的价值质素,通过转化与时代主题、时代诉求相接轨。①

---

① 李焱,汪紫薇. 关于高校传统文化教育的几点思考[J]. 新西部(理论版),2015(03):105-106.

5.2.2 以三个"相统一"为基本原则

（1）历史与逻辑相统一的原则

黑格尔最早提出历史的与逻辑的相统一的思想，并把"统一"作为考察绝对理念的根本方法，但最终陷入用逻辑剪裁历史、用历史检验逻辑的困境。马克思主义批判了黑格尔的唯心主义的立场，坚持运用唯物主义的立场和方法，使得历史与逻辑的统一发展、完善成为科学的辩证逻辑的方法。恩格斯在谈到对经济学的批判时，指出"逻辑的方法是唯一适用的方法……但是实际上这种方法无非是历史的研究方法，不过摆脱了历史的形式以及起扰乱作用的偶然性而已"①。张岱年先生关于中国哲学史研究路径的说法是对历史与逻辑相统一原则的生动解读，"从历史中发现逻辑，学会用逻辑去考察历史"②。历史与逻辑相统一的原则，也为研究礼乐文化历史演进和时代价值提供了一条有效的进路。礼乐文化肇始于三代，本于西周的统一形制随着春秋战国时期礼崩乐坏开始发生分裂，汉代以降，"再生"的礼乐文化发展出与先秦礼乐相异的形态，并沿着分裂再生的传统演进数千年。名教的兴起，礼教抛弃乐教的辅助，文化的结构形态发生转化；宋代以后的礼乐文化发展因政治统治的需要在内涵和价值诉求上发生了巨大的变化，工具理性越来越多地替代价值理性，成为一种抽象的说教和形式主义的规范。尤其是封建社会晚期的礼教，更是严重异化人性、窒息人情，远离先秦时期充满人文关怀的源头精神，直至沦为为人诟病的"吃人"礼教。因此，如果对于礼乐文化的考察仅仅用历史的方法加以研究，"处处跟着它"的分裂、"再生"以及相应具体的文化历史资料进行考察，势必会"常常打断思维进程"，无法从社会主义核心价值观的时代视阈中获得礼乐文化的当代价值的结论。历史与逻辑相统一的方法，强调逻辑是历史在理论思维中的再现，但是逻辑进程并不必然重复历史的全部细节。这一原则

---

① 马克思恩格斯文集（第二卷）［M］．北京：人民出版社，2009：603．

② 张岱年．中国哲学史方法论发凡［M］．北京：中华书局，2003：64．

的贯彻，使体量宏阔、形态多样、内容博大精深的礼乐文化得以从逻辑高度被思辨地呈现出来，使礼乐文化的历史演进、精神实质、当代价值得以澄清，并借此获得对社会主义核心价值观培育的价值启示。

（2）传承与超越相统一的原则

对待传统文化一定要坚持时代性与民族性的根本立场。不同的历史时期，对于礼乐文化的评价和功能效用的考察，必须在坚持历史唯物主义的立场、观点、方法的基础上，对礼乐文化的当代价值和创造性转化、创新性发展进行理性思索。一定要明确返古是为了开新，而不是为了简单地回到传统。回应实际问题和时代主题，一直是马克思主义中国化的逻辑起点。传统不能把我们送向现代化，也不能简单地直接回应新时代的时代主题，因此，礼乐文化当代价值考察必须要坚持传承与超越相结合的原则。传承包括传统文化的人文精神和中国风范的文化样式，超越则一定要紧紧立足新时代国情世情的变化、时代主题和时代精神的赓续、中国作风和中国气派的文化传播。进行创造性转化要解决几个认识前提：第一，礼乐文化是一个内容磅礴的文化体系，转化的前提是要厘清哪些是要辩证吸收、哪些是要坚决摒弃的，某些超越时空的价值质素，通过创造性转化与创新性发展完全可以与现代社会接轨；第二，厘清作为文化的礼乐与作为制度的礼乐的边界，避免回到对传统文化全盘否定的传统哲学的老路上来；第三，创造性地转化是一个过程，创新性的成果是借由对传统礼乐文化的有益成分加以改造而实现的，所以不能非此即彼，做简单的质性判断。

（3）文化创新与文化整合相统一的原则

礼乐文化的创造性转化与创新性发展不是单一逻辑的、自身的演化过程，而应该是新的历史方位下与社会主义先进文化价值取向一致的文化资源的融入融合，是与社会主义先进文化共同构筑中国文化软实力的同心同向价值追索。文化整合即是吸收不同文化的先进性，进行融合、发展而趋于一体化的过程。同时，还要进行文化创新，即按照时代新特点和人们的新需求，传承中华传统文化精髓，打破其陈旧的形式，注入新的时代内涵和表达方式，激活其生命。

第三节 礼乐文化创造性转化与创新性发展的维度

礼乐文化的转型，是当代文化建设的题中应有之义，其转型的本质，"事实上可以归结为中国传统的基本价值与中心观念在现代化的要求之下如何调整与转化的问题"①。新型礼乐文化的构建，即将传统礼乐文明所倡导的人文精神、生活智慧、价值取向、道德规范通过创造性的转化和创新性的发展，延续传统礼乐文化的实践理路，广泛深入现代人的日常生活领域，以服务于以文化人、以文育人的时代任务。

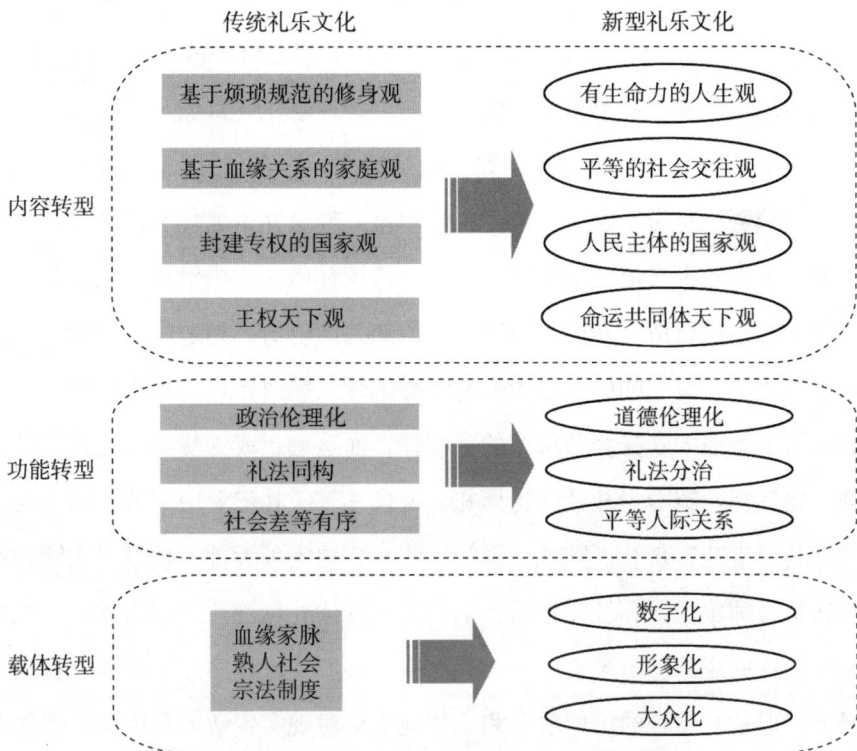

图5-1 传统礼乐文化向新型礼乐文化转型模型

---

① 余英时. 文化传统与文化重建［M］. 北京：生活·读书·新知三联书店，2004：430.

本书将从内容、功能和载体三个维度来探讨，传统礼乐文化要实现其当代价值，应该如何进行创造性转化与创新性发展。传统礼乐文化向新型礼乐文化转型模型（见图5-1），是以强素质、化民心、促和合、兴文化、展形象的道德文化功能的总体实现为前提的，以下将从三个维度逐一展开详细论述。

5.3.1　内容维度：从宗法观念向核心价值观转型

内容转型是将礼乐文化中的观点、理论在保持源头文化精神的前提下，进行新的诠释，赋予其时代性的新意涵。以下将从修身、齐家、治国、平天下几个核心层面入手，在保持"中国特色"的基础上，对传统礼乐文化进行创造性转化与创新性发展：

（1）修身：从烦琐缜密的仪制规范向富有生命力的人生规范转型

"经礼三百，曲礼三千。"从周代沿袭而下的礼仪规范涉及生活的方方面面，极尽周全严谨，甚至对个体洒扫进退、辞令颜色等都做出了精细的规范，"衣服有制，宫室有度，人徒有数，丧祭械用，皆有等宜"[①]，每个社会成员都必须按照等级身份，遵循一定的礼仪规范。经过礼乐教化和刑政相辅，使得这种处己处人处世之道流播致远。但是，传统礼乐文化中对行为仪度的过分要求与新时代崇尚自由、开放、包容、平等的共同价值不相适应，缺少张力。传统礼乐文化在"仪"的层面过于强调精雕细琢、精致雅正、谨小慎微，以致阻断和限制了普通大众在修身层面的主体性，而这也正成为修身文化转型的最迫切的问题标靶。被奉为礼经的《周礼》《仪礼》《礼记》中记载了西周时期著名的五礼，吉礼、嘉礼、宾礼、军礼、凶礼，规定了天神、地祇、人际关系、宾客接待、师旅征伐等社会生活各个方面的具体礼仪规范和行为准则。在现代社会中，这些规范已多半丧失了时代价值，某些礼仪程序过于烦琐，甚至是繁文缛节，但是其蕴含的价值取向和道德规范仍对现实生活大有裨益，则要多加挖掘和重新阐释，赋予其时代性的价值内涵和价值导向，能够更好地为中国特

---

① 荀子·王制［M］//方勇，李波，译注. 荀子. 北京：中华书局，2018：123.

色社会主义先进文化服务。

推动礼乐文化创造性转化与创新性发展，在保留礼乐文化源头精神的前提下，要遵循"大乐必易，大礼必简"的原则，重修礼乐，把烦琐缜密的仪式、仪制、仪规，通过文化精神的凝练和提升，使其不再为形制所役，而是充分注入时代性的元素，为时代精神代言。因此，重新回到经典，必须注重挖掘传统礼乐文化中符号层面以下的精神要义，用现代意识重新解释和整合，提炼出以文质彬彬的风范、自强有为的人格、仁爱有敬的修为、家国济世的胸怀、和合天下的追求为目标的，具有鲜明时代性和进步性的人生规范体系。在人生礼仪中，冠礼、笄礼、婚礼、祭礼、入学礼、开笔礼等，完全可以赋予其时代性的价值要求辅以进行人生观教育，发挥仪式的特殊感召力，为人生价值定型。冠礼、笄礼可以转型为"成人礼"，着重于责任意识、担当意识、家国情怀、人生价值的教育。祭礼可以着重追终慎远的历史观教育，如在清明节以"家国清明"为主旨的祭奠人文始祖、公祭英雄、缅怀故人等群众性文化活动，既把祭祀活动引向了更高远的情怀，又共情了中华民族的伦理关怀传统。开笔礼可以转型为入学礼，引导孩子感受为祖国学习的神圣感和自豪感，形成励志勤学、追求真知的优良学风等。

这些实践正在逐步开展，如共青团中央在1996年、1999年、2000年、2002年、2018年五次开展中学生18岁成人仪式倡导，对成人仪式的程序进行规范，旨在定向形成"爱国、励志、求真、力行，努力成为时代新人"的价值引领。借由冠礼、笄礼等传统仪式向成人礼的转型，可以看到创造性转化与创新性发展的实践路径。创造性转化，主要是针对日用不觉的伦理道德传统，经过重新诠释其内涵为其赋能；创新性发展则强调在其原有伦理道德资源的基础上进行创新，生发出原有传统中还未发展出来的时代精神。礼乐文化中的行为规范是礼乐文化实践理性的显现，但也曾是正名定分的工具，因此，必须把这种限制性的仪规转化为人的自由全面发展的价值引领，把蕴含其中的个人生命责任升华为民族使命担当，最终使个体浸润在民族文化传统的当下实践中，从而在心理和情感上获得自己的社会角色的体认，实现社会主义核心价值观以文化人、润物无声的培育效果。

（2）齐家：从以血缘尊卑为重的家庭伦理向以社会责任为重的公共伦理转型

中国乡土社会的基层结构按照费孝通先生的观点，是一种差序格局，是"一根根私人联系所构成的网络"。这种格局的形成是宗法社会的社会基础与"一个世界"的信仰传统相互作用的结果，每个人在世俗关系上确证自己的伦理责任，因此，必然是以"己"为中心，推展出和别人所联系成的社会关系。这种社会关系的结构是讲差序的，就像石子投入水中形成的波纹，一圈圈推出去，由内及外，越推越薄，形成一轮轮波纹的差序。在这种富于伸缩性的网络里，随时随地是有一个"己"作为中心的，因此依据生育和婚姻事实所形成的亲属关系，就成了最核心的社会关系，这跟"己"与其他人所形成的社会关系是不在一个平面上的。①

以宗法血缘为伦理基础构建起的个体理性是以孝为坚实基石的。孝是儒家礼乐文化的基石，是礼乐文化化民成俗的"至德要道"。因为亲子关系是人类社会最具普遍性、基础性的社会关系，每个个体从血亲之爱开始培养孝心是最具有现实可能性的，是"老吾老以及人之老，幼吾幼以及人之幼"的逻辑和实践起点。礼乐文化是情本体的伦理道德文化，即使是被人诟病的三年之丧，在孔子看来仍是以人的情感需要为参照的。幼儿三年才能免于父母之怀，报以守孝三年以追念父母养育之恩，这不正是人之常情吗？

但是不可否认的是，孝德虽然是个体理性的体现，但这种理性实则是权变伦理，具有道德相对主义的属性，体现的是宗法关系而确立起的以身份和名教固着身份意识，凸显的是家庭等级观念。尤其是孝德在伦理与政治同构的过程中，作为伦理基石的孝道开始被异化甚至被推向极端。作为维持社会稳定的手段，孝道背后的理论逻辑其实就是维护长老权力，因此，二十四孝中的"埋儿

---

① 费孝通. 乡土中国［M］. 上海：华东师范大学出版社，2018：26.

奉母""卧冰求鲤""剜肉救母"，散发着寒森森的异化人性的残忍和悲哀，成为被后世诟病最多的历史阴暗孝文化典型，显然已经远远背离孝德的原始本义，甚至走到了人文关怀和人类理性的对立面上，开始成为窒息人情、愚化人性的工具。现实生活随着组织结构、社会分工、利益格局等的变化，"人对人的依赖关系"的社会基础已不复存在，在广泛形成的陌生人社会，个体的公共道德远超熟人社会的家庭伦理所具有的必要性和迫切性，这也是在更为深刻的层面上个体理性成熟的标志。

差序格局下的社会中，人与人的关系是因远近、亲疏而异的，公共生活的理性是相对缺乏的。1902年梁启超先生在日本横滨创办《新民丛报》时以改造社会、挽救中国而倡导"新民说"，认为中国社会之不振是由于国民公德缺乏、智慧不开，因此在《论公德》中赫然指出："我国民所最缺者，公德其一端也。"①梁启超把道德做了公德与私德的界定，人人相善其群者谓之公德，独善其身者谓之私德。梁启超认为中国社会伦理关系的根本，即君臣、父子、夫妇、兄弟、朋友之五伦中，只有朋友一伦是接近于社会伦理的，其他的几重伦理关系包括君臣关系在内实则属于私德范畴，是关乎"私人对私人"的伦理，不同于西方关乎"私人对团体"的伦理传统。梁漱溟先生在此基础上，进一步明确了公德所应体现的公共理性，认为公德是"人类为营团体生活所必需的那些道德"，其内涵包括"第一，公共观念；第二，纪律观念；第三，组织能力；第四，法治精神"。②而在这些核心要素中，"公共观念不失为一切公德之本。所谓公共观念，即指国民之于其国，地方人之于其地方，教徒之于其教，党员之于其党，合作社社员之于其社……如是之类的观念。中国人，于身家而外漠不关心，素来缺乏于此。特别是国家观念之薄弱，使外国人惊奇"③。

重家庭伦理的传统，对于农耕民族的稳态发展来说具有非常重要的作用。

---

① 梁启超. 梁启超全集（第3卷）[M]. 北京：人民出版社，1999：660.

② 梁漱溟. 中国文化的命运 [M]. 北京：中信出版集团，2016：37.

③ 梁漱溟. 中国文化的命运 [M]. 北京：中信出版集团，2016：42.

但是这种以血缘关系维系的熟人社会的伦理法则，在现代陌生人社会却失去了调节社会关系的基本功能。随着社会的转型，社会的结构形式、物质生产方式、人的依赖关系等都发展出全新的样态，那种由自然血亲衍生出来的伦理道德义务已经失去了结构性的支撑，因此表现出在公共生活语境下调节功能的苍白乏力。因此，从血缘关系生成的家庭伦理内容，必须引向公共生活中个体的社会责任，使之成为回应时代需求的公共伦理。齐家这一层面的礼乐文化转型的重点，就在于在家国情怀上的精准发力，把小我与大我、小家与大家、个体与社会共同建构在民族命运的共同体里，把个体理性引向集体理性，实现从血缘尊卑而建立的私人伦理向社会责任和公利为重的公共伦理的升华。

（3）治国：从以封建专权为核心的国家观向以人民为主体的国家观转型

礼乐文化中国家层面价值观往往将君主作为国家的代表，从而在逻辑上把忠君与爱国完全统合在一起，从学理上而言，家国天下的政治伦理结构本身就依附于家父、族长的权威符号，并由血缘关系、宗法制度推演而出，至国家治理结构。因此，权力的最高级——君主自然而然地因由天然血缘关系而建立起来的符号权威形象而成为国家的代言人。传统礼乐文化中国家层面的终极价值被替换成忠君，忠君即是爱国，甚至在历史上极致地演化成"愚忠"，这与人类文明的趋势和现代价值观是背道而驰的。

马克思主义的国家观是阶级国家观。众所周知，百余年探索民族独立和人民解放的历史任务，是在中国共产党领导下、创造性地运用马克思主义阶级国家理论、广泛团结一切可以团结的爱国力量、经过矢志不渝的艰苦卓绝的奋斗最终历史性地完成的。从半殖民地半封建社会到实现民族独立的新中国成立，创造历史的人民真正成为国家的主人。爱国主义是民族精神的灵魂，传统爱国主义与社会主义爱国主义的现实统一性，必须是超越传统爱国主义的"忠君"而统一在"人民主权"的国家这一范畴上的。当代国家观具有了鲜明的时代特征，既渗透着历史的逻辑也回应了时代的诉求，是从根本上体现爱国主义的价值核心，即实现民族富强、人民幸福的必然要求。

2017年10月，中共十九大在北京召开，一份3万多字的报告中"人民"二字出现203次，用"为中国人民谋幸福""把人民利益摆在至高无上的地位""带领人民创造美好生活"①宣示着中国共产党作为执政党的初心和奋斗目标。中国特色社会主义进入新时代，十九大报告对于社会主要矛盾做出新论断："我国社会主要矛盾已经转化为人民日益增长的美好生活需要和不平衡不充分的发展之间的矛盾。我国稳定解决了十几亿人的温饱问题，总体上实现小康，不久将全面建成小康社会，人民美好生活需要日益广泛，不仅对物质文化生活提出了更高要求，而且在民主、法治、公平、正义、安全、环境等方面的要求日益增长。"其同时强调满足人民美好生活新期待，对党和国家工作提出了许多新要求，必须坚持以人民为中心，"必须坚持人民主体地位，坚持立党为公、执政为民，践行全心全意为人民服务的根本宗旨，把党的群众路线贯彻到治国理政全部活动之中，把人民对美好生活的向往作为奋斗目标，依靠人民创造历史伟业"。以人民为中心的国家观，体现着中国特色社会主义的本质属性和崇高的价值追求。

人民是历史的创造者，是决定党和国家前途命运的根本力量。人民是国家的主体，人民享有最高主权，这与传统国家观中君主专权的权力结构是完全不同的。中华人民共和国的国体是人民当家做主，政体是人民代表大会制度，人民主权在宪法法律和制度设计的根本保障下得以充分实现。因此，传统国家观的创造性转化和创新性发展，必须坚持唯物史观的立场、观点和方法，体现人民主体地位以及保证人民当家做主的制度体系，并聚焦于中华民族伟大复兴的国家使命上。国家是民族最高利益的代表，是人民整体利益的载体，树立正确的国家意识和家国情怀，就是要从人治社会的专制崇拜转向对人民主体性地位的弘扬，把国家富强、民族振兴、人民幸福的整体价值观作为新时代礼乐文化转型的价值追求。

---

① 习近平. 决胜全面建成小康社会夺取新时代中国特色社会主义伟大胜利——在中国共产党第十九次全国代表大会上的报告［R］. 北京：人民出版社，2017.

（4）平天下：从王权天下观向命运共同体天下观的转型

王权天下观是在以中央王朝为权力中心基础上建立起来的"王者无外"的思想观念，是通过严格的内服与外服的等级尊卑和册封朝贡得以制度化推行的秩序体系。《诗经·小雅·谷风之什·北山》有云："溥天之下，莫非王土；率土之滨，莫非王臣。"这正是古代天下王权观的最好写照。"天下"不仅是一个空间概念，更是基于空间概念对世界秩序的隐喻。《周礼·秋官·大行人》中按照"侯服、甸服、男服、采服、卫服、要服"的内外服制度，规定了各服朝贡的时间和贡品的种类。需要说明的是，这种朝贡关系尽管是建立在绝对王权的基础上的，但是绝不是以武力侵略为基础的殖民关系，中央王朝与藩国的关系也绝不是宗主国与殖民地的关系，甚至藩国在履行朝贡义务的同时可以享受天子分封的土地、人口、物品，所以，朝贡关系在某些历史背景下被解读为朝贡贸易。古代王权天下观还有一个重要的内涵，就是华夷秩序。古代天下观的理想是"协和万邦""蛮夷率服"，但并不是通过武力征服的方式，而是寄希望于华夏的礼乐文明"德化天下"，以至于达成"华夏蛮貊，罔不率俾"①。西周时期确立的"兹在德"、以德配天的天命观，奠定了以道德和文化构建天下秩序的传统政治价值观，因此，依据化成天下的文明程度，形成了华夏中央、夷狄四方的天下格局。钱穆先生也考察得出："在古代观念上，四夷与诸夏实在另有一个分别的标准，这个标准不是'血统'而是'文化'。"②可见，礼乐文化是华夏文明区分于其他文明的、能够彰显中华文明先进性的文化成果。尽管王权天下观包含着华夷秩序的思想，但这不是民族的歧视，而是早熟的华夏文明在用文明开化程度构建自己的理想的世界秩序模式。

中国传统天下观尽管是基于文明程度构建的天下一体的秩序模式，但是无论是朝贡体系还是华夷之别，都体现的是与其他政治共同体的一种等级秩序。随着经济全球化的深入推进和信息技术的迅猛发展，世界格局和国际形势正经

---

① 尚书［M］. 王世舜，王翠叶，译注. 北京：中华书局，2018：444.

② 钱穆. 中国文化史导论［M］. 北京：商务印书馆，1994：41.

历重大发展变革时期，人类社会发展面临着一些必须共同应对的重大挑战，例如恐怖主义、生态危机、金融危机、疾病防控等，这些挑战和困难是任何一个国家都不可能独立解决或者置身度外的，世界正越来越成为一个只有通过共治共建才能共赢共享的命运紧密关联的共同体。2017年1月，习近平在联合国总部日内瓦发表重要演讲《共同构建人类命运共同体》，向世界提出了携手共创未来的和平、发展、合作、共赢的中国方案。人类命运共同体天下观是处理各国与人类整体关系的价值观念体系，旨在"建立平等相待、互商互谅的伙伴关系"。人类命运共同体天下观力求突破各国间的利益矛盾冲突关系，寻求各国间的利益共同点和共鸣点，创造性地解决全球治理和人类整体发展现实问题的中国智慧和中国方案。与传统礼乐文化的天下观不同的是，人类命运共同体中各个国家不分贫富、强弱都是一律平等的主体，在这一正义原则前提下，尊重各国正当利益的平等权利，并且倡导在义利关系上做到义利兼顾、以义为先，打造合作共赢为核心以共同发展为目的的新型国际关系，充分体现"利者，义之和也"的伦理价值追求。2017年2月10日，中国对世界治理贡献的人类命运共同体理念首次被写入联合国决议，3月17日首次被写入联合国安理会决议，3月23日首次被载入人权理事会决议。人类命运共同体天下观作为全球治理和人类未来的中国方案，不仅摒弃了传统天下观的王权观念和文化优越感，而且"超越了文明冲突、冷战思维、零和博弈等陈旧观念"，展现出以未来人类整体发展为目标的人道主义原则，充分彰显了中华民族崇尚和合的精神追求和仁爱共济的人文情怀。

5.3.2 功能维度：从维护宗法本位向培育公共生活理性转型

功能转型是礼乐文化当代价值实现的根本前提和立足点。也就是说，要从当代中国社会发展的现实需求出发，弘扬礼乐文化中的积极内核和合理形式，为当代社会现实问题的解决提供借鉴和启示。"道德仁义，非礼不成；教训正俗，非礼不备；分争辨讼，非礼不决；君臣、上下、父子、兄弟，非礼不定；

宦学事师，非礼不亲；班朝治军，莅官行法，非礼威严不行；祷祠祭祀，供给鬼神，非礼不诚不庄"①，是传统礼乐文化的主要社会功能。可以说道德仁义、风俗教化、各安其位、和谐共处等方面的功能在当下依然发挥着一定的作用，但是有些功能在当代显然已经超越了道德文化的调节范围，与依法治国和现代社会治理是不相融洽的。因此，通过社会主义核心价值观的引领和审视，才能继承古代礼乐文化的精粹并赋予其新时代的内涵，使其在新的历史时空中再次焕发出夺目的光彩，发挥其应有的功能。我们要以马克思主义的科学理论为依据，详细辨析和筛选礼乐文化中的积极要素，并通过价值系统的转化从维护宗法本位向培育公共生活理性转型。如此，才能真正称得上礼乐文化的现代化。

（1）从工具理性向价值理性转型

礼乐文化的政治功能的实现有赖于以宗法制为基础的差序格局，尤其是以血缘关系同构的"君君，臣臣，父父，子子"的社会关系模式和家国治理格局。很显然，正是把君臣之间的社会政治关系与父子之间的血缘伦理关系融合同构的政治伦理模式，使得中国传统社会长时间保持了超稳定的形态。正如有子所言："其为人也孝弟，而好犯上者，鲜矣；不好犯上，而好作乱者，未之有也。"②为了巩固封建统治的需要，礼乐文化在经历了"焚书坑儒"的劫波之后，传统社会中大部分时间居于意识形态的显要地位。但也正是如此，礼乐文化因由统治者政治意图的实现不断发生裂变，陆续发展出"三纲""三从四德""存天理，灭人欲"的传统，成为严重压抑人的价值和个性、摧残社会生机与活力的封建纲常礼教，以致先秦礼乐的人文精神、价值理性的光辉荡然无存。

本着意于"天人合德"的先秦礼乐，在成为统治阶级宰治百姓的手段之

---

① 礼记·曲礼上［M］//胡平生，张萌，译注. 礼记. 北京：中华书局，2018：5.

② 论语·学而［M］//陈襄民，等注译. 五经四书全译（四）. 郑州：中州古籍出版社，2007：3043.

后尤其是到了封建社会的晚期，从作为政治生活的外在规范到作为伦理情感的内在欲求，都开始逐渐蜕变成为仅仅为封建统治阶级服务的工具。随着中国特色社会主义制度的确立，人的自由全面发展成为社会发展的价值理想和奋斗目标，因此，当代礼乐文化不应再是宰治民众、异化人性的腐朽遗物，而应该是对人的类本质和个体本质提供成长性引领、安顿身心的终极关怀。道德应该以人的价值为根据，规范人们的伦理关系，以建立善的生活的一种文化现象。因此，礼乐文化的工具理性的功能必须实现向价值理性的转型，这是价值立场的根本选择。现代道德生活中，作为文化载体的礼乐，应该是源头文化精神的解蔽和价值理性的创新性阐释，唯如此，才能接续中华民族优秀传统文化的德性基因，砥砺中华民族向善向上的中国道德力量。

（2）从礼法同构向礼法分治转型

先秦时期礼、乐、刑、政四位一体，很难严格区分这些调节社会关系的手段，它们往往是通过血缘宗法关系的纽带突破各种调节手段的边界，呈现出礼法同构的文化形态。沿袭这种礼法同构的传统，西汉以降的法律制度中多是包含着礼仪制度的，而在乡民自治的底层社会中，乡规乡约、族规行规、家训家规也都充当着法制的角色。甚至从结构和功能的角度而言，礼法是主从关系，法治仅仅是礼治的有益补充，人治、德治的特色明显强于法治。孔子曰："道之以政，齐之以刑，民免而无耻；道之以德，齐之以礼，有耻且格。"[①]荀子有言"隆礼尊贤而王，重法爱民而霸"[②]。这种礼法同构、以礼代法的社会治理模式，与中国古代社会自给自足的小农经济和血缘宗法的社会结构有密切关系，在熟人社会中"礼义以为纪；以正君臣，以笃父子，以睦兄弟，以和夫妇，以设制度，以立田里"[③]的教化方式最易化民成俗。

---

① 论语·为政 [M] //陈襄民，等注译. 五经四书全译（四）. 郑州：中州古籍出版社，2007：3051.

② 荀子·大略 [M] //方勇，李波，译注. 荀子. 北京：中华书局，2018：428.

③ 礼记·礼运 [M] //胡平生，张萌，译注. 礼记. 北京：中华书局，2018：420.

道德和法律是调节社会关系的根本手段，对国家和社会治理而言，德治和法治都是非常重要不可或缺的。但是，道德和法律的内涵和性质毕竟是不同的，二者的约束力、表现形式、实现途径都存在差异。古代的礼治其本质是人治与德治的合二为一，因此，主张以个人的德性和才智来实现善治，如推崇的圣君、贤人之治以及后世的英雄、强人、能人之治等。礼治是为占统治地位的少数人的绝对权力服务的，因此，礼治最终维护的最高权威不是法律而是个人，这也就难免会出现春秋时期礼崩乐坏，"天下无道，则礼乐征伐自诸侯出"①的乱象。法治追求的是"多数人之治"，现代国家治理必须坚持法治观念，坚持依法治国的基本方略。当然，也要重视发挥道德的教化作用，为全面依法治国创造良好的人文环境；同时法律法规要树立鲜明的道德导向，弘扬美德义行，使社会主义法治真正成为良法善治。

（3）从正名定分向以文化人转型

费孝通先生认为传统中国呈现出差序格局，礼文化就是把因血缘宗亲关系形成的长幼、远近、尊卑等级与社会关系比对、联系起来，使伦理秩序与统治秩序融为一体，从而形成严格的宗法等级，以巩固君主专制政体的文化符号系统。传统礼乐文化从伦理层面，以身份和名教固着身份意识，强化家庭等级观念，甚至异化人性尊严与自由。当代的礼乐文化早已失去封建社会的政治和经济的基础，其主体功能不再是以典章制度维系差等有序的阶级统治，而是着意于生发其德性基因在和谐社会关系、和合人际交往的认识和调节功能，构建平等友善的人际环境。

礼乐文化重视名分，不同等级、不同阶层在礼的规范和要求上都有各自所用之礼，自天子以至庶人，都应该按照自己所处社会地位的礼仪规范行事，不能相互僭越。礼源于远古氏族部落的血缘宗亲关系和等级制度，乐作为传播载

---

① 论语·季氏［M］//陈襄民，等注译. 五经四书全译（四）. 郑州：中州古籍出版社，2007：3212.

体，"声音之道与政通矣"①，也承载着实现政治目标和价值诉求的使命，因此，孔子的音乐伦理思想也是带有等级制的，都服务于正名定分的政治伦理需要。最典型的是《论语·八佾》所载，孔子谈到季氏用六十四人在庭院中奏乐舞蹈一事表现出的愤然与无奈，"是可忍也，孰不可忍也"？孔子认为用乐必须与人的身份地位相称，否则就会破坏社会"贵贱有等、长幼有差"的和谐有序状态，是僭越礼的行为。

随着物质生产方式和生活形态的巨大变化，无论是上下有序还是尊卑有等都与现实形成反差，在人际关系平等的人民主权的现代型国家，为了更好地实现传统文化的再发展，在文化系统中树立人民的主体性地位，必须从平等人际关系的实现为其转型发展的方向。如李泽厚所言，"不以现代生活为基础和依据，不通过现代法治和现代社会性道德"②，都不能解决现代社会转型中的现实问题。由此可见，礼乐文化的功能已经不再是把人按照差序格局固着在特定的身份中，以实现尊卑等级的超稳定的社会结构。礼乐文化的创造性转化与创新性发展的目的，是为了礼乐的人文精神、伦理道德、价值追求、行为规范能够在现代语境下发挥塑造社会人格，提升文明素养的作用，是社会主义核心价值观培育和道德教育的重要载体，是以文化人、以文育人的文化功能的基本立意。

5.3.3 载体维度：从人际传播向大众传播转型

传统礼乐文化的载体是宗法制度和血缘家脉，主要是通过政体、宗族、家风进行的人际传播和群体传播。新型礼乐文化的当代传播必须符合现代人的接受规律和现代传播规律。从自然经济的农耕文明发展到现代文明，随着生产方式、生活方式、社会结构发生的根本性的变化，人逐渐摆脱了对血缘和地域的依存关系，文化的传播方式也逐渐脱离熟人社会的人际传播和群体传播，而转

---

① 礼记·乐记［M］//胡平生，张萌，译注. 礼记. 北京：中华书局，2007：714.

② 李泽厚. 人类学历史本体论［M］. 青岛：青岛出版社，2016：189.

型为以现代信息传播工具为载体的即时性、交互性、主体性的大众传播。礼乐文化的载体转型，是适应大众传播方式的必要前提。

首先，借助先进的信息化传播手段，打造数字化的优秀文化产品。选取典型性、有感染力、大众喜闻乐见的优秀礼乐文化内容，如诗词歌赋、古代华服、经典仪式，开发出品质精良的数字化文化产品，构建国家级、公益性、全面性的大数据库并实现数据共享，提升优秀礼乐文化的传播速度和广度，进而影响社会大众的接受习惯和价值观参照系，从而在潜移默化中形成文化自信。文化产品可以抚慰人们精神世界的需要，安洽自我、安顿身心、指明意义、形塑价值。同时，文化产品是文化价值观的艺术表达，"文化产品除了具有一般商品的属性如经济价值和使用价值外，还有其特殊性即它的意识形态性"。① 在当今社会，倚重文化产品的消费来实现主流价值观的传播和认同，提升国家民族的文化传播力和影响力已成为共识，因此，要大力发展文化产业，借助文化产品的产出，使价值观通过受众的文化消费得以传播，形成对内的民族凝聚力和对外的文化传播力，最终提升国家的文化软实力。

其次，充分利用新媒体建构"认同空间"，转化经典阐释的表达方式。克里·詹姆逊认为后现代社会呈现出视象文化盛行的特点，在《文化转向》中他指出，"在当今，文化生产领域发生了深刻的变革，传统形式让位于各种综合的媒体实验，形象取代语言成为文化转型的典型标志"，并且"视象文化已不再限于艺术领域，而成为公共领域的基本存在形态"②。文化的载体和传播方式的变化，直接决定了文化从静态文本向视觉化、感性化的转型，这一转型的积极意义在于其传播速度和感染力能够实现指数级的增长，超越了以往任何时代，但其危险也在于，一些庸俗肤浅仅为了博眼球而存在的低俗文化也获得了广泛传播的机会，不仅对受众分辨是非的能力提出了挑战，更对深刻思想、深沉智慧、传统文化的积极作用造成了威胁。对于大众传播而言，将意义系统转

---

① 方光明. 文化市场与营销［M］. 上海：上海人民出版社，2003：11.

② 弗雷德克里·詹姆逊. 文化转向［M］. 北京：中国社会科学出版社，2000：5.

化为更便于理解或者感知的形象化指标，显得尤为重要①。因此，要适应分众化、差异化传播趋势，根据受众的差异化"量身订制"与"精准推送"，同样主题不同版本，同样主题多样传播，达到"大珠小珠落玉盘"的效果。

再次，发挥大众化传播平台的辐射作用，营造积极的文化环境。"人是文化主体，同时又是文化的对象。人存在于世界上，也就意味着人在文化中。"②从存在的方式来看，有形的文化是城市空间、建筑雕塑、文化长廊、宣传标牌等能被受众直接感知的具象化的客体，间接地传递着价值、信仰与意义；无形的文化是以思维方式、语言行为、价值判断等为载体的隐形的观念形态，与有形文化环境共同构成影响人的价值、信仰、意义的文化场域，决定着人们接受、认同和践行价值观的主动性。这种文化环境的化育功能，远比灌输和强制更为有效和明智。随着自媒体时代的来临，每个客户端都可以形成各自的文化环境，影响自身以及他人的价值观念。因此，要充分发挥自媒体时代客户端的文化辐射效应，强调公众微信、微博、QQ空间、网络社群、朋友圈、App等大众化传播平台的作用，让积极的文化资源实现裂变式多级传播。只有当分众投放的相关礼乐文化资源在民间得到广泛的自觉传播时，崇礼、尚礼、学礼、尊礼的文明习惯才能真正得以养成。

综上所述，礼乐文化的创造性转化，就是要按照时代价值要求，对那些至今仍有借鉴价值的内涵和陈旧的表现形式加以改造，赋予其新的时代内涵和现代表达形式，也就是通过重新解释经典，激活其内蕴的生命力；礼乐文化的创新性发展，就是要按照时代的新进展，对其内涵加以补充、拓展，并对其社会功能和表达、传播方式进行整体转型，增强其生命力和感召力③。对于礼乐文化的创造性转化和创新性发展这样一项系统而艰巨的文化工程，本书仅以内

① 李友梅，等. 社会认同：一种结构视野的分析［M］. 上海：上海人民出版社，2007：28.

② 道格拉斯·凯尔纳. 媒体文化［M］. 北京：商务印书馆，2004：1.

③ 中共中央宣传部. 习近平总书记系列重要讲话读本［M］. 北京：人民出版社，学习出版社，2014：101.

容、功能和载体的基本维度梳理了转型的思路，尝试性地探索了如何对传统文化资源进行鉴别、激活和创新，以期从学理层面梳理出礼乐文化如何在社会主义核心价值观引领下实现当代价值，更好地为社会主义核心价值观以文化人、以文育人的时代任务服务。

第六章 礼乐文化对社会主义核心价值观培育的文化启示

　　礼乐文化内蕴的时代性的普遍价值对于培育社会主义核心价值观具有特殊的文化启示性意义，这是从普遍到特殊的价值显现过程；同时社会主义核心价值观培育的文化进路正体现出在新的时代视域中对传统礼乐文化的观照，是传统礼乐文化价值开显的实践印证。"我们生而为中国人，最根本的是我们有中国人的独特精神世界，有百姓日用而不觉的价值观。"①价值观是价值主体以自身需求为尺度对价值客体做出的系统性评价。尽管社会主义核心价值观最大限度地体现了社会主义制度的优越性和最广大人民群众的利益诉求，但是要达至中国人精神世界的普遍认同和日常生活实践的习惯养成，还必须遵循普遍意义上个体思想品德形成发展的规律，也就是遵循个体内在的思想矛盾运动转化的一般规律，在如何充分调动个体的主体性、主观性、主动性，从而推进"最大公约数"的共同价值观自觉落地转化为个体价值观上精准发力。在世界政治多极化、经济全球化、文化多元化的时代语境下，在价值观领域交流、交融、交锋的现实挑战面前，提升核心价值观的感召力和影响力，加快推进广大群众的情感认同和自觉践行成为迫切的时代之需。先秦礼乐文化两千多年的文化实践，形成了价值系统与日用文化的双重推进的内在机理：为仁由己，是礼乐文化化育功能实现的根本前提；情理相融，是礼乐文化结构的张力所在；实践理

---

　　① 习近平. 青年要自觉践行社会主义核心价值观——在北京大学师生座谈会上的讲话［N］. 人民日报，2014-5-5（1）.

性，是礼乐文化生命力的核心所在等。其对于核心价值观的培育和践行提供了有益的文化启示。

第一节　社会主义核心价值观认同的现状

社会主义核心价值观因其具有的先进性、人民性、真实性而富有强大的道义力量，居于人类社会的价值制高点上，这是广大人民群众接受、认可、实践的先决条件，也是牢固树立价值观自信的基础。从中共十八大提出"三个倡导"的时代性课题以来，从学术语境到大众话语的理论建构和逻辑论证已有颇多成果，对于人民群众整体性把握核心价值观的科学性、系统性起到了明显的推动作用。"社会主义核心价值观是一个国家共同的思想道德基础"①，社会主义核心价值观培育的关键在于广大民众在思想道德品质层面的内化于心、外化于行，正因此中共十九大对价值观培育的时代性任务进一步明确为"转化为人们的情感认同和行为习惯"。

人的思想道德品质的形成，在结构上而言，是由心理、思想、行为三个子系统及其具体要素按一定方式相互联结、相互作用而形成的。心理子系统包括认识、情感、意志、信念等要素；思想子系统包括政治观、人生观、价值观、道德观、法治观等要素；行为子系统包括品德性为、日常习惯等，这是思想道德品质的外显形式。认同发生在心理和思想两个子系统当中，主要是情感认同和理性认同，二者相互交融、相互影响，才能形成稳定的文化心理结构，驱动主体自主自觉地贯注于日常生活实践中。很显然，在核心价值观培育弘扬的过程中，必须完成两次转化，一次是从外在的"最大公约数"内化为个体自身的价值观和文化心理需求，第二次转化是从内在的价值观转化为行为实践。因此，只有相对客观地把握当下人民群众对核心价值观理性认同、情感认同和行为习惯养成的现状，尤其是在两次转化过程中作为主体的需求情况，才能找准核心价值观内化的抓手，有的放矢地推进社会主义核心价值观落细落小落实，

① 十八大以来重要文献选编（中）［M］．北京：中央文献出版社，2016：133.

以期进一步取得实效。

社会主义核心价值观的认同现状一直为理论界所关注。在对中国知网数据库中具有较大影响力的CSSCI检索期刊及若干具有广泛影响的学术著作进行分析和筛选之后，整理出便于对比分析、相互佐证的关于社会主义核心价值观认同的实证研究9篇（见表6-1），主要为沈壮海、陈延斌、陈少平、陶韶菁、邢鹏飞、司文超、喻嘉乐、杨延圣等学者有代表性的研究，王岚学者的研究因其研究对象的特殊性便于形成比较研究的展开也遴选在列。通过对这些实证研究进行详细的分析和比较，可以对核心价值观的认同现状做出较为客观的判断。

表6-1 社会主义核心价值观认同现状的实证研究

序号	实证研究
1	沈壮海，王培刚，王迎迎. 中国大学生思想政治教育发展报告（2016）［M］.北京：北京师范大学出版社，2017.
2	陈延斌，张琳. 中国公众怎样理解社会主义核心价值观——基于九省（市、区）5162个样本的研究报告［J］.人民论坛·学术前沿（CSSCI），2015,（21）：87-95.
3	陈少平，郑铮彬. 大学生社会主义核心价值观教育的现状调查和路径探讨——以福州地区部分高校为例［J］. 思想教育研究（CSSCI），2015,（11）：81-84.
4	陶韶菁. 大学生对社会主义核心价值观的认知现状调查与对策分析［J］. 思想理论教育导刊（CSSCI），2016,（8）：57-60.
5	邢鹏飞. 大学生社会主义核心价值观认同现状与培育对策调查研究［J］. 高校教育管理（CSSCI），2018,12（2）：117-124.
6	司文超. 内地高校港澳台学生社会主义核心价值观认同教育现状分析［J］. 学校党建与思想教育（CSSCI），2017,（10）：55-57.
7	喻嘉乐. 新时代研究生群体社会主义核心价值观教育研究［M］.杭州：浙江大学出版社，2015.
8	杨延圣，邢乐勤. 高学历群体社会主义核心价值观认同调查研究——基于浙江省的实证调查［J］. 浙江社会科学（CSSCI），2016,（6）：148-160.
9	王岚，孙力. 民族地区社会主义核心价值观认同现状及对策——基于贵州雷山县郎德上寨的调查［J］. 北方民族大学学报（哲学社会科学版），2016,（3）：60-62.

表6-2　社会主义核心价值观认同现状的研究结果

序号	研究者	研究对象	社会主义核心价值观认同（%）				
			理论认知	重要性评价	理性认同	情感认同	实践行动
1	沈壮海等[197]	大学生	熟记89.7，理解92.1	认为重要92.4	非常认同33.2，比较认同43.3		有意愿85.3，落实58.0
2	陈延斌等[198]	各群体	很了解19.3，基本了解55.0	认为意义重大82.4	很认同47.5，一般认同41.6		
3	陈少平等[199]	大学生		认为意义重大40.2，认为有一定意义55.5			
4	陶韶菁[200]	大学生	完全知晓36.2，部分知晓61.8				始终践行23.6，有时践行52.5
5	邢鹏飞[201]	大学生	知晓76.7		认同95.3	情感认同63.6	践行90.1
6	司文超[202]	中国港澳台学生	知晓59.8		认同98.7		
7	喻嘉乐[203]	研究生	知晓：文科89.1，理科50.0，工科61.4				已践行：文科38，理科25，工科35；尚在完善中：文科61，理科65，工科60
8	杨延圣等[204]	各学历群体	小学及以下40.7，初中49.7，高中中专68.3，大专78.6，大学92		高学历群体在各价值观维度认同显著高于其他群体		
9	王岚等[205]	苗族村民	知晓25		诚信87，平等72，公正72，爱国71，和谐69，友善68，敬业63		认为自己对社会：有贡献84，诚实守信88，文明礼貌86，遵守民约92，助人72

表6-2对上述实证研究的结果进行了归纳整理和同质比较，从受众对核心价值观的理论认知、重要性评价、理性认同、情感认同、实践行动等几个维度把握核心价值观的认同现状。从这些研究结果可以看出，目前核心价值观认同的基本情况如下：

第一，核心价值观总体认同程度较好，但不同人群的认同度还存在较大差异。价值观认同度的结果明显与年龄、受教育程度、学科类别、民族身份等变量有明显的相关关系。如年龄越大、文化程度越高者，对社会主义核心价值观的认知或认同度越高，可见对年轻群体和受教育机会较少的群体应予以特别的关注。

第二，在诸多样本类别中，少数民族群体的认同度需要加以重视。以苗族为例，由于受教育程度的差异以及宣传不够等原因，社会主义核心价值观在苗族人群中认知度较低，凸显出核心价值观宣传教育的紧迫性。同时，少数民族群众对本民族传统文化中的伦理道德观念认可度较高，这其中不乏一些已经落后的传统观念，因此对社会主义核心价值观的宣传和教育还有待深化。同时，这也为创造性转化和发展传统文化、提升核心价值观认同提供了启示。

第三，价值观培育存在重点人群。如陈延斌等学者发现，党政机关干部为重点群体，群众认为影响价值观认同的其他因素中，领导干部不能身体力行、率先垂范的多达82.50%。其他学者发现，青年学生对核心价值观的知行合一还存在问题，所以价值观培育的重点应该落实在文化认同上。

第四，价值观培育的渠道不同，认同效果有明显差异。陈延斌等学者的调查研究发现，各群体通过广播电视、网络等媒体渠道了解社会主义核心价值观的占41.69%，通过报纸杂志渠道了解的占30.29%，通过所在单位的宣传、会议、培训等渠道了解的占26.05%。杨延圣和邢乐勤对各类群体社会主义核心价值观的认同调查研究也发现了类似的结果。可见，一是公众获悉社会主义核心价值观的主渠道以广播电视、网络和报刊为主，应该继续发挥主渠道的宣传教育功能；二是一些以互动性、即时性、社交性为特点的新媒体平台的影响力逐渐增强，公众参与度和活跃度较高，应予以重视；三是工作单位仍然扮演着重要的核心价值观教育主体角色，应持续发挥其组织功能。

社会主义核心价值观的培育在认知了解、理性认同的广泛性上，已取得显著的成效，但是距"转化为人们的情感认同和行为习惯"的要求，还存在继续推进的理论与实践的空间。前期社会主义核心价值观培育和弘扬的实证研究呈现了当前价值观认同的基本现状，总体来看，凭直接经验获得的重要性评价、基于系统性宣传教育和理论灌输而达成的理性认同度都是比较高的，但是在实践行动上却表现出知行的差距和行动自觉性的不足，这为提升价值观培育实效指明了理论研究和实践行动的方向，尤其是前期的实证研究提供了非常多的具有现实启示意义的研究结论，为下一步核心价值观培育的精准施策明确了着力点和关键点。因此，本书将进一步从文化成因上对价值认同现状进行归因分析，以获取社会主义核心价值观在"转化为人们的情感认同和行为习惯"上的有效推进。

第二节　社会主义核心价值观认同现状的文化成因分析

人创造文化，同时也是文化的产物。人与文化的同构性，决定了"四个自信"中文化自信是道路自信、理论自信、制度自信的根基。因此，从文化的向度展开对社会主义核心价值观培育的理论与实践的探索，具有更基础、更根本、更深远的意义。西方中心主义带来的价值立场迷思、多元文化时代造成的价值选择困惑、现代性语境消解价值引领的主导性等叠加的文化境遇，构成社会主义核心价值观认同的挑战。

6.2.1 西方中心主义带来价值立场迷思

历史上，不同人类文明曾长期处于孤立分散的发展状态，各种文明大多只从自己的视角看世界。文艺复兴把西方文明带入了历史发展的快车道，随着新航路开辟、"新大陆"被发现，西方国家在全世界范围开始了强势殖民扩张，西方中心主义的萌芽开始出现。特别是18世纪到19世纪随着工业革命的相继完成，西方资本主义国家以创造了比之前人类历史全部生产力总和还要多的生产力水平，使西方文明迅速跻身世界历史的顶端。随着西方霸权时代的来临，也就是西方学者们所谓的"欧洲优势"时代的到来，蔑视其他文明、认为其他文明是低等文明的赤裸裸的西方中心主义得以确立。尤其是20世纪随着东欧剧变、苏联解体、冷战结束，资本主义制度与社会主义制度的历史命运成为世界关注的焦点，"历史终结论"的喧嚣使得西方自由民主制度一时风头无两。西方中心主义作为一种话语体系，误导非西方国家和地区学术界的自我文化审视，破坏民族文化创新的自主性和自信心，用西方国家的知识体系、话语体系和价值体系替代和颠覆本民族的知识体系、话语体系和价值体系，进而实现西方政治、经济、社会、文化模式在其他国家和民族的复制。西方文化中心主义最直接的表现就是"普世价值"思潮。所谓"普世价值"表面上是指超时空、超民族、超国家的普遍价值，其本质却是用包装好的抽象的民主、自由、人权来行西方国家尤其是个别大国的价值观霸权之实。从传播学的角度而言，"普世价值"的核心是西方的民主、自由、人权等价值观念，试图借由资本主义民主政治制度的模式冠以"普世"的旗号强加给非西方国家，从而否定甚至"终结"其他的社会制度及文化。因此，隐蔽性、迷惑性很强的"普世价值"论在意识形态领域造成的危害性是很大的。

鸦片战争以来，近代中国可谓命运多舛，人们在失去民族自信的同时，也从根本上丧失了文化自信，从而陷入对西方资本主义文化的迷思；20世纪80年代以来，伴随西方文化思潮席卷而来，中国社会和文化语境中屡屡遭遇中国学派、中国声音、传统文化严重失语的尴尬处境。当今时代，随着世界经济的全球化、政治的多极化和文化的多元化浪潮，西方文化优越论再度甚嚣尘上，西方国家借助资本优势和文化产业的全球化，在错综复杂的文化交锋中占得强势地位，积极推行和渗透西方的普世价值观，对中国的文化安全尤其是文化价值观安全构成巨大挑战。这无疑对个体核心价值观的内化过程，造成潜隐性的认知抵触和理性迷失，甚至陷入民族文化身份、文化情感、文化意识和文化自信的危机。每个国家都有自己的文化传统，文明正是因为交流互鉴才能精彩纷呈，如果我们失去核心价值观的自觉和自信，盲目就范于西方中心主义，势必会丧失民族文化的话语权、凋敝民族赖以安身立命的精神家园。

6.2.2 多元文化时代造成价值选择困惑

文化的多样性、文化的多元化本身并不会造成文化之间的紧张与冲突。但是文化的核心是价值观念，文化的多元也就是价值观的多元，因此多元文化时代潜隐性的挑战在于价值观之间的紧张与冲突。随着经济全球化，政治、文化、价值观的全球化也随之裹挟而来，在全球范围内配置资本、技术、人力等要素的过程中，正在隐性地形成经济先发国家强势文化倒逼发展中国家民族文化空间的事实。甚至可以说，全球化就是西化、美化，只有一种价值观、一种标准向全球渗透。不同国家、不同民族的丰富多样性正在消失、民族个性的样态正在边缘化，甚至一些国家的文化正失去自主性和民族性。在全球化的时代，民族文化越来越没有市场，民族价值观越来越让位于西方价值观，这是后发国家现代化进程中普遍遇到的难题。民族文化的独立性和安全正成为国家总体安全观中的重要组成部分。我们必须持审慎的态度和清醒的觉知，只有在民族传统文化中寻求智慧、发现价值，才能在传统与现代、中国与西方的多重关系张力中安身立命。

同时，在多元文化时代，随着多元文化的交流、交融和交锋，文化受体也面临着多元的文化选择。文化多元化是相对于文化一元化而言，多元文化的复杂呈现，一方面表现为本土文化自身的多样性，这既有起主导性作用的主流文化，也包括瑕玉错陈的碎片化、娱乐化的即时消费性文化和去价值性的大众文化；另一方面表现为多民族文化的共呈，也包括标榜普世价值的西方强势文化，都在消解雍容雅正的传统文化的吸引力，甚至肆意妖魔化传统文化。Inglehart和Baker用实证研究的方法调查了65个社群得出结论，跨文化的差异比宗教差异更为显著，跨文化差异一旦形成，就成为教育机构和大众传媒传播的一种民族文化的一部分[①]。MacIntyre认为，现代西方对诸种核心道德问题之所以存在诸多分歧，主要原因是人们在中世纪形成的旧的道德传统，在向现代世界的转换过程中，不断被否定，原本统一的道德图式分崩离析了，而作为现代性根本特征的道德多元论应运而生[②]。

---

① Inglehart R, Baker WE. Modernization, cultural change, and the persistence of traditional values[J]. American Sociological Review, 2000, 65(1): 19-51.

② Macintyre A. After virtue[M]. Notre Dame: University of Notre Dame Press, 1984.

多元文化共存的时代打破了民族传统文化"纯净"的独处空间，打破了一元文化封锁的状态，提供了丰富多彩的文化形式，拓展了文化融合的空间，丰富了人们的文化价值观，也打破了人们以前的生活方式和价值选择习惯。Hyun对儒家价值观在韩国的现状研究发现，不论是本土的韩国人还是移民西方的韩国人，接触西方文化较多的人群受传统儒家价值观影响较小，可见个体价值观的形成受到社会—文化—历史情境的影响①。多元文化时代，不仅是文化形态的多元共存，更意味着个体文化选择的多样性、多元化。在多元文化的空间，因选择而凸显的主体性使人们开始关注自我，强调以自我为中心，刻意淡化个人对所在文化生态的依附性和确定性。所以，多元文化时代的到来，不仅打开了异质文化争夺文化受体、强势推进西方文化价值观的局面，破坏了中华民族文化和价值体系的完整性，导致民族意识淡薄甚至文化虚无主义，也同时迎合了个体张扬自主性、去权威化的现代性文化心理，在多元文化的碰撞中，遭遇传统文化的认同危机。

6.2.3 现代性语境消解价值引领的主导性

现代性是现代化进程中必然会摆在人们面前无可逃遁的文化处境，也是社会主义核心价值观在意识形态领域实现一元主导要应对的挑战。现代性对社会和个体的影响突出表现为社会关系的弱结构性、社会组织的去权威性和个体的主体性。中国社会从熟人社会到陌生人社会的转型，正是现代性开显的过程。随着社会的原子化、碎片化、多样化，使得个体前所未有地从整体中得以解放，人人皆成为主体。"在人格层面上，主体性人格的核心在于能动性、创造性和自主性，使人成为自己生命活动的主导。"②个体的主体性，是现代社会人的解放的重要成果，但同时"主体性意识的觉醒和提升，首先体现在传统整体

---

① Hyun KJ. Sociocultural change and traditional values: Confucian values among Koreans and Korean Americans [J]. nternational Journal of Intercultural Relations, 2001, 25(2): 203-229.

② 郭文安，陈东升. 国民素质与教育基础改革［M］. 北京：人民教育出版社，1997：134.

价值至上的绝对化、神圣化价值的消解，道德相对主义色彩渐趋呈现"，①这也同时构成了核心价值观培育的现实挑战。在传统社会借重血缘和结构性赋权得以确立的价值观的权威地位和价值引领模式受到动摇，核心价值观的引领模式只能演变为整体的主体性与个体的主体性融合共生的模式。

个体的主体性与整体的主体性的融合共生是推进社会主义核心价值观认同所必需的社会文化背景。然而，不得不正视的是个体的主体性也不乏现代社会的破坏性因素，正如L. J. 宾克莱所言的是"现代性的酸"，会销蚀社会的整体性结构和秩序规范。"当今，人的思想已经被'和平演变'——人生意义已经生活化、世俗化，甚至是娱乐化，崇高的灵魂被消解。"②主体性的觉醒和提升，使得原有的被奉为圭臬的价值逐渐退出主场，然而主体对新价值的确立却保持质疑的惯性，从而导致人们行无归依、无所适从，甚至放弃意义和价值的理性判断，主动沉溺在良莠不齐的多元文化之中，置主流价值于"众声喧嚣"之中被疏离和消解。身心疲惫、价值隐退的主体们，盲目套用当下流行的"佛系"表达自己的生活态度和心理波动，其实正是这种文化价值失重的呈现。不可否认，个体的主体性的觉醒和提升，使得人们更关注自身的个体叙事，"为天地立心，为生民立命，为往圣继绝学，为万世开太平"的价值追求在陌生人道德生态中不断消隐，"精致的利己主义"反而成为权宜的人生法则。必须认识到，社会主义核心价值观的培育和践行最重要的认识前提，就是主体以自己的内在尺度进行价值判断和情感认同，而现代性的境遇正使得这一认识前提面临个体文化心理结构的新挑战。

第三节 社会主义核心价值观培育的文化选择

习近平总书记在文艺座谈会上指出："古往今来，中华民族之所以在世界有地位、有影响，不是靠穷兵黩武，不是靠对外扩张，而是靠中华文化的强大

---

① 林滨，等. 全球化时代的价值教育［M］. 北京：人民出版社，2011：16.

② 孙其昂. 思想政治教育学前沿研究［M］. 北京：人民出版社，2013：239.

感召力和吸引力。我们的先人早就认识到'远人不服，则修文德以来之'的道理。阐释中华民族禀赋、中华民族特点、中华民族精神，以德服人、以文化人是其中很重要的一个方面。"[1]Rokeach在《人类价值的本质》一书中指出，文化价值观塑造着人们的信仰和态度，并引导其行为。价值观被界定为一些持久的信念，认为特定的行为方式或存在状态对社会而言，比与之相反的行为方式或存在状态更优越[2]。England认为，价值体系被视为影响个人行为的相对持久的知觉框架[3]。社会主义核心价值观的培育和践行遵循以德服人、以文化人的路径，是中华民族文化传统与时代诉求的必然选择。

6.3.1 人的文化存在：核心价值观培育和践行的重要理论指向

文化是人为的程序和为人的取向[4]，具有"人化"与"化人"的双重功用。广义的文化从人之所以为人的意义上立论，因而将人类社会的历史生活的全部内容统摄其中，从结构而言包括物质文化、制度文化、精神文化和行为文化等层面，其中居于核心地位的精神文化层又包含社会心理和社会意识形态两个子层次。狭义的文化，一般专注于精神创造活动及其成果，英国文化学家泰勒认为，文化"乃是包括知识、信仰、艺术、道德、法律、习俗和任何人作为一名社会成员而获得的能力和习惯在内的复杂整体"[5]。毛泽东在论及新民主主义文化时，亦运用了这一种定义域，"一定的文化是一定的社会政治和经济在观念形态上的反映"[6]。可见，狭义文化主要涉及的是精神领域的文化现象，即广义文化的精神文化层。在这个意义上，人的文化存在方式从本质上来

---

① 十八大以来重要文献选编（中）［M］．北京：中央文献出版社，2016：119.

② Rokeach, J. The Nature of human values[M]. The Free Press, 1973.

③ England, G. W. Managers and their value systems: a five country comparative study[J]. Columbia Journal of World Business, 1978, 13(2): 35–44.

④ 郭湛. 文化：人为的程序和为人的取向［J］. 中国人民大学学报. 2005，19（4）：24–31.

⑤ 爱德华·泰勒. 原始文化［M］. 上海：上海文艺出版社，1992：1.

⑥ 毛泽东选集（第二卷）［M］. 北京：人民出版社，1991：694.

说就是"人的情感、意志和自由的本质"①。

人的文化存在构成社会主义核心价值观培育的学理基础和理论指向，为社会主义核心价值观的文化认同提供了实践逻辑。社会主义核心价值观的培育正是人为的程序与为人的取向的双向同构，取效的关键在于个体必须把这些人为的程序内化为自己的思维方式、价值观念、行为准则，并最终发展成自觉的文化人格。社会主义核心价值观的培育，就是使社会主义价值体系中的应然规范内化为个体的认知、认同，再外化为自觉遵从的过程。这一过程中，只有达成外在与内在的和谐、内化与外化的统一，才能收到实效，并最终是通过个体在社会关系中显现出来的人格特征体现出来的。一方面，社会主义核心价值观的培育，应以化育的方式为主。道德是无法"教"出来的，道德是"化"成的。价值观培育绝不仅仅是教育者和受众之间达成理论认知的过程，而是通过文化资源的方式以广泛的社会共育为场域达成精神认同的过程。例如有些小学对一年级孩子进行价值观教育时，仅停留在简单的知识教育阶段，要求孩子背会价值观的内涵，这样反而适得其反、收效甚微。包括一些城市的价值观宣传也采用公交、场馆、景区等简单的标语形式，甚至简单粗暴地反复播讲，反而引起受众的反感。另一方面，要通过主体人格修养达成对价值观的自觉与自信。价值观教育实效性的提升，一定是以价值观培育的文化范式的形成为前提的。简单空洞、目标模糊、远离生活、远离实践的知识论教育误区的解蔽，才能真正从社会心理普遍层面，实现广大群众对核心价值观自觉的"内化"与"外化"的转化，实现价值、意义、情感、心理等多种主体精神层面的体验，并最终形成实践理性，在日常生活的情景"日用而不觉"。

社会主义核心价值观的培育和践行，一定要从认知论向实践论转型，要从人的文化存在的本质去把握人的实践性。传统"美德袋"式的道德教育，在多元文化时代伴随着人的主体性全面觉醒和道德选择的多样性，已经越来越显得

① 韩秋红，胡长栓. 文化与文化哲学的形而上追思——文化哲学研究的一种理论语境［J］. 东北师大学报，2002（5）：24.

力不从心。而利用话语权的权威性，进行简单灌输的教育方式更是与时代不相
宜。原子化个体的生存样态和对美好生活向往的多元性，忽视主体诉求的单向
度思想政治教育模式也必定是乏力的。Blasi认为，道德理性并不必然达成道德
性为，弥合二者之间"裂痕"的两个关键要素，分别是自我道德认同和道德情
感的激发①。"自我道德认同"是人的文化存在的独特属性，旨在精神文化层面
的主体人格的确立，这不仅是社会主义核心价值观培育，更应该是意识形态教
育的理论指向。

6.3.2 文化认同：核心价值观认同的本质

核心价值观认同的过程，就是Blasi所谓的弥补"道德裂痕"的过程，是
把认知和行为统一在一起的主体自觉的过程。社会主义核心价值观的力量的实
现，本质上来说还有赖于认同价值观念的人的主体力量的激活，只有达成外在
与内在的和谐、内化与外化的统一，才能获得展现价值观力量的主体性基础。
社会主义核心价值观是顶层设计，尽管核心价值观内含丰富的生活实践的基础
和素材，但仍不属于民众自发形成、自觉认同的道德文化形态。这一过程中，
有两个关键性的问题直接决定培育和践行的实效。第一，为什么要认同？社会
主义核心价值观体现了社会共同体的利益最大化，个体为什么要把集体价值
观、集体道德规范内化成个体道德需求和价值需求？第二，如何认同？个体如
何把集体价值观在意识层面内化成自我需求，在行为层面外化为道德实践？价
值观培育首先基于大众自主认知、理解、选择性地接受，并逐渐内化成为自我
观念体系。正如马克思所言，"这种自我意识的本质不是人，而是观念"②。
因此，核心价值观培育取得成效的关键在于准确把握核心价值观认同的本质，
是个体在精神文化层面依据社会共同价值建构自身价值和意义的过程。

---

① Blasi A. Moral understanding and the moral personality: The process of moral integration
[M]. In W. Kurtines & J L Gewirtz(Ed.), Moral development: an introduction. Boston: Allyn &
Bacon.1995, 229–253.

② 马克思恩格斯文集（第一卷）［M］．北京：人民出版社，2009：340.

认同是"行动者对认同对象于自身的意义和价值的诠释和建构过程，本质上是精神的和文化的，所以'社会认同'在一定程度上就是对特定社会类型的文化机制的认同，故社会认同和文化认同具有本质上的一致性"①。核心价值观认同的本质就是文化认同。礼乐文化是中华民族文化存在的确证标识，在数千年的文化实践中有效地定型了中华民族仁义礼智信的核心价值观。仁义礼智信能成为百姓日用不觉的价值观，这与礼乐教化的传统是密切相关的。礼乐教化通过以文化人的方式，把理想人格的培养置于日常生活实践的文化意义的建构之中，通过社会整体性文化人格的培塑潜移默化地砥砺个体文化人格的形成。正如美国文化人类学家本尼迪克特所言："个体生活的历史中，首要的就是对他所属的那个社群传统上手把手传下来的那些模式和准则的适应。落地伊始，社群的习俗便开始塑造他的经验和行为。"②这一过程，也正是作为文化存在的人的价值观认同的过程。

6.3.3 人文化成：核心价值观培育和践行的文化取向

"观乎天文，以察时变。观乎人文，以化成天下。"③人文化成思想的提出开启了中国文化的人文传统，是奠基中国文明的重要贡献，如唐君毅先生所言"儒家对于'人文化成'之学与教，亦实际上是中国文化之核心之所在"④。"人文的主要内涵是指一种以礼乐为教化天下之本，以及由此建立起来的一个人伦有序的理想文明社会。"⑤王国维先生的《殷周制度论》认为，公元前11世

① 李友梅，等. 社会认同：一种结构视野的分析［M］. 上海：上海人民出版社，2007：2-5.

② 露丝·本尼迪克特. 文化模式［M］. 王炜，等译. 北京：生活·读书·新知三联书店，1988：5，231.

③ 周易·贲卦·象传［M］. 杨天才，张善文，译注. 周易. 北京：中华书局，2018：207.

④ 唐君毅. 中华人文与当今世界补编（二）［M］. 桂林：广西师范大学出版社，2005：743.

⑤ 楼宇烈. 中国文化的根本精神［M］. 北京：中华书局，2017：223.

纪从殷商向西周的过渡时期，中国历史的制度文明发生了巨变。从周代开始，中华文明的人文精神开始凸显出来，其深刻的思想价值和丰富的历史资料，为后世留下了宝贵的精神财富。礼乐教化作为重要的文化载体，为中华文明的推进和范式定型起到了非常重要的作用。

人文化成的逻辑起点是人是可化的，因为人是文化意义上的存在，是生成性的。儒家历来强调"人皆可以为尧舜"①，认为人人都应该修身以图成为君子。而对于理想人格的修成，也是有道可循的，"兴于诗，立于礼，成于乐"。这样，礼乐文化就形成了一整套人文教化与人格修养的自洽体系。据说孔子教六门学问《诗》《书》《礼》《乐》《易》《春秋》，他总是先讲《礼》，在他看来"不学礼，无以立"。用钱穆先生的话来解释："礼是中国文化的核心"，是中国人文精神的体现。在中国传统文化中普遍认为"礼"的人文价值，是通过"修己"的方式体现出来的。或者说，在中国传统文化的视野中，和谐人文、恢复人文精神，首先要对自己的本分有清醒的认识，落实到生活层面就是"修己"。正所谓人不修为己，己不成人。"礼"是"修己"的重要内容。我国的传统礼仪，强调内在德性的能动作用，把道德看作礼的灵魂，而绝不是仅仅停留在外在的、技术性的层面上，因此，礼仪教育是以人文精神作为重心和支撑的，强调在日常生活中，要严格以礼仪来要求自己、约束自己和指导自己的行为，尤其是在"隐"和"微"上下功夫，只要在内心深处能够建立起自我的礼仪法则，日常生活中的行为就可以扩大到社会的人文精神。

价值观培育应该充分借鉴礼乐教化的方式。何谓教化，有两个核心要义，一是"徙善远罪"的教育目的，二是"不自知"。《礼记·经解》中的解释："故礼之教化也微，其止邪也于未形。使人日徙善远罪而不自知也。"教化的过程，不是教育的过程，而是人文化成的过程。这体现出传统道德教育于日常生活中行不言之教的理想和智慧。"教育从根本上是一个人文过程，是有关价

---

① 孟子·告子下［M］//陈襄民，等注译. 五经四书全译（四）. 郑州：中州古籍出版社，2007：3432.

值的事情，而不仅仅是信息或知识"①，社会主义核心价值观是国家、社会、个人三个层面的价值追求和目标，在国家层面和社会层面的价值实践对于个人层面的价值追求起着非常重要的价值引领和示范作用，因此必须深入"全面建成小康社会、全面深化改革、全面依法治国、全面从严治党"战略布局的具体实践中，通过国家和社会层面的价值目标的追求，树立起价值观作为全民族的总体价值追求的公信力，体认到核心价值观与每个个体的切身利益相联系，让主体切实感受到社会主义核心价值观对人生方方面面的积极影响，从而在生活实践中不断强化对价值的内在认同。在主体价值观认同的过程中，必须充分关照认同形成的规律。人类的个体行为与心理的形成，具有整体人格效应，因此，通过文化场域的营造，从而影响个体心态与行为，成为思想政治教育过程中的重要环体。礼乐文化自孔子一脉，从"礼失求诸野"的现实开始，天下"皆以修身为本"改变了"礼不下庶人"的贵族文化等级，从而形成了社会群体普遍参与的场域，即使没有接受知识教育的百姓也能够在生活实践中秉其光烛、日用不觉，这要归功于礼乐文化借助强大的场效应而施无言之教的话语模式。

第四节　礼乐文化"人文化成"的价值启示

"'礼'在其他文化中，一般都没有越出'礼俗'的范围。而中国则相反，'礼'不但是礼俗，而且随着社会的发展，逐渐与政治制度、伦理道德、法律、宗教、哲学思想等都结合在了一起。就是从礼俗发展到了'礼制'，既而又从'礼制'发展到了'礼义'，礼俗、礼仪、礼制、礼规、礼义等，一直是中国人民行为规范的基本方面。所以'礼'在中国文化中，不但起源最早，而且一直贯穿到近现代。这种特征为任何其他文化所没有，也为中国文化的其

---

① 谈松华．变革与创新：走向21世纪的中国高等教育［J］．高等教育研究，1998（3）：16-22.

他特征所不及。"①曾经作为别异文明程度的礼乐文化，不仅保留着中华民族的文化基因，而且数千年文化实践中形成的中国智慧和中国方案，对社会主义核心价值观的培育也有着重要的启示作用。

6.4.1 为仁由己：礼乐文化功能实现的根本前提

先秦礼乐文化把人"何为人"的终极追问，用"仁"的精神引入，将礼乐文化做哲学升华，成为对中国传统文化的巨大贡献，同时也开启了早慧的中华文化中独特的以主体人格生成内驱力的文化实践形态。"颜渊问仁。子曰：'克己复礼为仁，一日克己复礼，天下归仁焉。为仁由己，而由人乎哉？'"②释仁入礼，是礼乐文化从符号系统升华为价值系统的核心所在，也因此构建起传统文化价值观的核心。如何才能实现"仁"的人文理想呢？孔子首提"为仁由己"，不仅是认识论层面强调主体自觉性和自为性，更是在实践论层面对"感性的人的活动"这个根本前提的肯定。礼乐文化之所以成为传统文化中人们日用不觉的民族价值观，其作用机制大体在于在以乡土结构为基础的传统社会中，充分统摄社会各阶层，融入礼乐文化的实践中，建立起每个人都可以按图索骥的价值关系图谱。人们的生活实践与礼乐文化实践相融合的核心机制正在于，个体人格在社会整体人格的培塑中确定了自我价值的文化体验。礼乐不单纯是外在的行为规范，更是通过实践主体内在的对"意义"的体验而激发的主体性的生活甚至人生规范。社会主义核心价值观的培育和践行，从个人层面来说关键是价值认同和行为选择，因此个人作为主体的出场和始终在场成为价值观培育取得实效的充要条件。

（1）主体在场是为仁由己的前提

"'价值'这个普遍的概念是从人们对待满足他们需要的外界物的关系

---

① 邹昌林. 中国礼文化［M］. 北京：社会科学文献出版社，2000：13.

② 论语·颜渊［M］//陈襄民，等注译. 五经四书全译（四）. 郑州：中州古籍出版社，2007：3159.

中产生的。"①主体在场，不是简单地框定出人们"应然"的价值目标和道德要求，而是在于确立起关系范畴中的人们的主体性身份。价值不是一个先验的实体性的存在，而是借由生活实践构建起的主客体关系，因此主体性缺位的教化事实上是否定了"感性的人的活动"这个基本前提的画地为牢的难以取效的道德教育。价值关系产生的基础是主体对客体满足自身需要的判断。在价值判断中，有"我"作为主体的存在，价值判断就不是单纯的认识论可以解决的问题，即通过外在教育和灌输的方法让"我"知道什么，而是作为"我"的主体需要必须在场，价值的认同是与"我"有关联的，是"我"的能动选择。身体层面的行为文化效果与心理层面的主观体验密不可分。从以言说事到以言取效，关键在于价值主体保持出场的自觉性和在场的自为性。主体在场强调的是作为价值关系中的主体要充分体现其主体性。

马克思交往实践理论，超越主客际关系、主体间性而建构的主—客—主的价值关系，为解释礼乐文化三千年来成为日用不觉的价值传统，提供了坚实的理论依据。社会实践交往过程中，人与人间的主体关系通过以身体为载体的行为规范体系的客体，达成人性和谐以及社会和谐。作为文化存在的个体，在这种双向互动中，通过个体人格完善的自我确证获得尊礼尚礼的价值感。粲然大备的礼乐文化，礼仪三百，威仪三千，构成中国人世界中全部生活实践可堪参考的雁行有序的图谱。中国人何以始终以价值主体的方式赓续在场？卡西尔指出："没有符号系统，人的生活就一定会像柏拉图比喻中那洞穴中的囚徒，人的生活就会被限定在他的生物需要和实际利益的范围内，就会找不到通向'理想世界'的道路——这个理想世界是由宗教、艺术、哲学、科学从各个不同方面为他开放的。"②礼乐文化就是一套文化符号系统，不仅是表面可见的规范人行为的准则，更是开发人的主体心灵和精神世界的文化之路。正如《礼仪·曲礼》所说："鹦鹉能言，不离飞鸟；猩猩能言，不离禽兽。今人而无礼，虽能

---

① 马克思恩格斯全集（第十九卷）［M］．北京：人民出版社，1963：406．

② 西尔．人论［M］．甘阳，译．上海：上海译文出版社，1985：52-53．

言，不亦禽兽之心乎？夫唯禽兽无礼，故父子聚麀。是故圣人作，为礼以教人。使人以有礼，知自别于禽兽。"礼乐不是以规范行为为唯一目的的，价值谱系和精神家园的构建，从先秦礼乐开始已经表达出鲜明的民族文化品性。礼乐文化之所以能绵延三千年之久，在中国历史上有时起着显性的作用，有时发挥着隐性的作用，根本上来讲是契合了传统社会中的人作为个体的主体需要，是主体需要向外的投射，如满足了主体降低社会生存风险、农耕民族安土重迁的需要等。因此，礼乐文化看起来是社会建立起外在秩序的需要，其实也暗合了主体在当时的社会、经济条件下生存的需要，主体始终是"在场"的。从这个角度来说，礼乐文化就不仅仅是行为规范，更是一种人生规范，是人的全部实践活动的蕴含，是人与文化的共生，主体不仅"在场"，而且通过满足主体生存发展的需要而使礼乐文化中的规范成为主体自觉的认同和选择。人与文化是同构的过程，礼乐文化在塑造"中国人"的同时，中国人也在通过文化实践的方式丰富和模式化自己的民族文化样态。而从中华民族整体性的文化实践来看，其是中华民族以特有的思考方式认识外在世界而塑造和完善的与其他文明性质迥异、形式特殊的文化存在方式。

（2）主体自觉是为仁由己的保证

需要是人类行为的动力机制。荀子说："礼者，养也。"[①]荀子以"性恶论"为基础，认为"人生而有欲"，所以要"养"。"养"即"养人之欲，给人之求"，满足人的欲望和需求。当然另一方面，欲而不得，就会产生争夺和混乱，所以还要有"别"，即"贵贱有等，长幼有差，贫富轻重皆有称者"[②]，两者缺一不可，相互依存。从表面上来看，礼乐文化是社会的行为规范，告诉每个个体应该怎么行事，似乎是一种简单的灌输过程，如《周礼》中的关于人生各个场合的具体礼仪规范。其实这种文化在"化人"方面的了不起之处在于，这些外在规范也同时融合了一些主体自身需要的根本价值，尤其是在孔子之后，将

---

① 荀子·礼论［M］//方勇，李波，译注. 荀子. 北京：中华书局，2018：300.

② 荀子·富国［M］//方勇，李波，译注. 荀子. 北京：中华书局，2018：141.

个体的崇高的人格、道德追求，也融入了礼乐文化之中，因此很大一部分规范能够成为被老百姓普遍认同的、亲民的生活方式和形态，让主体在遵循这些规范时产生道德自洽的需求满足感，使得主流价值观成为主体自身的选择。因此，礼乐文化更重要的是形成了一种人生规范，引导主体自身对自己人生成长的自觉追求，是以文化精神的方式对人自我成长、人生成长的提升、激发和点醒。

价值观作为观念形态的东西，本身不会自发地产生，只能从人们的现实生活过程中生发出来。马克思主义认为意识形态"本身没有历史、没有发展，而发展着的物质生产和物质交往的人们，在改变自己的这个现实的同时也改变着自己的思维和思维的产物。不是意识决定存在，而是生活决定意识"，"意识在任何时候都只能是被意识到了的存在，而人们的存在就是他们的现实生活过程"①。从本质上来说，社会主义核心价值观的内涵反映的就是中国特色社会主义的必然要求，就是新时代在实现中国梦的伟大实践中产生的中国人民的价值诉求。"人类始终只提出自己能够解决的任务，因为只要仔细考察就可以发现，任务本身，只有在解决它的物质条件已经存在或者至少是在生成过程中的时候，才会产生。"②培育和践行社会主义核心价值观的时代命题，不是意识决定存在，而是生活在决定意识。因此，社会主义核心价值观培育过程中，一定要重视阐释清楚与个体价值诉求的关系，尤其是在实践领域，通过国家、社会的主体价值目标的实现和推进，让个体认识到公民层面的价值遵循正真正成为个体的本质需要，从而形成价值认同和行为选择的自为性。

（3）主体文化人格的确立是为仁由己的价值旨归

"为仁由己"从儒家视角来看，就是人的存在方式，因此主体文化人格的确立正是儒家孜孜以求的价值归宿。与动物不同，人具有理性自觉的能力。

---

① 班固，颜师古注. 汉书（卷二二）礼乐志［M］. 北京：中华书局，1962：72.
② 马克思恩格斯选集（第二卷）［M］. 北京：人民出版社，1995：33.

"使人以有礼，知自别于禽兽。"①通过礼乐的教化，可以使人真正区别于动物。如在家奉行孝悌、敬老爱幼，出入社会，则谦和友敬、忠诚守信。"君子以钟鼓道志，以琴瑟乐心。动以干戚，饰以羽旄，从以磬管。故其清明象天，其广大象地，其俯仰周旋有似于四时。故乐行而志清，礼修而行成，耳目聪明，血气和平，移风易俗，天下皆宁，美善相乐。"②礼乐文化体现了社会需要与主体道德追求的融合，这也就发展出了礼乐文化以人文资源启发道德自觉、最终引向文化人格的主体性生成的价值理路。礼乐文化之所以能够在中国三千年的历史长河中，不断地以显性或隐性的方式一直影响着中国人整体的传统核心价值观、社会人格，是通过有形和无形的文化范式，以礼乐规范背后深层的人文精神，如"仁爱"精神，激发了人的个体价值成长的内驱力，使人得以"我"的方式在不断提升。外在的规范的背后，也是对超越自我的更高层面的社会人格的追求，从这个层面上来讲，不仅反映了社会的需要，也体现了个体自我价值实现的需要，是个体需求与社会需求的统一，有助于个体人格到社会性人格的超越。

社会主义核心价值观培育的效度评价在于文化人格的确立。正如荣格所言："一切文化最终都沉淀为人格。"经过社会主义核心价值观培育和培塑的当代中国人的集体人格，就是社会主义先进文化的表征。甚至可以说，这种文化人格形成的过程正是核心价值观人格化的过程。处在社会转型期，普遍性的问题是传统人格"失效"，而现代型人格尚未定型，因此，"改革开放以来，我国经济发展很快，人民生活水平提高也很快。同时，我国社会正处在思想大活跃、观念大碰撞、文化大交融的时代，出现了不少问题。其中比较突出的一个问题就是一些人价值观缺失，观念没有善恶，行为没有底线，什么违反党纪国法的事情都敢干，什么缺德的勾当都敢做，没有国家观念、集体观念、家庭观念，不讲对错，不问是非，不知美丑，不辨香臭，浑浑噩噩，穷奢极欲。现在

---

① 礼记·曲礼上［M］//胡平生，张萌，译注. 礼记. 北京：中华书局，2018：6.

② 荀子·乐论［M］//方勇，李波，译注. 荀子. 北京：中华书局，2018：329.

社会上出现的种种问题病根都在这里。这方面的问题如果得不到有效解决，改革开放和社会主义现代化建设就难以顺利推进"①。"今天，当资本逻辑和经济理性的话语霸权弥漫于道德上空，是继续放逐先哲的智慧，还是反思重建生命的意义，是我们必须做出的抉择。当我们在价值和意义的困境中不知何往、进退维谷，最应当做的也许是反躬自身，'为仁由己'是生活世界中的我们应当并且能够做到的生命的提升和完善。"②

礼乐文化的文化实践为中华民族文化人格的塑造提供了非常重要的实践路线参考，那就是从价值主体的层面激发、唤醒主体的人格修养，以达成对价值观的自觉与自信。礼乐文化非常注重人格的养成，并且提供人格养成的具体步骤，"格物""致知""诚意""正心""修身""齐家""治国""平天下"③。其中，最能集中表达中华民族精神气质和精神品格的人格模式，无疑是儒家的君子人格，已成为数千年来中华民族文化中对理想人格的专属称谓，是无数仁人志士追求和效仿的目标。中国传统文化中的君子人格不仅内涵着自强不息、厚德载物的精神气质，更是不断精神上达、追求理想人格的典范。由于君子文化在传统文化中的特殊地位和被广大群众的普遍认可度，可以用来承载社会主义核心价值观对当代理想人格的诠释，在理念和情感上更具有亲和力和认同感，有助于对社会成员们进行感召和教育，从而再形成内化的价值共识。

6.4.2 情理相融：礼乐文化结构的张力所在

近代以来，对于礼乐文化的批判着力于强调其是束缚人性、异化人情的糟粕。试想，如果具有源头精神的礼乐仅仅是以宰制性的道德律令统摄人心、以达到为统治阶级服务的目的，又何以能在春秋时期礼乐制度被破坏、宗法基

---

① 十八大以来重要文献选编（中）［M］. 北京：中央文献出版社，2016：133.

② 张再林，张慧敏. 身体哲学视域中的"为仁由己"［J］. 人文杂志，2016（5）.

③ 礼记·大学［M］∥胡平生，张萌，译注. 礼记. 北京：中华书局，2018：1162.

础失去地位之后，仍成为中华民族日用不觉的文化传统和民族整体性价值依据呢？坚持历史与逻辑相统一的方法论，回到最富生命力的礼乐文化经典形态加以考察，可见礼乐并不是以行政律令的强制性得以重获历史性地位的，而是因其情理相融的结构张力得以在民族心态文化中树立起价值认同的。这是因为情合于理的人性自觉的投射和契合，是礼乐的生命力所在。

（1）礼乐文化本于合情性

合情性是礼乐文化非常显著的特征。知、情、意，是人类心理活动的基本形式，从认知到意志形成的过程中，关键和桥梁是情感。因此，一种文化传统的形成，情感要素是最重要的自变量之一。情感是人作为文化存在的核心特质和表达方式。人通过情感的体验和表达来确证自我的存在，构建以"我"的体验为前提的身心关系、社会关系、天人关系中的"意义"趣向。礼乐文化在传统社会深入民心、使人心悦诚服践行不辍的机理在于充分挖掘和激发了受体的情感要素，从而奠定了一整套基于个体生命可感知的而不是外在于人的生命体验的价值依据。《礼记·丧服四制》在论"礼之大体"时有云，"凡礼之大体，体天地，法四时，顺乎阴阳，体乎人情"[①]，认为礼的制定不仅要效法天地、四时、阴阳之天道，还要顺乎人情。司马迁也指出："洋洋美德乎！宰制万物，役使群众，岂人力也哉？余至大行礼宫，观三代损益，乃知缘人情而制礼，依人性而作仪，其所由来尚矣。"[②]按人情制礼，恰恰是因为礼本身就植根于血缘和亲情，以差等有序定尊卑上下也是缘情而作。先秦儒家认为，只有"礼以饰情"才能使礼乐富有生命力。与后世对不断增益的礼教的诟病和批判不同，先秦礼乐中即便如"三年之丧"也是家庭伦理的情感内需。《礼记·问丧》明确指出："此孝子之志也，人情之实也，礼义之经也。非从天降也，非从地出也，人情而已矣。"《论语》和《荀子》中也都从情的角度阐明了三年之

---

① 礼记·丧服四制［M］//胡平生，张萌，译注. 礼记. 北京：中华书局，2018：1227.

② 史记·礼书［M］//王利器，主编. 史记注释（二）.西安：三秦出版社，1988：851.

丧的依据，"子生三年，然后免于父母之怀。夫三年之丧，天下之通丧也"，这是人自然而然的情感需要。

礼乐对"人情"的肯定，并不是放任人的自然属性，而是主张放在"礼"的框架之内进行情感欲望的规束，"因人之情而为之节文"，最终给予人的情感欲望一个理性化的升华方向，"人之所以为人，礼义也"。更为典型的是乐，乐是人们生活实践中最感性的情志的表达系统。《礼记·乐记》云："乐者，音之所由也，其本在人心之感于物也。"[①]因为"人心之感于物"，先王制乐的目的除了抒发情志，还有就是避免人们因情感的自发表达而破坏和谐的社会秩序，也就是说通过礼乐来培养节制而适度的情感。从儒家对声、音、乐的别异就可见其"通伦理"以情化人的内在机理。"德音之谓乐。"

李泽厚先生坚持认为儒学是"情本体"的，"所谓深层结构，则是'百姓日用而不知'的生活态度、思想定势、情感取向；它们并不能纯是理性的，而毋宁是一种包含着情绪、欲望，却与理性相交绕纠缠的复合物，基本上是以情—理结构为主干的感性形态的个体心理结构"[②]。这一深层结构最重要的特征就是"乐感文化"和实践理性。儒家的乐感文化就是把人的情感要素看作人的生存、生命的实在。礼乐文化正是着重于人的感性生命、生存、生活而建构的价值谱系。

（2）礼乐文化立于合理性

"礼也者，理也"[③]"礼之所尊，尊其义也"，在先秦儒家看来，"理""义"是礼乐精神要义和本质内涵。《礼记·礼运》云："何谓人义？父慈、子孝、兄良、弟悌、夫义、妇听、长惠、幼顺、君仁、臣忠，十者谓之人义。讲信修睦，谓之人利。争夺相杀，谓之人患。故圣人所以治人七情，修

---

① 礼记·乐记［M］//胡平生，张萌，译注. 礼记. 北京：中华书局，2007：713.

② 礼记·丧服四制［M］//胡平生，张萌，译注. 礼记. 北京：中华书局，2018：176.

③ 礼记·仲尼燕居［M］//陈襄民，等注译. 五经四书全译（二）. 郑州：中州古籍出版社，2007：973.

十义，讲信修睦，尚辞让，去争夺，舍礼何以治之？"①礼乐文化的合理性特征，是儒家文化高扬人文精神和道德理性的最好佐证。"孔子为代表的原典儒家，会是要在本无所谓情感、无所谓意义的世界中，积极地、坚韧地培育、建塑富有情感与意义的人生，而无求于上帝神明或另一个世界。"②

礼的起源便是本乎天理。"是故夫礼，必本于大一，分而为天地，转而为阴阳，变而为四时，列而为鬼神"③，天地、四时就是自然法则，体现在人的生活实践中仍然强调谨守秩序、依理而行，这既是制礼作乐的本意，更寄托着原典儒家的社会理想。《左传》有载，"名以制义，义以出礼，礼以体政，政以正民"④，"君令臣共，父慈子孝，兄爱弟敬，夫和妻柔，姑慈妇听，礼也"。⑤这样在理解孔子所言"非礼勿视，非礼勿听，非礼无言，非礼勿动"的身体行为的隐喻时，便透彻而清晰地感知到礼乐文化所追索的充满意义的人的生命、生存、生活价值系统。

礼乐的生发在于合乎道德理性。"礼者，理也"，理是指合于道德理性的规定。夏、商、周三代已成的礼乐，在春秋时期地位尽失，使得先秦的原典儒家深感焦虑和痛惜，在礼乐废弛的现实面前，孔子成为中华民族历史上首开"创造性转化、创新性发展"的先河，他没有从礼文化外在的行为规范层面进行损益而是着力于内在的"人心"，转向以人的主体性为起点、以理性精神为根本的摆脱礼的价值危机的文化实践，继续赋予礼乐文化赓续发展的新的生命力。孔子为代表的先秦儒家在整理三代之礼的基础上，删诗书、修礼乐，重新解释和挖掘礼乐文化的精神意蕴，并通过释仁入礼，最终升华了礼乐在先民的天人

---

① 礼记·礼运［M］//胡平生，张萌，译注. 礼记. 北京：中华书局，2018：432.

② 范琪，高玥. 从离身到具身：身心融合的学习方式与其教育意义蕴含［J］. 江苏师范大学学报（哲学社会科学报），2018：220.

③ 礼记·礼运［M］//胡平生，张萌，译注. 礼记. 北京：中华书局，2018：437.

④ 左传·恒公二年［M］//郭丹，程小青，李彬源，译注. 左传. 北京：中华书局，2018：20.

⑤ 左传·昭公二十六年［M］//郭丹，程小青，李彬源，译注. 左传. 北京：中华书局，2018：2009.

关系、日常生活、人际交往、理想人格等方方面面蕴含的普遍原则，把礼乐思想中蕴含的以人为本的价值立场、为政以德的价值追求、仁义理智信的价值规范昭明于世，从而为中华文化的伦理文化的品性定型。自先秦两千多年来，人们几乎是以集体无意识的方式遵循着传统核心价值观，形成深刻的文化认同。礼乐即是通过将社会期望的规范进行系统的总结，形成仪式和程序，从而成为人们日用不觉的实践理性。

（3）以情理相融实现审美超越

礼与乐不可偏废。仅强调礼，即强化社会层级之间的差等有序，会导致社会上人与人之间的关系淡漠和距离感，在特殊的历史时期甚至会激发社会矛盾；而仅强调乐，又会导致人们纵情声乐、丧失节制、行为放纵。因此需要"以乐主同""以礼定则"，礼乐相和，情理相融，如此人们才能在行为的规范与内心的自由之间寻找到平衡，不仅情感愉悦，而且行为合礼，通过"礼"与"乐"的融合，在规范行为的同时以艺术的形式相辅佐，赋予主体最高的审美需要，达到春风化雨、陶冶情操的效果。古人认为，"礼"体现了人的道德和修养，"乐"抒发了人的情感和心境。礼乐作为外化的、有形存在，体现了人的无形的道德修养和情感体验，通过由外至内、由有形至无形的方式，对人们的思想、行为和心理产生影响和约束，从达到调节社会关系、促进社会和谐的目的。

伦 理 学 总 览 表

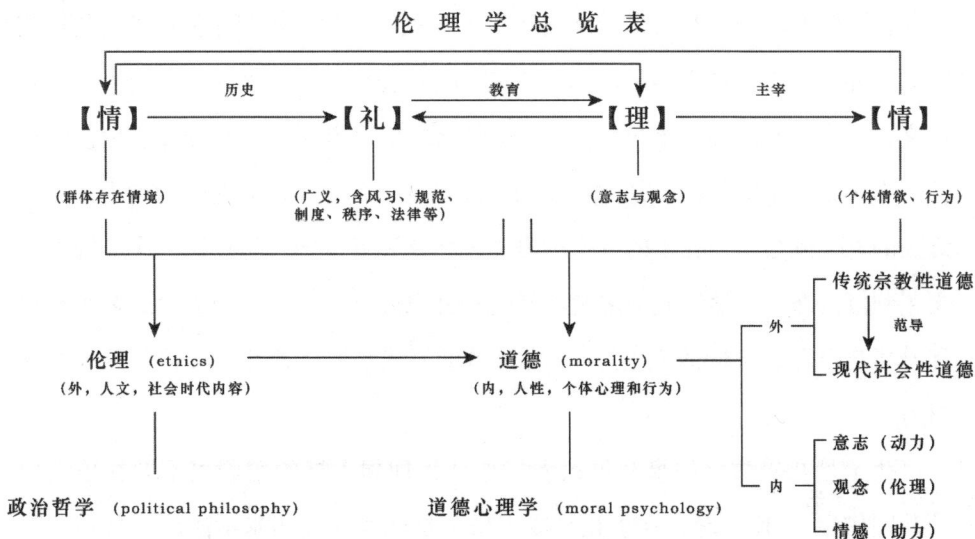

图6-1 李泽厚（2016）的伦理学总览表①

在李泽厚先生的《伦理学总览表》中（见图6-1），礼乐文化的情理结构清晰可见。按照李泽厚先生的解释，"实线表示产生，虚线表示反作用"，总览表中的由"情"（群体存在情境）到"礼"（外在伦理规范）再到"理"（个体道德观念）再到"情"（个体的道德情理结构）的总逻辑，正是对儒学深层结果即"情—理"结构的铺陈，情理相融、身心一体最后升华为"情本体"，后者的"情"，既不同于前者的情境，也不同于偏重自然属性的情绪，而是理性关注其中的情感。这样人的伦理生活实践借由情本体，就具有了超越的可能性和必要性。礼乐文化中，乐作为艺术形式，能够通过审美的功能增强礼的教化。美好的音乐能够教化人的心灵，使人淡薄名利、超然物外、身心自洽、内心宁静，能够使人拥有丰富的精神体验与和谐的内心世界。正如马克思所言："动物只是按照它所属的那个种的尺度和需要来构造，而人懂得按照任何一个种的尺度来进行生产，并且懂得处处都把内在的尺度运用于对象；因此，人也按照美的规律来构造。"②孔子推崇的礼乐文化，正是采用了艺术的形式来推

---

① 李泽厚. 人类学历史本体论［M］. 青岛：青岛出版社，2016：178.

② 班固，颜师古注. 汉书（卷二二）礼乐志［M］. 北京：中华书局，1962：46.

广礼仪，因此对当时和后世的文化产生了较大的影响。颜渊评价孔子的礼仪艺术为"仰之弥高，钻之弥坚。瞻之在前，忽焉在后。夫子循循然善诱人，博我以文，约我以礼，欲罢不能"①。从现象学的角度审视，"充分体现出艺的特性的思想就善于沉浸到各种活泼泼的生存境遇中，只在这境遇的活动中开展出终极的意义领会"，"孔子的一生就是由艺转化和升华的一生。从'多能鄙事'之艺到博古通今、尽性立命之艺的转化；并以此文化之艺、通天命之艺来转化和升华自己和弟子们的人生"②，可见借助了艺术形式的礼乐文化其巨大的感召力。

孔子是礼乐教化的最初倡议者，他认为理想人格的培养离不开礼乐教化的共同作用。"兴于诗，立于礼，成于乐"是修身为人的基本法门，其中，以诗来感发人的向往自觉，以礼来达成人的处身立世，在乐的熏陶下实现人格养成。儒家是非常注重人文化成与人格养成的审美境界的。《论语·雍也》描述了孔子认为的理想人格风范，"文质彬彬，然后君子"。文质彬彬是内在与外在的中和之美，充分体现了儒家理想人格的审美化取向，"这种境界以'仁'与'礼'的相融相洽、浑然一处、和谐自由的标志，洋溢着愉悦的情感体验"③。李泽厚先生有言："以情为体，是强调人的感性生命、生活、生存，从而人的自然情欲不可毁弃、不应贬低。"④礼乐文化这种把知行教育与情感陶冶相结合的教育和文化的范式，其精髓在于符合了以文育人的最核心基础，就是把人的文化人格作为基本逻辑起点，只有在归附人是文化性存在这一前提下，以文化人的实践才能得以展开。正是在此基础上，人借由礼乐文化的载体，从自然生命体升华为文化生命体，突破了时间和空间的物理维度，在意义世界构筑起富有生命力的审美境界。

---

① 论语·子罕［M］//陈襄民，等注译. 五经四书全译（四）. 郑州：中州古籍出版社，2007：3129.

② 张祥龙. 现象学视野中的孔子［J］. 哲学研究，1999（6）：68.

③ 祖国华. 论儒家"礼乐教化"思想及其当代价值［J］. 湖南大学学报，2009（11）.

④ 李泽厚. 人类学历史本体论［M］. 青岛：青岛出版社，2016：78.

6.4.3 实践理性：礼乐文化生命力的核心所在

礼乐文化赓续数千年的内在机理在于，作为主体性存在的人和人的需要始终得到观照，道德理性的引导和贯彻就"在日常现实世间生活、伦常感情和政治观念中，不做抽象的玄思"①。因此，礼乐文化就是礼乐生活。礼乐文化因循实践理性的路线，在中华民族文明发展史上书写了独特的一笔，成就了礼仪之邦、礼乐上国的殊荣。

（1）具身认知是礼乐文化独特的范式

马克思主义实践观所阐述的"劳动创造了人"的论断，揭示了人类发展过程中身体所从事的实践活动对人这一本质形成的根本作用。事实上，这一思想在中国古代哲学中也早有体现，如"纸上得来终觉浅，绝知此事要躬行"就强调了身体力行对认知形成的作用。②心理学实验也发现，人的生理体验和心理状态存在强烈的相互影响，人的心理体验会影响生理感觉，反之，身体感官的感知也会对人的认知等心理活动产生影响，在人的认知系统中，身体也发挥着重要的作用，这一发现被称为具身认知理论。具身认知理论认为"体验"是个体获取知识的必经途径，认知体系的构建源于主体自身的感知、体验以及经过认知加工后获得的对外在事物的解释。③杜威也认为："一切理性思维都是以身体活动和经验为基础的，对任何心理现象都不要做先验的、离身化的解释。理性操作源于身体器官的活动。"④礼乐文化的作用机制，正是因为重视人的感官体验，通过礼与身体的主体间性的结构确立，身体与礼相互嵌入和融合，修身与修心双向同构的作用，形成强烈的以人的生活实践为主场的实践理性。

---

① 李泽厚. 美的历程［M］. 北京：生活·读书·新知三联出版社，2009：52.

② 张积家，马利军. 马克思、恩格斯的具身认知思想及其价值［J］. 华南师范大学学报（社会科学版），2013（5）：93.

③ 范琪，高玥. 从离身到具身：身心融合的学习方式与其教育意义蕴含［J］. 江苏师范大学学报（哲学社会科学报），2018.

④ Dewey J. Logic: The theory of inquiry[M]. Carbondal: Southern Illinois University Press, 1991: 26.

Hoverd和Sibley的实验研究表明，"人的身体状况与道德之间具有很强的内隐联系"[①]。这与礼乐文化要求通过对身体、感官体验的规束，寓理于情中以实现对本能冲动的抑制的文化心理机制是一致的。

1993年郭店出土的楚简，身心一体的愳（仁）字随处可见。"'愳'字从心、身声，为'仁'字古文。"[②]在《緇衣》中就有"子曰：上好则下之为愳也争先"的描述，还有"心好则体安之……心以体废"。《五行》还指出，"愳形于内谓之德之行，不形于内谓之行"。仁是孔子为代表的儒家的价值理想，上身下心结构的仁字的字形结构，使得儒学身心一体的"一贯之道"得以开显。张再林教授认为，"竹简中的伦理思想也恰恰与这种身心一体的伦理观趣向一致……把人的伦理活动理解为一种内生外成的活生生的生命意向活动本身"[③]。甚至，行不仅仅是德的外显，更由于"德之行"的实践，会内生自体的德性之光，身体具有"光明感"成为圣贤大德的独特身体气象。可见在原典儒家的视野中，从来不为身心做二分的预设，为仁由己的"己"，既不是单纯的身的属意也不是意识之我，而是身心一体的"己"。从词源学上来看，"仁"即"身心合一"，可以确证的是"仁"这个儒学最核心的价值理念，既不是先验的，也不是外在于生命、生活的绝对道德律令，而是现实的、具体的、主体性人的生命本质的设定。正因为身心是一体的，才能真正领悟儒家"修身"的意蕴，以及全部礼乐文化与"修身"是如何建立赓续千年而弦音不辍的精神连接的。

（2）日常生活是礼乐文化的实践重点

人的身体行为如视听言动，与人的生活实践本来就是一体的。礼乐的本根不在于玄理大道，而在于化民成俗，因此，礼乐对人的身体实践和感官经验是

---

① Hoverd W J., Sibley C G. Immoral bodies: The implicit association between moral discourse and body[J]. Journal for the Scientific Study of Religion, 2007(3): 391–403.

② 郭店楚简·五行［M］. 刘钊，郭店楚简校释. 福州：福建人民出版社，2003：73.

③ 张再林. 身心一体：郭店竹简的"一贯之道"［J］. 深圳大学学报（人文社会科学版），2012（05）.

非常重视的，认为人之所以为人正在于经过礼义的践行。孟德斯鸠评价："中国人的生活完全是以礼为指南。"①礼在生活中，礼仪就是一整套雁行有序的生活图谱，礼仪文化在行为文化的层面就是生活实践的符号化系统。

《礼记·礼运》有言："夫礼之初，始诸饮食，其燔黍捭豚，污尊而抔饮，蒉桴而土鼓，犹若可以致其敬于鬼神。及其死也，升屋而号，告曰：'皋某复。'然后饭腥而苴孰，故天望而地藏也，体魄则降，知气在上，故死者北首，生者南乡，皆从其初。"②意思是说礼产生之初开始用于饮食之上，把黍和肉放在烧热的石头上烧熟，凿地为酒尊，双手捧水而饮。抟土为鼓槌，筑土为鼓，即使这样简陋，也可以向鬼神致敬。若亲人去世，就登上屋顶哭号。然后为死者饭含生米，用草叶包裹熟肉，所以这样望天招魂，葬地藏尸。因为人死后形体降入地下，精气则上升，所以死者头朝北，生者则朝南居住，现在依然实行这些礼仪，都是跟从最初而来的。以上，可以看出中国的礼乐文化不是宗教文化而是世俗文化、生活文化，从最开始就是关注人的生活实践的，而且随着文化的发展成熟，礼乐的形态也更为完备，但始终都是以日常生活图景为制礼的依据的，朝聘、乡射、冠、笄、婚、丧甚至揖让进退、洒扫庭院都有礼可循，正如朱熹所言"耳闻目见，无非是礼"③。因此，礼乐文化的实践重点自周公始就已注重日常生活图景的行为习惯的养成。

为什么教化的实践重点着力于行为习惯的养成呢？从心理学的视角来解释的话，正如Thelen、Schoner和Smith的看法：人在与外部世界相互作用时产生了经验，这种经验与身体本身是一种交互关系，随着实践的丰富，身体与经验

---

① 利玛窦，金尼阁. 利玛窦中国札记（上册）［M］. 何高济，等译. 北京：中华书局，1983：63.

② 礼记·礼运［M］//胡平生，张萌，译注. 礼记. 北京：中华书局，2018：423.

③ 朱熹. 朱子全书（第17册）［M］. 朱杰人，等编. 上海：上海古籍出版社，2002：2877.

的交互作用塑造了一个由认知、情感、身体等构成的有机体①。也就是表明，在人类意识和情感认同的过程中，只有意识形态不是以对立的、权威的方式施加于人而是成为日常生活经验时，"这种意识形态才会真正地掌握我们"②。因此，礼乐文化的实践重点始终不离主体的日常生活情境，正是这种与生活的方方面面紧密关联的教化方式，久之成习，日用不觉，从集体意识到集体无意识，成为中国人的一种生活方式。

（3）实践养成是礼乐文化的教化方式

中共十九大强调，要把社会主义核心价值观"转化为人们的情感认同和行为习惯"。社会主义核心价值培育取效的关键，就在于社会主义核心价值观能否内化为人们行为的价值依据并被普遍奉行。人的稳定的思想品德结构是由心理、思想、行为构成的三维立体结构，在这个结构中三者不是孤立存在的，而是相互作用和相互转化，并最终通过人的行为习惯得以外显。行为习惯的养成遵循内在的"动力定型"心理机制，行为习惯不同于人的个别行为、偶然行为，是与心理、思想层面的真实素质和效能状态正相关的，社会主义核心价值观的培育最终落实为行为习惯，既是对培育实效性的实践重点的准确把握，更是从方法论的角度明确了价值观培育的精准导向和明确路径。行为习惯的养成，是价值观培育的归宿，也应该成为价值观培育的逻辑重点。正如洛克所言："只有你给他的良好原则与巩固习惯，才是最好的，最可靠的，所以也是最应该注重的。因为一切告诫与规则，无论如何反复叮咛，除非实行成了习惯，否则全是不中用的。"③

从行为文化层面而言，礼教就是一种养成教化。"经礼三百，曲礼三千"，无所不在的"礼"，是在不同场景下的行为教化和习惯养成的。习惯养成有赖于

① Thelen E, Schoner G, Smith B. The dynamics of embodiment: a field theory of infant preservative reaching[J]. Behavioral and Brain Science, 2001, 24(1): 1-86.

② 斯拉沃热·齐泽克. 意识形态的崇高客体［M］. 季广茂，译. 北京：中央编译出版社，2002.

③ 洛克著. 教育漫话［M］. 傅任敢，译. 北京：人民教育出版社，1985：30.

"熟练动作的形成，从生理方面来看就是大脑皮层暂时联系系统的形成，也就是'动力定型'。由于动力定型的形成，只要构成行为方式的前一部分完成，就会自动引起下一部分的进行，整套行为既不必事先考虑，完成中也不必意识控制，而是自动地进行。……习惯也是动作为主，但熟练动作是通过有意识的练习形成的，而习惯并不一定是有意练习的结果。许多习惯是无意地多次重复的结果。模仿别人的动作，不知不觉都可以形成某种习惯"①。行为层面的模式一经形成，主体在践行时就不再以价值判断和选择的主观活动参与其中，从而对行为模式所蕴含的价值观、道德规范保持接纳和融合，达成内化与外化的高度统一、认识论与实践论的自觉结合。

礼乐教化涉及个体生活的全部实践领域，饮食起居、庭院洒扫、服饰仪表、进退辞让、待人接物、婚丧嫁娶等，可谓无所不包、无所不在，通过"动力定型"的作用机理，实现在每个人的生活半径里共同价值观的落实、落细、落小。礼乐教化的内容是通过最生活化的行为实践发展出来的，正如马克思在对旧唯物主义和唯心主义的双重批判时所强调的"重视现实的、感性的活动本身"②，因此可见礼乐教化的实践重点对饮食、言语、仪态等日常生活内容均有具体的规范引领，如"不时，不食。割不正，不食。不得其酱，不食""食不语，寝不言。虽疏食菜羹，瓜祭，必齐如也。席不正，不坐"③"申申如也，夭夭如也""温而厉，威而不猛，恭而安"④，从而呈现出一副规整有序的生活画卷。礼乐文化通过个体在各种时间、空间中熟练动作的训练，完成从具体行为到价值隐喻的教化过程，最终引导人们从身体"曲礼"的实践，到成风化人的道德"威仪"，从最普遍的生活实践的空间维度的延展到日用不觉的

---

① 北京师范大学等校编著. 普通心理学［M］. 西安：陕西人民出版社，1982：137.

② 班固，颜师古注. 汉书（卷二二）礼乐志［M］. 北京：中华书局，1962：54.

③ 论语·乡党［M］//陈襄民，等注译. 五经四书全译（四）. 郑州：中州古籍出版社，2007：3141.

④ 论语·述而［M］//陈襄民，等注译. 五经四书全译（四）. 郑州：中州古籍出版社，2007：3116.

时间维度的赓续，养成教育成为礼乐文化鲜明的实践特色。社会主义核心价值观的培育不能简单地停留在知识论中，而必须以实践论为重点。只有诉诸感性的生活实践，人们才能在真实的生活内容和对象中体认到价值客体是在与价值主体的交互作用中逐渐生成的，从而将核心价值观的价值内涵转化为自己的价值诉求。

第七章　礼乐化人的当代实践进路

　　在社会主义核心价值观视阈中审视礼乐文化的当代价值意蕴，是以探寻以文化人、以文育人的核心价值观培育路径为逻辑重点和价值归宿的。礼乐文化内蕴的强素质、化民心、促和合、兴文化、展形象的超越时代性的普遍价值，只有通过与社会主义核心价值观的融合并服务于社会主义核心价值观培育的文化使命，才能真正得以从"资源形态"转化为"价值形态"。可以说，礼乐文化最具时代性的功能价值就是为培育和践行社会主义核心价值观提供价值实践参照，从逻辑上而言这一过程也是从普遍到特殊的价值开显过程。因此，借由社会主义核心价值观培育的文化进路的探索，同步对传统礼乐文化在时代语境中的运行机制做策略性思考，就具有了理论必要性和现实可能性。

　　"核心价值观是一种道德文化力量，其形成和发展从属于文化发展规律。"①从逻辑上而言，只有符合人们内化于心、外化于行的文化心理发展规律，才能在培育和践行社会主义核心价值观上收到实效。先秦儒家礼乐文化从结构层面而言最重要的特征就是"乐感文化"和实践理性，"乐感文化"就是把人的情感要素看作人的生存、生命的实在，实践理性在于把道德理性锚定在人的现实的、感性的活动本身，不做抽象的玄思。因此可以说，礼乐文化就是借由意义世界与生活世界的同构而建立起来的人的感性生命、生存、生活的价值谱系。正是基于这一文化系统的结构性功能，在传统中国的礼乐教化实践

---

　　① 侯惠勤. 关于提炼社会主义核心价值观的几个问题［J］. 中国社会科学报. 2012
（5）：2.

中，共同价值观转化为"百姓日用而不知"的生活态度、情感取向、行为习惯，礼乐文化成了礼乐生活。礼乐文化切近人伦日用的文化实践模式，对于推进社会主义核心价值观"转化为人们的情感认同和行为习惯"具有重要的文化启示意义。因循"礼乐化人"的实践模式，本章将在国民教育、社会治理、文化宣传、实践养成的多维路径进行社会主义核心价值观培育的探索。

第一节 融入国民教育的全过程

对礼乐文化的教育自古有之。舜帝时期已有了三礼之教，西周时期，贵族子弟都必须接受六艺的教育，包括礼、乐、射、御、书、数，其中以礼教为先。《礼记·文王世子》中有言，"凡三王教世子，必以礼乐""乐所以修内也，礼所以修外也"，礼乐教育是必修的内容。西周时期的文明精神就是礼乐精神。然而，如刘梦溪先生所感慨的，"晚清以来百年中国的文化处于艰难的解构与重建的过程之中。这其中的问题多到不知凡几，但最为人所忽略也是最重要的，是代表一个民族文化秩序和文明程度的礼仪问题。中华民族号称礼仪之邦，但百年来西潮冲击、传统解体，我们越来越少了承继自己民族的文化传统、代表今天文明程度的诸种礼仪，包括怎么吃饭，怎么睡觉，怎么穿衣，怎么走路，怎么跟人谈话，基本上都处于失序状态"[①]。新时代公民道德教育的任务仍然十分迫切，2019年10月，中共中央、国务院印发的《新时代公民道德建设实施纲要》指出："在国际国内形势深刻变化、我国经济社会深刻变革的大背景下，由于市场经济规则、政策法规、社会治理还不够健全，受不良思想文化侵蚀和网络有害信息影响，道德领域依然存在不少问题。一些地方、一些领域不同程度存在道德失范现象，拜金主义、享乐主义、极端个人主义仍然比较突出；一些社会成员道德观念模糊甚至缺失，是非、善恶、美丑不分，见利忘义、唯利是图，损人利己、损公肥私，造假欺诈、不讲信用的现象久治不绝，突破公序良俗底线、妨害人民幸福生活、伤害国家尊严和民族感情的事件

① 刘梦溪. 礼仪与文化传统的重建［N］. 光明日报，2004-4-28.

时有发生。这些问题必须引起全党全社会高度重视，采取有力措施切实加以解决。"

学校是公民道德建设的重要阵地，是人生观、价值观、道德观形成的重要场域。《新时代公民道德建设实施纲要》强调"把立德树人贯穿学校教育全过程"，要"遵循不同年龄阶段的道德认知规律，结合基础教育、职业教育、高等教育的不同特点，把社会主义核心价值观和道德规范有效传授给学生"。注重把社会主义核心价值观系统性融入学校教育全过程，是立德树人、以德育人的时代文化使命。文化的力量在于潜行于人格形成的全过程，成风化人、敦风化俗。因此，必须充分挖掘传统文化中以文化人、以文育人的优秀资源，通过与现代生活和时代主题的结合，借由学校教育的机制和平台，转化为学校德育的优势资源。礼仪的精神内核是人的道德修养和健全人格，国民教育全过程融入礼仪教育，重视提高学生的"明礼"素养，对于重建礼仪之邦具有重要的时代价值。

7.1.1 国民教育目标的层次化

礼仪文化教育必须分层次分阶段有序推进。2011年教育部印发的《中小学文明礼仪教育指导纲要》明确了学校礼仪教育的总目标，是"让学生知道中国是具有悠久历史的文明古国，礼仪之邦，礼仪文化源远流长。让学生懂得文明礼仪是当代公民必备的基本素质，是做人的基本要求"。其根据学生年龄的特点和认知水平，明确了对小学、初中、高中分层分阶段推进礼仪教育的分目标。"小学阶段：重在培养学生良好文明习惯。让学生掌握基本的礼貌、礼节规范，在学习、生活实践中初步养成讲文明、讲卫生、讲秩序、讲公德的良好习惯。初中阶段：在培养学生养成文明习惯的基础上，让学生理解学习文明礼仪的意义。培养说文明话、办文明事、做文明人的意识。培养热心参与、友好交往的能力。能够自觉规范自己的行为举止，完善个人素养。高中阶段：让学生了解礼仪的渊源和内涵，掌握做人做事的原则和方法，提高合作、参与、交往的能力，培养乐观、豁达、积极向上的性格，形成对家庭、社会和国家的责任感，树立社会主义公民意识。"其实从社会公共生活领域的礼仪失范现象可以看出，很多情况下都是个体在基本修养的层面失于自律或是不以为然，所以礼仪教育重在养成教育，只有通过教育内容和教育目标的分众化设定，才能在开展礼仪教育的过程中精准施策。

　　小学阶段是养成教育的重要阶段，学校应该主动营造师生有礼的环境氛围，创设习礼、重礼的实践场景。教育内容以学生的仪容仪表、言谈举止、待人接物、上课操行等基础规范为主，可以通过第二课堂开展礼仪训练，重点在于强化身体礼仪的"动力定型"，从小养成守礼的习惯。中学阶段的学生应该更注重礼仪之邦的文化认同教育，帮助青春期的孩子形成正确的文化审美意识，以礼乐文明蕴含的中国精神为修身笃志、成人成才的价值引领。可以通过学生为主体的礼仪文化展示交流、庄重高雅的成人仪式等主题活动，强化身心合一的尊礼、尚礼、行礼的情感认同和价值认同。高校的礼仪教育应纳入高校德育教育体系，重点可以在公民道德建设的四个领域展开，包括公共生活的公民礼仪教育、职业生活的职业礼仪教育、家庭生活的家礼文化教育、个人领域的修身之道教育，最终实现立德树人的根本任务。大学阶段的礼仪教育，一如《大学》开篇所言，"在明明德，在亲民，在止于至善"，价值旨归应在于青年知识分子的家国情怀、责任意识、浩然正气、理想信念。孔子认为明礼对于人格修养、担任社会角色是非常重要的素质，《论语》中记载了孔子的立场，"先进于礼乐，野人也；后进于礼乐，君子也。如用之，则吾从先进"[①]。正因此如，当下高校的礼仪教育，不仅要陶养学生明礼尚礼的文明修养，更要激发他们修德立身、精神赓续、文化传承、家国情怀的时代使命。

---

　　① 论语·先进［M］//陈襄民，等注译. 五经四书全译（四）. 郑州：中州古籍出版社，2007：3147.

7.1.2 国民教育内容的特色化

先秦儒家积极倡导礼乐教化传统，不仅对其教化内容、作用和意义进行了鞭辟入里的阐释，还在日用文化语境中广泛推行礼乐教化的实践，使得知礼、懂礼、行礼成为对人最基本的价值评价。传统礼仪教育几乎贯穿人的一生，蕴含在社会交往、人生成长的方方面面，积淀了极其丰富的教育资源。开展礼仪教育不必求全，而应以特色教育为切入点，展现礼仪文化的独特魅力，注重引发学生的情感共鸣和价值共识，提升礼仪教育的吸引力和实效性。各教育单位可以根据地域资源、校园文化、学科属性，形成自己独特的教育内容，以特色化的礼仪教育品牌为社会主义核心价值的培育和践行提供有效载体。

第一，可以根据地域资源开展特色教育。俗话说一方水土养一方人，特定的自然、地理、风俗形成当地特殊的文化品格，礼乐教育要充分挖掘地域性的历史人文资源，形成以地域文化精神为载体、以社会主义核心价值观为引领的教育资源。就西安来说，即以周礼、秦制和汉代儒学新制为标志的文化的原创精神，在秦皇、汉武和唐太宗时期彰显的社会的有为精神，通过大唐盛世万国朝贺所表现出来的唐文化的海纳百川、兼容并包的精神，沉淀为西安礼乐文化的精神意蕴。因此，西安高校可以开展极富地方文化特色的文化实践活动。①

第二，可以根据校园文化开展特色教育。校园文化是每一所学校的精神风向标。根据自己学校校园文化的优势资源推进礼仪教育，会形成非常明显的亲和力。很多高校有传统文化社团，如诗词社、汉服社、礼仪社等，有些学校有"礼乐中华，盛世霓裳"汉文化主题活动等，都可以成为礼乐化人协同发力的载体，助益于礼乐文化更接地气地走进校园、走进学生、走进生活。特色文化教育还可以依据校园文化资源，在第二课堂开展以礼乐文化的"六德""六艺""六行"为主要内容的素质成长实践课程。六德即圣、智、仁、义、忠、

---

① 李焱，文小琼. 市民人文素质培养路径研究——以西安为例 [J]. 西北大学学报（哲学社会科学版），2011（06）：178-180.

信，是与人生的基本社会角色相配位的德性；六艺即礼、乐、射、御、书、数，是形成于周朝官学的基本教学科目，是三千年前学生素质成长的通识课；六行是社会基本关系中的行为准则，包括对父母的"孝"、对朋友的"友"、对邻里的"睦"、对妻子以礼相待的"姻"、对社会讲究担当的"任"、对老百姓的"恤"等。这些传统中国道德教育的丰富素材，对于现实生活实践的指导意义仍然是很宝贵的。尽管一些内容的历史性内涵必须加以创造性转化，但是瑕不掩瑜，其仍是新时代以文化人、以文育人的重要文化资源，可以选取六德、六艺、六行中的一部分施以开展，也可以进行巡礼式的、浸润式的体验实践，形成以传统文化为载体、以时代价值为引领的特色教育。

第三，根据学校性质或是学科属性开展有针对性的礼仪教育。国民教育的不同层次应根据自身的教育目标形成特色化的教育内容，而不必追求大而全、面面俱到的礼乐教育内容。基础教育应以行为习惯的培养为重点，职业教育的礼乐实践可以职业道德、职业精神的涵育为主，高等教育一定要坚持立德树人的根本目标，在修身成人、家国责任、使命担当上深挖资源，形成品牌性的礼乐文化实践活动。另外，不同的学科设置也可以结合学科优势和历史文化资源开展独特的实践活动，如音乐教育专业可以开展"乐德"之教，体育专业尤其传统体育教育专业可以开展"射礼"之教，文史类专业可以开展"诗教""礼教"等传统文化教育。

7.1.3 国民教育载体的多元化

《关于培育和践行社会主义核心价值观的意见》指出，在社会主义核心价值观融入国民教育全过程中，要形成"课堂教学、社会实践、校园文化多位一体的育人平台"①。因此，国民教育全过程中的载体要素和全媒体的载体资源要充分融合，形成课内与课外、线上与线下、教书与育人全方位的育人空间。

---

① 关于培育和践行社会主义核心价值观的意见［Z］．北京：人民出版社，2013.

（1）完善课程设置

开设课程是推广礼仪教育最重要的载体。各类学校应该树立大德育的观念，将礼仪教育纳入学生培养方案中，将学生的礼仪素质列入校园文化建设的总目标和教育质量评价体系中。课程教育是知识教育的主渠道，加强礼仪教育是向学生普及必要的礼仪知识和行为规范，促进文明习惯养成的必要途径。礼仪课程既可以设置为通识课，也可以开设系列讲座，或者利用信息化资源开设网络课程的方式提供给广大学生。

基础教育阶段的礼仪教育可以单设，也可以作为第二课堂活动进行；高等教育阶段的礼仪教育，可以作为核心课程模块，通过与传统文化课程的融合或者单设，推动教育的全覆盖。可以通过国家、省级、学校三级课程教材的编写，开设《礼乐文化》《礼乐中国》等课程，充分挖掘整合古代传统礼仪的精华内容和人文精神，为激发中华民族的文化自信和文化自觉，培育时代新人助力，成为课程思政的重要抓手。

（2）丰富文化实践

礼仪文化内涵着具身思维，本身就是以人的身体为介体的行为交往和精神交往的文化形态，因此礼仪教育的重点一定在于学生的感同身受和身体力行。推动礼仪文化实践可以从三个方面着力：

一是强调学生们的日常生活礼仪，从基础层面注重对学生的文明养成教育，另外，还可以配合礼仪的制度化建设，如制定学生文明公约、学生礼仪守则等针对性的、具体化的礼仪规范；二是把礼仪实践活动融入校园文化建设中去，充分利用社团的组织形式，如话剧社、戏曲社、汉服社团等，借船出海，借力使力，通过以点带面的形式，借助传统文化的活动平台，对学生进行礼仪精神的传播、礼仪文化的习染；三是设置礼仪文化的主题实践，在内容上既可以保持系列化的方式，也可以是针对某一主题文化活动。可以通过开展礼仪知识竞赛、礼仪风采大赛、主题礼仪活动和学校的重大典礼仪式等方式，旗帜鲜明地唱响主旋律，用社会主义核心价值体系引领风尚。

（3）推进媒体融合

今天，数字技术、信息交互技术和大众媒体的影响力正打破一切传播界限。在国民教育的全过程，要充分运用教育领域人员、技术、学制、空间、管理机制等资源优势，率先推动全媒体融合，实现礼乐文化教育和传播效果的最大化与最优化。

首先，各级教育部门和学校，要重视开发包括文案、图片、音频、视频等全息媒体信息格式，开发一批以弘扬礼乐文化经典为主题的教育软件，将令学生望而却步的文言文转变成通俗易懂的现代表达，重新解释传统经典，并利用现代动漫、3D技术做出图文并茂的讲解等，增加传统文化的亲和力、时代性和趣味性，使传统文化教育焕发时代气息，更具亲和力，有力推动礼乐文化的传播。[①]

其次，要充分重视融合传播平台的建设，把校园文化建设的"报、网、端、微、屏"充分融合，随着自媒体时代的到来，每个客户端都可以形成文化的辐射效应。因此，应该重视学校的公众微信、辅导员微博、QQ空间和朋友圈、学生文化社团等大众化传播平台的作用，甚至专门开发出手机App，传播和弘扬传统文化中关于处己处人处事的经典智慧，影响学生的接受习惯和价值观参照系，从而在潜移默化中形成传统文化自信。[②]

再次，应重视文化的数字化服务体系建设，让更多的学生可以通过校园流媒体、电脑、手机App等最便捷的渠道获得文化信息资讯，尤其是要利用好现有文化惠民工程的数字平台并充分引入学校教育环境，真正为学生提供人文素质成长的文化空间。[③]

---

① 李焱，汪紫薇. 关于高校传统文化教育的几点思考 [J]. 新西部（理论版），2015（03）：105-106.

② 李焱，汪紫薇. 关于高校传统文化教育的几点思考 [J]. 新西部（理论版），2015（03）：105-106.

③ 李焱，文小琼. 市民人文素质培养路径研究——以西安为例 [J]. 西北大学学报（哲学社会科学版），2011（06）：178-180.

第二节 融入社会治理的多层面

礼乐文化的规范机制，曾在乡土中国几千年的文明实践中发挥着调节社会关系的重要作用。新时代的社会治理，应该充分挖掘和借鉴礼乐文化在乡土社会道德自治中的历史资源，助益于社会主义核心价值观的培育和弘扬。应该通过市民公约、乡规民约、行业规章、学生文明规范等的建章立制和分层分类推进，将社会主义核心价值观落实在人们的日常生活之中，逐渐形成广泛认同的伦理道德体系和行为规范，涵养向善向上、文明和谐的社会风貌。

7.2.1 加强礼乐仪式的制度建设

仪式属于人类经验范畴，是人类文明史上最古老而又最普遍的一种文化现象。一般意义上来说，是特定的文化环境中人们普遍接受并达成意义共识的特定行为程序，用来表达特定文化环境中共同体的信仰和价值，具有较强的表演性、规范性和统摄力。究竟该如何定义这种人类特有的行为程序，不同的学科和学者的定义莫衷一是，其中斯坦利·坦比阿的关于仪式的概念更符合仪式的结构性特征，他认为："仪式是一种文化建构起来的象征交流的系统。它是由一系列模式和序列化的言语和行为组成，往往借助多重媒介表现出来，其内容和排列特征在不同程度上表现出礼仪性的（习俗），具有立体的特性（刚性），凝聚的（熔和）和累赘的（重复）特征。"[①]至于人类为何会发展出仪式这种特定的文化现象，法国社会学家埃弥尔·涂尔干通过对原始人活动考察，发现仪式在原始人生活中已经具有了明显的社会结构化功能，人们借由仪式这种组织化的形式获得与神话的历史关联，从而获得组织秩序的历史合法性，进而维护、稳定现有的社会秩序。其中的作用机制在于，仪式能够"提供共同体验的瞬间，激发、增强或重塑个体成员的集体意识和认同，促成其在信仰、情感和

---

① 菲奥纳·鲍伊. 宗教人类学 [M]. 金泽，何其敏，译. 北京：中国人民大学出版社，2004：178.

意愿上的高度一致，从而将个体整合到社会全体之中，维持并强化既有的社会秩序"①。

礼乐文化的经典有"三礼"之谓，即《周礼》《仪礼》《礼记》，其中《仪礼》是礼的本经，不仅成书最早而且最早取得经的地位，汉武帝初置五经博士时《仪礼》即居其一。《仪礼》十七篇，包括冠、昏、丧、祭、朝、聘、乡、射等礼仪的仪式过程、仪节礼器、服饰辞令，可以说凝聚和解释着礼乐文化的整个价值观体系，更是礼乐文化得以实现教化功能的重要路径和载体。对于仪式整合集体意识、强化社会秩序的功能，《礼记·礼器》记载了孔子的观点，一言以蔽之："诵《诗》三百，不足以一献。"②礼乐文化的实践理性正是借由仪式的典范化的行为方式得以达成的，一方面可以通过象征符号的方式，帮助人们具象化地理解抽象的价值理念，使人们以可见可感的方式理解形上价值，实现价值观的入脑；另一方面，通过构建强烈感染力的教育场域，激发人们的存在感和情绪体验，引发情感共鸣，强烈感染人心。这一过程正如卡西尔所言："在举行典礼或仪式时，人不是处于一种纯然思辨的或沉思的情调中，也不是沉湎于一种自然现象的冷静分析中，而是过着一种感情的，并非思想的生活。"③

中国是礼仪之邦，仪式在礼乐文化中占有非常重要的地位。传统中国通过仪式的规制，如国家层面的郊社之礼、宾礼、军礼等，社会层面的乡饮酒礼、射礼、燕礼、士相见礼等，个人层面的各种人生礼仪，如冠礼、笄礼、婚礼、丧礼等，在整个中国人的日常世界统摄、安顿人心，甚至因其庄重肃穆的形式呈现出类宗教的道德约束力。核心价值观的培育和践行，应该重视仪式在人的文化心理结构定型中的特殊作用，通过推进具有时代性和适用性的仪式制度建设，助益于社会主义核心价值观培育过程中的社会化。礼仪制度建设是一项

---

① 埃弥尔·涂尔干. 宗教生活的基本形式 [M]. 渠东，汲喆，译. 上海：上海人民出版社，2006：8.

② 迈克尔·巴尔. 中国软实力 [M]. 石竹芳，译. 北京：中信出版社，2013：471.

③ 卡西尔. 国家的神话 [M]. 范进，译. 北京：华夏出版社，1999：28.

体量庞大、内容丰富的系统工程，可以制度规范性仪式、指导规范性仪式、自主实践性仪式相结合的方式，在全国范围分层分类推进礼仪制度建设。其中，明确行动主体是取得实效的首要前提和关键要素。制度规范性仪式必须由国家机关或者中共中央做出统一设计和规范，以实现国家意志、政党宗旨的庄重表达；指导规范性仪式由相关部门根据仪式传统和参与主体，以指导意见主导和实践形式多样化相结合的方式推进；自主实践性仪式以各系统、各地方的历史文化资源和价值引领需要为依托自主开展。

第一类，制度规范性仪式。仪式是价值观认同和道德教育的重要载体，《新时代公民道德建设实施纲要》指出："要制定国家礼仪规程，完善党和国家功勋荣誉表彰制度，规范开展升国旗、奏唱国歌、入党入团入队等仪式，强化仪式感、参与感、现代感，增强人们对党和国家、对组织集体的认同感和归属感。"中华民族是个历史性的民族，慎终追远是中华民族的人文传统，更是中华民族精神凝聚力的文化心理载体。一直以来，对于为民族独立和国家富强而英勇捐躯的烈士、战争和灾难中的死难同胞，社会组织和民众都曾以各种形式展开公祭。但是鉴于公祭活动的历史意义和肃穆庄严，国家共同体形式的带有制度规范性的仪式建设具有强烈的时代性诉求。2014年，国家以法律的形式设立了两个公祭日——9月30日的烈士公祭日和12月13日的南京大屠杀死难者国家公祭日。民政部门专门出台了《烈士公祭办法》（以下简称《办法》），对公祭活动主体、时间、程序、组织、仪仗等都进行了明确的规定。《办法》中指出，清明节、国庆节或者重要纪念日期间，应当举行烈士公祭活动，活动以主持人行礼、礼兵、奏唱国歌、宣读祭文、少先队员献唱、敬献花篮、整理挽联、向烈士行礼、瞻仰烈士纪念碑等9道程序规范进行。这类仪式的建设强调严格的规范性，使人在不同地域空间都可以沉浸在同样的庄严肃穆的情绪场中，形成集体意识强烈的情绪体验，激发深刻的情感认同。

需要推进制度规范性仪式建设的还包括政党仪式。政党仪式是政党意识形态、宗旨信念、奋斗目标等政治文化蕴含的象征性表达，具有对外展示组织形象、对内聚合组织力量的功能价值，是政治社会化的重要抓手。政党仪式建设是中国共产党从创立之始就非常重视的营造政治生态的载体，通过运用纪念、追悼、祭奠等多种政治仪式形式，充分起到了凝聚民心、奋发力量、深化认同的社会作用。新时代在深入推进党的建设新的伟大工程中，政党仪式建设仍然具有昭示使命、统一意志、固本培元的政治功能。2019年1月出台的《中共中央关于加强党的政治建设的意见》中，明确指出要"坚持和完善重温入党誓词、党员过政治生日等政治仪式"，以确保党内政治生活庄重、严肃、规范。对于一个拥有9000万党员的全世界最大的执政党来说，坚持和完善政治生活中的规范性仪式，是立党为公、执政为民最具生动性和解释力的形象表达。

第二类，指导规范性仪式。礼乐文化数千年实践中，最为核心的人生礼仪也是价值蕴含最重要的就是冠礼、婚礼、丧礼、祭礼，这其实也是伦理道德性文化的人文关怀的重要节点。对于这四类礼仪相关部门应该出台指导性意见，既保持仪式形式的传统性，又能够赋予时代性的价值内涵，避免某些为了形式而形式、民风归厚效果反而适得其反的仪式活动。其中，以冠礼为仪式原型的"成人礼"，共青团中央就多次给出指导性意见，对成人仪式的程序进行规范，旨在定向形成"爱国、励志、求真、力行，努力成为时代新人"的价值引领。而祭礼则可以相对确定"家国清明"为主旨的祭奠人文始祖、公祭英雄、缅怀故人等群众性文化活动，既把祭祀活动引向更高远的情怀，又共情了中华民族的伦理关怀传统。对中华民族来说，全球祭孔大典、黄帝陵祭祖大典、炎帝陵祭祖大典，正是文化意义上的认祖归宗，对于团结全球华人，凝聚民族向心力有着重要的作用。如祭孔大典中，通过礼祭程序、音乐舞蹈的使用，以艺术的形式再现儒家的思想文化，对于弘扬传统文化、凝聚文化向心力具有深远的影响。

第三类，自主实践性仪式。为了推动核心价值观培育的落实、落细、落小，各系统、各地方可以根据自身价值观教育的需要，从中国传统礼乐文化中挖掘某些符合现代理性的礼仪仪式引入示范性教育。如敬老之礼，自古有之。

《礼记·王制》中记载，"凡养老，有虞氏以燕礼，夏后氏以飨礼，殷人以食礼，周人修而兼用之"[1]。其是说夏商周三代都会借在燕、飨、食等重要祭祀之日，以编排长幼序列聚宴的方式示范敬老的礼节，并且，还会定期在各层级的学校举行敬养老人的礼会，即"有虞氏养国老于上庠，养庶老于下庠；夏后氏养国老于东序，养庶老于西序；殷人养国老于右学，养庶老于左学；周人养国老于东胶，养庶老于虞庠"[2]。可以在重阳节等传统节日举行这样内涵的礼会，让参与者在情感交融中认同敬老爱老的传统美德，体认作为中华民族的文化传统。

7.2.2　推动乡风民风的文明实践

2005年10月，中共十六届五中全会提出"生产发展、生活宽裕、乡风文明、村容整洁、管理民主"的新农村建设任务。2017年，中共十九大首次提出实施乡村振兴战略，"要坚持农业农村优先发展，按照产业兴旺、生态宜居、乡风文明、治理有效、生活富裕的总要求，建立健全城乡融合发展体制机制和政策体系，加快推进农业农村现代化"。乡风文明建设成为新时代"三农"事业发展的重要内容，也是建设中国特色社会主义新农村的灵魂。

传统中国聚村而居，人口流动率相对较小，生活范围和生活模式基本上是地方性的熟人社会。乡风就是以地域性为单位的乡土社会积习已久的风俗、传统，"从社会学意义上看，是由自然条件的不同或社会文化的差异而造成的特定乡村社区内人们共同遵守的行为模式或规范，是特定乡村社区内人们的观念、爱好、礼节、习惯、传统和行为方式等的总和，它在一定时期和范围内被人们效仿、传播并流行"[3]。中国是一个农业大国，而且传统中国就是典型的乡土社会，在安土重迁的小农经济背景下形成的乡村的熟人社会形态，在今天

---

① 荀子·王制［M］//方勇，李波，译注. 荀子. 北京：中华书局，2018：276.

② 荀子·王制［M］//方勇，李波，译注. 荀子. 北京：中华书局，2018：279.

③ 董欢. 乡风文明：社会主义新农村的灵魂［J］. 兰州学刊，2007.（3）.

的农村社区的聚集生活形态并未发生本质改变，现在仍有一半以上的农村人口生活在乡村，也就意味着对乡土中国社会治理产生深远影响的礼乐文化，在新时代的乡村振兴战略实施中，仍可以发挥重要的影响作用。

乡风文明实践的抓手主要有以下几个方面：

（1）形成乡规民约的行为范导

乡规民约，即乡约，是基层社会组织的成员们自己制定的行为规范，是伴随着村民自治实践而出现的乡土中国社会治理的文化。《吕氏乡约》是我国历史上有记载最早的"村规民约"，成文于公元1076年，是蓝田吕氏兄弟实践关学"身体力行"良好作风的典范之作，对后世明清的乡村治理模式影响很大。所谓关学即关中之学，是从地域角度而言的，其实际创始人张载世称"横渠先生"，因此又有"横渠之学"的说法。张载的"关学"以《易》为宗，以《中庸》为体，以《礼》为用，以孔、孟为法，以"为天地立心，为生民立命，为往圣继绝学，为万世开太平"为最高境界，得到了关中学子的积极追随。为了倡行关学"尚德重礼"的精神，吕氏兄弟制定并推行了《吕氏乡约》。其内容丰富，包含了德业相劝、过失相规、礼俗相交、患难相恤等四大项。其中患难相恤则是典型的民间自发相互救助。事实上，陕西文化精神真正的哲学表述也正是在关学诞生后才形成的。这种《乡约》的形式按照礼义道德规范，对民众进行教育和约束，对于扬善抑恶、移风易俗曾是一种颇为有效的组织形式，起到了良好的作用。后来，明代著名教育家冯从吾赞扬说：自从《吕氏乡约》在关中推行以后，"关中风俗为之一变"，陕西也因此被盛赞为"礼乐之邦、道德之乡"。

乡规乡约是乡土中国族民自治的重要载体，尽管现代意义上的村民自治与古代族民自治已经有了性质上的不同，但是治理模式和理念仍然具有现实的实践意义。以熟人社会的基本形态稳定形成的聚村而居的村民社区，因风俗习惯、民风传统、道德规范的相近相融，具有形成以乡规民约为价值引领的地域文化共同体的现实基础。据民政部统计，全国80%以上的乡村都建立了乡规民约，但是由于脱离了传统中国礼法同构的机制，乡规民约不再具有强制规范性，一些乡约仅仅成了墙面上的宣传而已。因此，挖掘乡规民约的资源，关键在于要激活地方传统社会文化中与社会主义核心价值观契合的文化资源，用乡情乡愁为精神纽带，让社会主义核心价值观说上"方言"、接上"地气"，使大家在熟悉的文化情境中对核心价值观产生情感认同。

Kashima认为，人类通过文化的认识功能来适应其所在的生存环境、生态环境和生活环境，并在这一过程中同构自我与外部世界的关系①。现代社会中城镇、社区、行业、公司、各级学校都可以吸纳乡规民约的教化方式，注重以本单位、本组织的文化理念、价值取向、育人目标形成组织内部的局域性的交往共同体的规约守则，并由有影响力和公信力的身边榜样形成示范效应。以校园为例，可通过学生文明守则、课堂自律规约、生态文明倡议等形式，形成组织内的角色期待的认同，并以文化浸润的方式，达成更广泛意义上的更高价值要求上的情感认同和习惯养成。

（2）突出乡贤文化的精神引领

乡贤文化是乡土中国独特的文化范型。乡贤一词始于东汉，是对社会贤达去世之后追封的荣誉称号，后来逐渐演变成对或是退居乡里或是未出仕而结庐乡野，以自身的品行、学识贡献于乡村建设、风习教化、公共事务管理的乡绅的称谓。乡贤是乡土中国乡村自治非常重要的力量，是维护乡村正常运行的"安全阀"和"助推器"。随着社会转型，新时代农村的劳动力转移，农村不同程度地呈现出空心化现象，农村原有的稳态结构发生变化，尤其是包括青壮年在内的乡村精英的严重流失，老人、孩子、妇女为主要生活共同体的村落，经济建设、公共事务管理、公共文化建设等现实困难越发凸显。2015年和2016年，中央一号文件两次将"乡贤文化"列入农村思想道德建设中，指出："创新乡贤文化，弘扬善行义举，以乡情乡愁为纽带吸引和凝聚各方人士支持家乡

---

① Kashima Y. Culture as meaning system versus culture as significationprocess[J]. Journal of Cross Cultural Psychology, 2000, 31(1): 50–53.

建设，传承乡村文明。"中共十九大报告中提出实施乡村振兴战略，这是新时代促进乡村发展的一次重大战略性调整，这是中国特色社会主义建设进入新时代以后对乡村建设的战略升级，是随着社会主要矛盾发生变化而进行的包括经济、生态、文化在内的整体性发展方向的价值锚定。

乡贤的教化引领作用，在于其以往乡土共同体生活天然形成的，"生于斯、长于斯"的乡土人际关系的结构性关联和精神交往的情感性意象。乡贤的日常范导和身体力行，承载着乡土共同体对乡情乡愁的情感寄托，是乡村文脉的时代赓续，具有天然的影响力、感召力和行动力。重建新乡贤文化，助益乡村振兴提升"软实力"，可让传统中国乡贤文化的人文道德资源与新时代乡村社会结构有机融合，激活乡村的发展活力，引领符合时代发展新要求的公序良俗的形成，促进乡村治理现代化的新模式。一是要注重对地方文化的优秀道德文化资源的挖掘，讲好"讲仁爱、重民本、守诚信、崇正义、尚和合、求大同"的乡土故事，积极推进其时代性价值的转化创新，致力于用地域性的语言范式广为传播，让社会主义核心价值观说上"方言"、寄托乡情；二是要注重乡土文化人才的培塑，新乡贤的培塑要广开门径，退休还乡的官员、耕读故土的饱学之士、反哺桑梓的企业家、有口皆碑的道德楷模、德高望重的"五老"人员（即老党员、老干部、老劳模、老教师和老复员退伍军人）等，教习乡里、化民成俗，为社会治理构建良性的生态文化，推进生活富裕、乡风文明的社会主义新农村建设。正如习近平总书记在参加十三届全国人大一次会议山东代表团的审议时强调："要推动乡村文化振兴，加强农村思想道德建设和公共文化建设，以社会主义核心价值观为引领，深入挖掘优秀传统农耕文化蕴含的思想观念、人文精神、道德规范，培育挖掘乡土文化人才，弘扬主旋律和社会正气，培育文明乡风、良好家风、淳朴民风，改善农民精神风貌，提高乡村社会文明程度，焕发乡村文明新气象。"

（3）深化群众性文明实践活动

深化群众性文明实践活动，是乡风文明建设的重要载体。2018年7月中央全面深化改革委员会审议通过《关于建设新时代文明实践中心试点工作的指导意见》，明确了"聚焦实施乡村振兴战略，着眼凝聚群众、引导群众，以文化人、成风化俗"，"因地制宜开展经常性、面对面、农村群众喜闻乐见的文明实践活动，大力培育和践行社会主义核心价值观，切实提高农村群众的思想觉悟、道德水准、文明素养、法治观念，更好推动农民全面发展、农村全面进步"的任务。2018年8月召开的全国宣传思想工作会议上，习近平强调要"加强和改进思想政治工作，推进新时代文明实践中心建设，不断提升人民思想觉悟、道德水准、文明素养和全社会文明程度"。群众性文明实践活动，是社会主义核心价值观落细、落小、落实的重要载体，关系生态宜居、乡风文明、治理有效的乡村振兴战略布局，关系社会文明素养的整体提升。

人的思想道德品质的形成，与环境要素的关系是密不可分的。孔子认为"性相近也，习相远也"，荀子谈到"蓬生麻中，不扶而直；白沙在涅，与之俱黑"，墨子亦言"染于苍则苍，染于黄则黄，所入者变，其色亦变"，都表明传统道德教育中对于人与环境因素关系的深刻把握。在古希腊也形成了环境与人的道德养成的内在关联的共识，德谟克利特认为，人需要通过环境的熏陶、日常的锻炼和教育而获得"第二本性"（即思想道德素质）。马克思在批判"人是环境的产物"的旧唯物主义观点的基础上，科学地阐释了人与环境的关系，"人创造环境，同样，环境也创造人"。群众性文明实践活动的本质就是人们以满足美好生活的新期待而展开的创造性实践活动，同时这种创造性实践活动又以外在于个体的形式成为化民成俗的教育环境，这是精神交往的主—客—主体际不断转化升华的统一过程。新时代乡村思想宣传文化工作和精神文明建设，就是要调动村民经常性、广泛性、主动性地参与到文明实践中去。

群众性文明实践活动的开展应该形成以县—乡镇—村三级联动的实践平台为载体、以农村基层党组织为主体责任者、以公共文化服务体系和精神文明创建活动为引导、以弘扬共筑美好生活梦想的时代新风为目标的实践体系。群众性文明实践活动的内容设计应该着重在三个方面开展：

一是，在社区开展与美好生活期待直接相关的"家文化"创建评选活动，如好邻居、好媳妇、好公婆评选和寻找"最美家庭"、创建文明家庭等活动，引导农村群众形成向上向善、孝老爱亲、重义守信、勤俭持家的良好风尚。乡土中国的家文化意蕴是最为深厚的，家国同构的文化传统使家文化具有了承载中国道统的精神意向，更是真实乡情乡愁得以维系的直接载体。乡风文明建设要充分挖掘地域家文化传统，并通过现代阐释和喜闻乐见的方式，积极推进深化。以全国文明社区——陕西西安红专南路社区为例，社区党委以打造"和谐之家"为抓手，广泛开展群众性文明实践活动，如广泛开展征家训、传家训、树家风活动；长期坚持"和谐家庭""好媳妇""好婆婆""善行义举""美德少年"等评选表彰；着眼增进邻里感情，推广传颂"邻里谣"，举办邻里文化节等活动，造就和谐友善大家庭。其还注重提升家文化的时代意蕴，从传统"小家"建设现代社会"大家"，把社区打造成"大家"共建共享的平安之家、服务之家、德美之家、文化之家、和谐之家、志愿者之家、法治之家、便民之家、军人之家的"九家"社区。

二是，打通公共文化服务的"最后一公里"，让群众在多姿多彩、喜闻乐见的文化活动中获得精神给养、增强精神力量。深入挖掘传统文化蕴含的思想观念、人文精神、道德规范，结合群众的文化诉求和地域文化特色，经常性地组织开展"中国梦歌曲大家唱"、乡村广场舞、地方戏曲会演、群众体育比赛、读书看报、文艺培训等活动，提振农村群众的精气神。仍以红砖南路社区为例，作为国家级文明社区，公共文化服务是鲜明的特色，社区提出"文化养老"的新观念，将社会主义核心价值观融入社区老年大学的教学之中，还成立了民乐团、腰鼓队、合唱团、舞蹈队、书画院、诗词协会等10余个文体团队，形成了"天天有活动、周周有安排、月月有比赛、节节有展演"的文化活动常态。

三是，大力开展移风易俗、弘扬时代新风行动，破除陈规陋习、传播文明理念、涵育文明乡风。由于乡村群众的文化水平较低、乡村公共文化服务的供给不足，导致精神文明建设呈现出比较明显的城乡差别，大力开展文明乡风建设，营造与新时代乡村振兴匹配的"软环境"是中国特色社会主义建设的当务之急。由于乡土文化的稳态结构，乡村群众上千年沉淀下来的风俗习惯、生活观念、价值理念和直接经验，很难随着时代要求发生即时、同步的转化，造成陈旧观念与现代生活的冲突与矛盾，因此移风易俗就成为乡土性与时代性相统一的乡风文明建设的重要抓手。应该着力倡导科学文明健康的生活方式，宣传普及工作生活、社会交往、人际关系、公共场所等方面的文明礼仪规范。尤其是针对红白事大操大办、奢侈浪费、厚葬薄养等不良习气，要广泛开展群众参与的乡风评议，发挥村民议事会、道德评议会、红白理事会各具特色的群众组织的作用，营造向善向上、文明有礼、人文关怀的社会风尚。

7.2.3　严格重点群体的文明规范

相对于公共领域的道德自治，特定社群礼仪的规范化、标准化和精准化培育，不仅更易实现，而且对社会公共领域的精神文明建设具有引领性和示范性。社群因其成员的同质性，更有利于形成人际间的群体效应。掌握公权力的政府人员、传道授业解惑的教师、准"时代新人"的学生，都应该成为礼仪形象和道德素养的重点培育人群。这些社群的仪表形象、言谈举止、文明素养，不仅构成自己的文化识别系统，更蕴含着社会的道德价值期待。

第一，公务人员。公务人员的礼仪素养欠缺，不同于一般的服务行业仅仅是影响服务质量，其危害往往是弥散性的，会让群众对其执政为民的服务宗旨产生不信任，从而对公权力的使用产生怀疑，导致政府公信力的严重下降。因此，公务人员必须认识到规范得体的形象、待人接物的态度、办事公道的作风，不是停留在外在形象上的简单要求，而是在本质上体现国家权力人民性的必然要求。公务人员以礼待人形象的树立，是执政为民的基本要求。从门难进、脸难看、事难办抓起，到自觉以"店小二"的精神为老百姓服务，这样的政务礼仪才能真正体现"以人民为中心"的执政理念和对百姓的深切关怀。

第二，学校教师。教师群体的礼仪修养也颇为重要。荀子有言："礼者，所以正身也，师者，所以正礼。无礼，何以正身？无师，吾安知礼之为是也？"①礼乐是用来端正身心的，老师是用来端正礼法的。没有礼，用什么来修正自己的行为？没有老师，怎么知道礼是什么？中华文明作为世界几大文明中唯一没有中断过的原生文明，礼教和师道无疑是其得以传承的重要原因。"故礼，上事天，下事地，尊先祖而隆君师"②。教师在礼乐教化中的特殊地位和作用还体现在，学生往往会鉴于自我经验和对生活的观察去进行主动的评价和选择，教师的仪表形象、言谈举止、风度气质、人格学养本身就是行"无言之教"的课程资源。因此，教师必须以身作则，"以教人者教己"，在学校生活的各个方面，努力以自己端庄的仪表、正派的作风、明礼的行为树立榜样，对学生进行潜移默化的影响与教育。③

第三，青少年学生。青少年学生的文明行为的养成情况、明礼守礼的修养水平，不失为社会整体文明程度的动态观测点。加强对青年学生的礼仪规范，帮助学生养成以"礼"处事的习惯，其本身就是在对学生进行"润物细无声"的道德习染与监督。学生文明礼仪规范不必在服饰、仪表、行为等规范性上做刻板要求，而应该重点体现对青少年成长成才的鲜明的价值引领，并激励青少年以主体精神将其贯注到自己的生活与行为中，成长为有高尚的精神境界和高品位的文化境界的现代文明人。④

第三节　融入文化宣传的多维度

费孝通先生认为在稳定的社会，文化的教化力量超过政治的权力，"凡是

---

① 荀子·修身［M］//方勇，李波，译注. 荀子. 北京：中华书局，2018：21.
② 荀子·礼论［M］//方勇，李波，译注. 荀子. 北京：中华书局，2018：303.
③ 李焱. 明礼：构建和谐校园的道德维度［J］. 理论导刊，2008（07）：74-76.
④ 李焱. 明礼：构建和谐校园的道德维度［J］. 理论导刊，2008（07）：74-76.

被社会不成问题加以接受的规范，是文化性的；当一个社会还没有共同接受一套规范，各种意见纷呈，求取临时解决办法的活动是政治"①。中华民族是个早慧的民族，在五千年文化旅程中，始终以其独特的思维方式丰富着原生文明的样态和范式，这在人类文明史上是绝无仅有的。中华文明何以能够在武力侵略、文化侵扰的重重考验面前始终保持生生不息的动力，甚至被汤因比确认为在未来世界统一格局中最有充分准备的民族？某种程度上说，中华文明内蕴的独特的渗透到生活各个层面的文化精神和以文化人以文育人的教化传统是起到了决定性作用的。礼乐文化正是中华文明中这一文化特质的集大成者。正是礼乐精神孜孜以求的情与理的融合、个人与家国的融合、生活世界和意义世界的融合的文化之旅，为中华民族构建了超越文字、民族等对文明具有重要负载功能的精神家园。

7.3.1 坚持艺以载道的文化传统

艺以载道，是礼乐教化的文艺伦理原则。《礼记·乐记》强调："德者，性之端，乐者，德之华。"②德是根本和核心，音乐是其体现。"情深而文明，气盛而化神，和顺积中，而英发其外，唯乐不可作伪。"③文艺能够通过其艺术感染力，提升人内在的道德修养，激发积极向上的情志，推动人对美好人格的追求和向往。

儒家推崇的"乐"是"非礼不举"的雅乐，是一种集诗、乐、舞于一体的艺术形式。"礼""乐"相合，通过"乐"怡情养志的功能，辅以"礼"的实现，其作用机理正如《礼记·乐记》所言："故德辉动于内，而民莫不承听；礼发诸外，而民莫不成顺。故曰：致礼乐之道，与而措之，天下无难矣。"④先秦儒家认为，艺术绝不仅仅是娱乐的工具，而是承载着社会教化的重

---

① 费孝通. 乡土中国 [M]. 上海：华东师范大学出版社，2018：71.
② 礼记·乐记 [M] //胡平生，张萌，译注. 礼记. 北京：中华书局，2007：736.
③ 礼记·乐记 [M] //胡平生，张萌，译注. 礼记. 北京：中华书局，2007：736-737.
④ 礼记·乐记 [M] //胡平生，张萌，译注. 礼记. 北京：中华书局，2007：754.

大使命，仅供人享乐的艺术是庸俗肤浅的，应为人们所摒弃。在儒家看来，人性以及人的一切后天品质都需要经过文化教育形成，其中艺术的欣赏和熏陶是文化培养中最为人们喜闻乐见的形式，发挥着潜移默化的教化功能，必须予以重视，而不可忽视和替代。

由于社会结构的急剧转型，我国在思想文化、意识形态、伦理道德等方面，暴露出急需解决的问题，如市场化、商业化的文化取向下，以价值链为目的的审丑文化、以欲望满足为目的的消费文化、以感官刺激为目的的低俗文化沉渣泛起，不断泛化意义、模糊主流价值、混淆道德选择，严重影响核心价值观的主导性地位。习近平总书记在文艺工作座谈会上指出，当前文艺最突出的问题是浮躁二字，"低俗作品大行其道，造成劣币驱逐良币现象"①。近年来，恶搞经典屡见不鲜，《黄河大合唱》《闪闪的红星》《地道战》《国际歌》《东方红》《铁道游击队》等家喻户晓的红色经典都难逃被恶搞的命运。仅一曲《黄河大合唱》就在短时间内被综艺节目、公司、学校、网络等不同形式地恶搞数十次，一曲寄托中华儿女交织着家仇国恨，抒发着豪情壮志的"民族危亡时刻奏响的时代最强音"，在没有底线的恶搞中成为丑陋至极的群体狂欢，透显出集体无意识的价值混乱。2018年2月2日，文化部官方网站针对此事刊文《文化部严肃查处恶搞〈黄河大合唱〉等红色经典及英雄人物视频》指出，召集优酷、土豆、腾讯、爱奇艺、百度、新浪、搜狐、秒拍等17家主要互联网文化单位，要求全面清理同类恶搞视频和音乐。正如习近平总书记所言，"戏弄历史的作品"，"最终必将被历史戏弄"。

2019年10月，中共中央国务院印发《新时代公民道德建设实施纲要》，指出："在国际国内形势深刻变化、我国经济社会深刻变革的大背景下，由于市场经济规则、政策法规、社会治理还不够健全，受不良思想文化侵蚀和网络有害信息影响，道德领域依然存在不少问题。一些地方、一些领域不同程度存在道德失范现象，拜金主义、享乐主义、极端个人主义仍然比较突出；一些社会

---

① 十八大以来重要文献选编（中）［M］．北京：中央文献出版社，2016：124.

成员道德观念模糊甚至缺失，是非、善恶、美丑不分，见利忘义、唯利是图，损人利己、损公肥私；造假欺诈、不讲信用的现象久治不绝，突破公序良俗底线、妨害人民幸福生活、伤害国家尊严和民族感情的事件时有发生。这些问题必须引起全党全社会高度重视，采取有力措施切实加以解决。"

民族的复兴呼唤民族精神的复兴，国家的崛起离不开思想文化和价值理性的崛起。对文艺而言，思想和价值始终是其灵魂，失去了灵魂的文艺作品，再丰富多样的形式都是苍白无力的。文艺的功能是思想和价值观念的载体，文艺的使命是发时代之先声、开社会之先风、启智慧之先河。中华民族的文艺伦理原则始终是坚持追求审美愉悦的同时不离道德价值，始终是追求尽善尽美的价值融合。文艺作品不仅应该满足人们日益增长的文化需求，还要在审美功能层面坚守审美理想和价值追求。因此，社会主义的文化建设必须高度重视文艺阵地的引领作用，"一切文化产品、文化服务和文化活动，都要传递积极人生追求、高尚思想境界和健康生活情趣"①，充分展现中国精神和中国价值，激励人们形成向善向上的道德生态。

7.3.2 挖掘日用不觉的文化资源

价值观教育不同于一般的知识和技能的教育，除了受教育者认知能力和接受水平外，更为关键的恰恰是如何让受教育者产生主体需求的问题。从受教育者的角度来讲，任何教育取得效果都取决于受教育者的接受能力和接受态度，也就是认知能力和主体需求。中共十九大报告指出："中国特色社会主义进入新时代，我国社会主要矛盾已经转化为人民日益增长的美好生活需要和不平衡不充分的发展之间的矛盾。"新时代社会的主要矛盾发生了变化，人民对文化产品的质量、品位、风格等的要求更高了，价值观教育应该充分考察和反思新时代主要矛盾发生的巨大变化，更着意于在符合人们主体需求的文化资源和人民喜闻乐见的优秀作品上精准发力。因此，只有坚持贴近人民、贴近生活、贴

---

① 关于培育和践行社会主义核心价值观的意见［Z］. 北京：人民出版社，2013：13.

近时代，才能挖掘和整合出日用不觉的丰富的文化资源。

首先，贴近人民。"社会主义文艺，从本质上讲，就是人民的文艺。""人民是历史的创造者，也是历史的见证者，既是历史的'剧中人'，也是历史的'剧作者'。文艺要反映好人民心声，就要坚持为人民服务、为社会主义服务这个根本方向。"①坚持人民性，就是要体现文艺工作对人民的热爱和尊重。以人民为中心，是社会主义文艺的主体性的根本诉求，是体现社会主义本质的核心价值。

贴近人民重点表现在三个方面，一是扎根人民的实践，用心、用情反映人民的生动实践。习近平在文艺工作座谈会讲话中指出："文艺创作方法有一百条、一千条，但最根本、最关键、最牢靠的办法是扎根人民、扎根生活。"二是，倾听人民的心声，响应人民对美好生活的向往，要在文艺创作中把积极向上的道德追求、高尚美好的情操品格、乐观豁达的生活态度融入作品，使人民群众在艺术的熏陶中获益，在高品质的审美趣味中感受，在生活实践中潜移默化地提升。三是，尊重人民的需要，用人民喜闻乐见的方式和形象生动的话语体系为人民服务。要善于用群众性的语言来说话，把高度凝练的社会主义核心价值观具体化、形象化和生活化，把"书面语"转化为"口头语"，让群众听得进、听得懂、听了信，使之更好地走进群众、深入心灵，转化为社会的群体意识和人们的自觉行动。

其次，贴近生活。社会主义意识形态凝聚力和引领力的形成，在于百姓生活中能够可见可感，才会可亲可近。社会主义核心价值观的宣传教育必须深入寻常百姓的生活，讲好当代治国理政、团结圆梦等催人奋进的时代旋律。要善于从人民群众的生活实践中，从人民群众的身边事、身边人捕捉和提炼鲜活的生活德育素材，把理论灌输转化为形象化的叙事。在传播边界几乎被弥合掉的时代语境中，人们无时不在、无处不在各种信息之中，信息与主体的黏度往往取决于主体的需求偏好，形象生动的生活叙事方式成为受众普遍性的接受习

---

① 十八大以来重要文献选编（中）［M］．北京：中央文献出版社，2016：127.

惯。因此，贴近百姓生活、讲好百姓故事，让百姓从有感同身受的生活情境中获得情感共鸣，才能把核心价值观的信息内涵从资源形态转化成价值形态，真正入脑、入心、入行。

最后，贴近时代。通过文艺的审美功能来提升社会主义核心价值观的培育实效，还必须体现时代的需求和特征。这是因为，文化具有突出的时代特征，是当时的人们在生产生活实践中创造出来的智慧结晶。传统礼乐文化有其产生的时代背景，不可能原封不动地在新的时代下发挥作用，因此对传统礼乐文化审美功能的传承和发展，也必须立足当下的时代特征和社会需求。"如果脱离了时代的需要和具体实践，不管是外来文化，还是传统文化，对于当下的人们来说，都只具有材料的意义，任何材料都是死的，但文化是活生生的人的精神需求。"[①]习近平同志在2014年与北京大学师生座谈时谈到，任何一个民族、一个国家的核心价值观，必须"同这个民族、这个国家的历史文化相契合，同这个民族、这个国家的人民正在进行的奋斗相结合，同这个民族、这个国家需要解决的时代问题相适应"[②]。我们应当立足时代实践、立足时代主题，以社会主义核心价值观为社会主义先进文化建设的根本遵循，回应当代人们的精神文化诉求。文艺作品不仅要在思想内容上，更要在艺术形式上受到欢迎，因此，必须认真研究文化的时代变革和人们审美规律的变化，善于用形神兼备、意境深远、形式时尚、生动活泼的中华审美风范与时代的审美需求共振。

7.3.3 彰显情理相融的文化审美

中国的礼乐文化，以其独特的张力结构，把道德教育转化为人们审美的精神品性，构建起深潜入心的教化模式，可以说这是所有文明中最具典范性的。

---

① 孙熙国等. 全球化与中国过传统文化的现代转化［M］. 济南：山东大学出版社，2009：21.

② 习近平. 习近平谈治国理政［M］. 北京：外文出版社，2014：171.

中国形态多样、形式丰富的艺术形式与时代的价值观保持着密切的融合，梅兰竹菊、小桥流水无不蕴含着中国人的生活向往与价值追求。儒家认为，要发展人文教育，需采取礼乐相济的方式。《乐记》有载："乐由中出，礼自外做。乐由中出故静，礼自外作故文。大乐必易，大礼必简。乐至则无怨，礼至则不争。揖让而治天下者，礼乐之谓也。"孔子说："兴于诗，立于礼，成于乐。"①孟子说："仁言不如仁声之入人深也，善政不如善教之得民也。"荀子说："夫声乐之入人也深，其化人也速，故先王谨为之文。"②理性教育本身的抽象性、枯燥性和外在性，决定了只有通过与艺术教育的有机结合，才能从内心唤起人的情感认同。

　　社会主义核心价值观的培养不仅是一个由外而内的教育熏陶过程，更应成为一个由内而外的主体自组织过程。提高核心价值观教育的实效性应该着力于如何打动人心。在这一点上，礼乐文化中的审美思想和功能能够提供强有力的借鉴。礼乐文化中的"乐"具有独特的精神审美功能。比如《周礼·春官》记载，乐德之教有"中、和、祇、庸、孝、友"六德，通过乐德之教可以使百姓具备忠诚、刚柔适中、恭敬、有原则、孝顺父母、友爱兄弟的美德，这种起始于西周的以乐教襄助伦理道德教育的范式对后世产生了深远影响。在孔子的三千弟子中精通此道者就有七十二人之多。文艺，实质上是一个把人们的道德心理、行为放大、强化，通过主体的审美需要达成效果的过程，是促成"导之以德"和道德主体性"自组织"的重要载体。习近平同志在文艺座谈会中强调："把社会主义核心价值观生动活泼、活灵活现地体现在文艺创作之中，用栩栩如生的作品形象告诉人们什么是应该肯定和赞扬的，什么是必须反对和否定的，做到春风化雨、润物无声。"乐的大节无非是德，社会主义核心价值观的培育和践行，必须重视文化工作者的艺术实践，充分激发和正确导向文艺

---

　　① 论语·泰伯［M］//陈襄民，等注译. 五经四书全译（四）. 郑州：中州古籍出版社，2007：3120.

　　② 荀子·乐论［M］//方勇，李波，译注. 荀子. 北京：中华书局，2018：327.

化育大众的能量，用不断创新的艺术形式和文艺作品来引领人们精神生态的营建，来展现中国价值和中国文化软实力。

审美愉悦是文化宣传打动人心的前提，但是并不是以简单的感官愉悦为目的，文艺创作和宣传教育要着力于更高级美感状态的培育，要从怡情悦志的精神愉悦层面实现超越，用社会主义道德、核心价值观、科学理想信念充盈文艺作品的精神内涵，坚决抵制"去思想化""去价值化""去历史化""去中国化""去主流化"，必须聚焦于消除市场经济所带来的庸俗、低俗、媚俗甚至恶俗的文艺产业的盲目逐利行为，保持中国雅正文化的传统。要善于挖掘礼乐文化的独特魅力，在向世界讲好中国故事、展现文化自信的时候，既追求数量更追求质量，既追求形成文化高原还要注重培育文化高峰，靠思想立意和现代技术手段打造出"爆款产品"。《我在故宫修文物》《经典咏流传》《诗词大会》《平语近人——习近平总书记用典》几乎无一例外地成为文化爆款，印证了习近平总书记所言，文艺创作应"彰显信仰之美、崇高之美，弘扬中国精神、凝聚中国力量，鼓舞全国各族人民朝气蓬勃迈向未来"[①]。这些兼容了多层次观众的审美趣味，又内含中国力量和中国精神的艺术作品并不远人，恰恰是真正旨趣高雅、艺术形式精到的艺术产品才能吸引眼球、走进心灵。社会主义核心价值观的宣传教育也要充分发扬这种以审美功能为根基的寓教于乐、美善相乐的教化方式，以更多思想有深度、精神有高度、艺术有精度的文传作品走入受众的生活实践和内心深处。

礼乐文化将意识形态教育与审美教育相融合，使人在"志于道，据于德，依于仁，游于艺"[②]的人生中获得饱满的生命意义，这种教化方式对今天的核心价值观培育和践行，提供了有价值的实践参考模式。礼乐文化的价值不仅局限于其内容的解释性或启示性意义，其运行模式亦有相当的借鉴价值。总之，

---

① 十八大以来重要文献选编（中）［M］. 北京：中央文献出版社，2016：122.

② 论语·述而［M］//陈襄民，等注译. 五经四书全译（四）. 郑州：中州古籍出版社，2007：3105.

在新的历史方位和新的时代主题背景下，核心价值观的培育仍然要坚持从审美的角度，延续贴近美好生活向往、贴近实际、贴近人民的文化传统。在大众文化和消费文化的杂陈中，用艺术的巨大感召力、影响力，保留庄重雅正的文化的吸引力和凝聚力。

第四节　融入生活实践的各领域

当我们从文化视角来考察社会主义核心价值观的培育和践行时，事实上也就肯定了文化语境和生活话语的重要地位。正如教育家杜威的观点，"教育即生活"，教育应该向生活世界回归，应该向人的鲜活的感性经验回归。生活总是先于价值判断、先于分析、先于思辨而存在的，只有来自生活的生动实践才能真正成全关于价值的理解。"人在生活着。在生活中我们思考生活的意义。在生活中我们认识自己，在生活中我们与他者相遇，在生活中我们努力追求着种种现实的、可能的以及那些永远是可望不可即的东西，生活构成了人的所有探求和行动的母体。"①价值观培育的过程，不能被片面地理解为价值观内涵的认知过程，价值教育必须摆脱浓重的知性色彩，回归生活化的场域，应为以培养情感认同和习惯养成为目的的生成性的德育范式。

生活总是在特定的场域展开。场域不是物质形态上的几何空间，而是可以在时间、空间维度中通过关系性得以展开的结构空间。Wacquant指出："场域是指在各种位置之间存在的客观关系的一个网络。"②"每一个行动者，依据他们占据的地位，依据他们同整个社会空间的社会关系网的关系而界定其自身的特征。"③在生活场域内，所用要素都有可能与作为中心质点的个体或者说主体自我建立直接或间接的各种联系，并相互产生影响。礼乐文化正是从个体人格

---

① 唐汉卫. 生活道德教育论［M］. 北京：教育科学出版社，2005：163.

② Wacquant L D. Towards a reflexive sociology: A workshop with Pierre Bourdieu[J]. Sociological Theory, 1989(7): 39.

③ 高宣扬. 布迪厄的社会理论［M］. 上海：同济大学出版社，2004：137.

确立和生命展开的各种场域实现教化功能的，个体或者说主体自我的理想人格和价值证成完全是与场域深度融合的，从这个意义上而言，场域就是人的存在方式。因此，场域是生活德育的关键性的要素。

实践养成是在生活场域中获得实证的，而个体的感性的生活经验就是实践养成的逻辑和实践的双重起点。人的文化性存在方式，决定了个体不是被动接受社会的价值体系的，只有价值认同才具备身体力行、日用不觉的可能性前提。每个人总是从自己经历的生活实践中，有意识地确定自己与他人、社会的关系，这是不易的普遍性经验。因此，价值教育必须把视野转向个人本身、聚焦个人的生活情境，这成为个体经验从主流价值观获得认同的关键。Lefebvre研究认为，人们对意识形态这种观念文化的直接感受往往来自日常生活，"在日常生活中，直接的东西也就是意识形态的东西，它一方面把经济现实、现存的政治上层建筑的作用和革命的政治意识等包容起来，另一方面又将它们掩藏和隐匿起来。所以一定要撕破面纱才能接触真相。这种面纱总是从日常生活中产生着，不断地再生产着；并且把日常生活内含的更深刻、更高级的本质隐蔽起来"①。因此，无论是经济基础还是上层建筑，都依存于人们的日常生活小事中，也只有落实在日常生活小事中才能被真正塑造和得以实现。因此，社会主义核心价值观的实践养成要从生活场域的各个方面进行协同构建。

7.4.1 营造向善向上的社会场域

"人的本质，不是单个人所固有的抽象物，在其现实性上，它是一切社会关系的总和。"②马克思运用辩证唯物主义和历史唯物主义的立场、观点和方法，科学地揭示了人的本质的问题。任何人都是处于社会关系之中进行生活实践的，社会生活场域对于个体本质的形成具有重要的影响作用。各地政府部门要充分认识到百姓文明素养的养成直接关涉地方形象塑造和综合实力发展，因

---

① Lefebvre H. Critique of everyday life: Volume I[M]. London:Verso Press, 1991: 6.
② 马克思恩格斯选集（第一卷）[M]. 北京：人民出版社，1995：60.

此，应由地方政府相关部门担负起主体负责，进行顶层设计、资金支持和组织保障，并协调多方社会组织共同构建公益普惠与多主体共建的向善向上的社会场域。

（1）拓展礼乐文化传播空间

"富而有礼"的国民教化，是系统筹谋、分层推进的文化工程。在社会场域可以通过喜闻乐见、丰富多样的活动形式，拓展礼乐文化的传播空间。

一是，文化宣讲。依托公共文化服务体系，打造出礼仪文化的品牌项目。各地应该充分挖掘自身的人文底蕴与礼乐资源，打造贴近实际、贴近生活、贴近群众为特色的体现当地文化特色的礼仪大讲堂。为了能更好地普及教育，还可以把每次讲座的全过程通过数字技术制成媒体文件，依托网络实现共享，把礼乐文化传播到讲坛辐射不到的生活族群的每一个角落。

二是，主题活动。可以社区为单位或者以某一社群为单位，通过开展礼仪知识竞赛、礼仪风采大赛、主题礼仪活动和重大典礼仪式等方式，旗帜鲜明地唱响主旋律，用社会主义核心价值观尤其是新时代所形成的中国精神力量，对学生进行礼仪知识的普及、礼仪精神的传播、礼仪文化的习染，引导和激励大家共同构建文明尚礼的校园氛围。也可以以承办大型活动为契机，以活动促建设，集中改善公共生活中各种不文明现象，涵育谦和有礼、文明自律、举止得体的优良民风，提升城市整体文明形象。

三是，公共文化服务。新时代社会的主要矛盾发生了变化，人民对文化产品的质量、品位、风格等的要求更高了，但是与不平衡不充分的文化发展之间的矛盾依然存在，因此文化发展应该加快从供给侧进行改革，提供给人民群体多元化的文化选择，尤其是公益性文化服务，是影响群众共享人类文化成果的能力和形成文化自觉意识的重要因素。礼乐文化的教化功能，应该优先成为公益性公共文化服务体系，通过选取典型性、有感染力、大众喜闻乐见的优秀礼乐文化内容，如诗词歌赋、古代华服、经典仪式，开发出品质精良的数字化文化产品，构建国家级、公益性、全面性的大数据库并实现数据共享，有倾向性地推进普惠型公共文化服务体系的探索。①

（2）赋予节庆文化时代新意

节日是民族的集体记忆，承载着民族精神的基因密码，是一个民族或者一种文化系统的价值观的高度凝练和集中呈现。近代以来西方文明借助军事征服对东方文明的倒逼，在一定程度上使东方民族失去了往日的文化自信，再加上社会的现代转型为多元文化交流交融交锋开阔了通路，传统节庆文化伴随着传统文化在多元文化语境中的日渐式微，已经程度不同地被当代民众疏离，原有的民俗活动和民间文化活动大多无处可寻，那些寄托着乡愁的节日，几近变成单纯的吃喝和娱乐。这些失去了精神文化底色的传统节日，在物质性的现代人生活中越来越苍白无力，残存的礼节风俗反而成了可有可无的束缚。如果中国人不能建构出"新礼乐"替换被打碎的"旧礼乐"，就只能等着被外来的"礼乐文化"占领空缺的位置，如"圣诞节""万圣节"文化对年轻一代的影响即为例证。因此，以节庆文化建设为抓手，推动社会主义核心价值观深入百姓生活显示出强烈的时代诉求。

祖先曾经在精神家园中风雅生活的民族性的理想价值，正渐渐被遗落，最终归于现代性的末路。文化的创造性转化要在供给侧找寻现代阐释的新路径，重新赋予某些节日以意义，如端午节的爱国精神、社会担当，五四青年节的爱国、民主意义，春节和合、和谐文化，重阳节的尊老敬老传统等，要把重大节假日作为个体人生仪式教育的重要节点，使每个人在成长过程中不断感受仪式礼仪的道德场域。人们参与仪式时所身着的服装、所使用的物品、所要表达的思想、所推崇的最具有代表性的人物，也不仅仅是在仪式上发挥作用，它们对人们心灵上的启发，对情感上的强烈触动，会形成长久的社会记忆进入日常生活，影响到社会的审美兴趣、思维方式和行为习惯，构建出一个无形的社会文化环境。

---

① 李焱，文小琼. 市民人文素质培养路径研究——以西安为例［J］. 西北大学学报（哲学社会科学版），2011（06）：178-180.

（3）多维养成模式形成合力

沈从文先生在《中国人的病》一文中批评过自私的人只为个人的小利益就把人与人之间应有的歉退、牺牲、为团体谋幸福的精神忽视掉，阿瑟·史密斯在《中国人的性情》一书里记录了西方人眼中的近代国民缺失公心的种种现象，梁实秋先生的《排队》描述的仍是同胞不守秩序、不排队的习性。北平被日军占领之后，前门火车站票房门前的秩序改良了许多，因为但凡遇到不排队买票的中国人，日本警察就会冲过去一声不响地高举竹鞭，"嗖"的一声结结实实地抽打在不排队的人的背上。秩序的改良，竟不是国民文明素养的进步，而是日本警察冷酷的竹鞭，这让梁实秋先生由衷地发出"我们真的需要一条鞭子才行吗"的喟叹，认为教国民学会排队才是"民权初步"的法则。一个民族的文明素养，是国家文化软实力的晴雨表。中华民族富强、民主、文明、和谐的社会主义现代化强国奋斗目标的实现，需要富而有礼的国民形象和文明素养的同步提升。国民文明素质养成，应该形成由点到片再到面的多维立体模式。具体而言，就是建立从国民个体或者家庭的"点"的文明素质养成，再到其所属学校、行业、社区的"片"的文明素质养成，最后辐射到全社会的"面"的文明素质的多维养成模式。就"点"而言，着重开展个人修身养性、家庭美德的养成；就"片"而言，既可以根据社区的不同特点，抓重点、打基础、创特色、树典型，形成对社区成员间的文明示范效应，还可以广泛开展国民个体所属的各类社会组织的文明创建活动；就"面"而言，可以通过自上而下的阶段性的文明实践主题活动的开展，使全体国民都能够在人文养成的场效应中体认到自身文明行为习惯养成的价值感和尊严感。①

7.4.2 培塑崇德守正的家庭场域

家庭，无疑是每一个主体人格的首属群体。每个人的价值观、行为规范、

---

① 李焱，文小琼. 市民人文素质培养路径研究——以西安为例［J］. 西北大学学报（哲学社会科学版），2011（06）：178-180.

生存心态、精神面貌，很大程度上是在家庭的亲情感化和约束惩罚下逐渐稳定下来的。中国传统人文教育的宝贵经验，恰恰就是非常注重家庭这个社会基本单元的养成教育。正如习近平总书记指出的那样："家庭是人生的第一个课堂，父母是孩子的第一任老师。孩子们从牙牙学语起就开始接受家教，有什么样的家教，就有什么样的人。"传统中国是一个以家族为基本社会结构加以拓展的乡土性国家，通过父祖传承、宗族品立，形成了日常生活体系中处己、处人、处世的人文素质，并影响到人的一生。

中华民族有非常丰富的"家文化"资源。"家国同构是中国古代社会的重要特征，在家族范围内生活是传统中国人的生活方式，是中国古代社会的重要特征。家国情怀表现为情感和理智上认同、维护、热爱共同体，并自觉承担共同体责任。在思想建构层面，它建立在自然情感的基础上，从爱亲敬长到忠于人民、报效祖国，有力地促进了个人、家庭与社会、国家的良性互动，将天然血缘亲情上升为爱、敬天下一切人的伦理要求，'家'占据了重要位置。在宗法意识尚未完全退去的当代中国社会，以血缘为基础的家国情怀依旧具有深刻的影响和强大的生命力。"①礼根源于家庭血缘关系，关注亲情、家国同构是中华民族与其他民族文化相比的独特之处。在当代家礼文化的建设中，要以营造良好的家教与门风为抓手充分激活家规家训、家风家书、治家格言等文化资源在礼乐教化中的作用。

（1）孝文化

孝是儒家礼乐文化的基石，是礼乐文化化民成俗的"至德要道"。每个个体从血亲之爱开始培养孝心，使孝成为"老吾老以及人之老，幼吾幼以及人之幼"的逻辑和实践起点。但是不可否认的是，传统孝德在长期维护君主统治的历史进程中，不断被异化。因此，孝德也是被诟病最多的传统价值观。进入近代社会以来，以新文化运动对其的否定最为激烈，以至于人们把它视为"吃人

---

① 张倩. 从家国情怀解读国家认同的中国特色［J］. 江淮论坛，2017（3）：17-21.

的礼教"的核心内容，力求从社会生活中彻底铲除掉。①以历史唯物主义的立场审视传统孝文化，功利倾向、父权独尊、泛政治化、愚孝等内容，因其属于特定历史文化背景已失去了时代性和先进性，与社会主义核心价值观不相融洽，必须进行创造性转化与创新性发展。

从孝的内涵上分析，"杨国枢先生通过整合与分析《礼记》《四书》《孝经》及著名家训等文献资料中有关孝的语句与事例，将其归纳为经济奉养、精神慰藉和光耀门楣等三类，具体为十五条事项：敬爱双亲；顺从双亲（无违）；谏亲于理；事亲以礼；继承志业；显扬亲名；思慕亲情；娱亲以道；使亲无忧；随侍在侧；奉养双亲（养体与养志）；爱护自己；为亲留后；葬之以礼；祀之以礼"②。其中，现代孝文化理应保留物质奉养、情感慰藉、合理谏诤等内容，并以社会主义先进文化的方向丰富和发展孝文化的内涵，比如平等共享、厚养薄葬、文明祭祀等，更应该重新阐释和创造性转化其蕴含的某些文化基因，如在个人与国家层面强调承担使命、回报祖国，在个人与社会层面强调关爱友善、奉献社会，在个人自身层面强调涵养品行、积极进取，等等。《孝经·开宗明义章》："夫孝始于事亲，中于事君，终于立身。"③这是孝文化的实践路线，在社会主义核心价值观视域中，完全可以实现"始于事亲，中于报国，终于立身"的现代孝文化的理性实践。

美国学者玛格丽特·米德在其《文化与承诺：一项有关代沟问题的研究》一书中，提出文化传承模式的三种类型，即前喻文化时代、并喻文化时代和后喻文化时代，从当代人类生活形态而言，后喻文化时代已经成为代际间文化隔阂的根本原因。后喻文化时代改变了人类代际信息传递的方式，传统社会的直接生活经验以无从适应现代转型期社会生活的巨大变动，尤其是新技术、新媒介、新视域的广泛展开，信息、文化的传承呈现出"文化反哺"的普遍形式，

① 王翠. 孝文化的历史回眸与当代建构［J］. 孔子研究，2013（6）：95-101.

② 杨国枢. 中国人孝道的概念分析［M］. 杨国枢编. 台北：桂冠图书公司出版，1988：10-12.

③ 李焱. 明礼：构建和谐校园的道德维度［J］. 理论导刊，2008（07）：221.

晚辈对长辈的价值观的选择、生活态度的认定、社会行为模式的养成拥有话语权。后喻文化时代背景下，家庭子弟对于家庭文化建设也必须承担起自身的责任，尤其是在新型生活观念和孝养观念上，要成为家庭价值观的引领者和新动力，为传统孝文化注入新时代的精神内涵。在家文化建设中后辈应该肩负起现代伦理责任，比如长辈的现代生活适应、新生活方式的倡导、现代责任感的树立，形成新代际赓续的精神基因。

（2）家礼

家礼是一个家庭对其成员所应遵循的礼法的规定，包括日常起居、为人处事等的具体规定，对塑造我们中华民族的性格、道德理想、价值观念等发挥着牢固而巨大的功效。传统的礼主要包括"经礼"和"曲礼"两种。与隆重场合实行的经礼不同，曲礼多指人们日常生活中具体事项和行为的规范，如生活作息、尊敬长辈、行为举止、人际关系等规则。其中，家礼就是曲礼的重要传承方式。在古代，教育也主要以社会教育和家庭教育为主体。国家承担了社会教育的职责，构建起不同层级的教育机构，如首都之国学、乡之乡校，州之州学，这些教育机构负责对"民之俊秀"进行经典教育。家庭教育是以家庭为单位的自我教育方式。孟子说："天下之本在国，国之本在家。"[1]因此家庭教育是治国平天下的前提。这是因为，个体人文精神、道德规范乃至情感都是与其成长中所接触的首属群体密不可分的，而且一旦形成便具有根深蒂固的性质。传统中国是一个以家族为基本社会结构加以拓展的乡土性国家，通过父祖传承、宗族品立，形成了日常生活体系中处己、处人、处世的人文素质，并影响到人的一生。家庭，无疑是每一个主体人格的首属群体。文化价值观、行为规范、生存心态、精神面貌，很大程度上是在家庭的亲情感化和约束惩罚下逐渐稳定下来的。中国传统礼乐教化的宝贵经验，恰恰就是非常注重家庭这个社会单元的养成教育。透过最具代表性的《朱子家礼》，可以得见家礼就是一个道

---

① 孟子·离娄上［M］//陈襄民，等注译. 五经四书全译（四）. 郑州：中州古籍出版社，2007：3354.

德性为模塑的过程。

社会主义核心价值观的践行，应该落实到家庭这个最小的社会单元中，通过营造良好的家风和家教，把核心价值观的培育深入日常的行为规范中。尽管随着社会结构和生活形态的变化，冠礼、婚礼、祭礼等不再复原成"五礼"形成时期的原样，但是礼节仪式所传达的人文精神还是具有穿越时空的普遍价值的。比如贵生重死的生命观、身体发肤受之父母的敬畏观、冠笄之礼的责任观、揖让进退的仪度风范等，应该成为当代家礼的实践重点。可通过家庭成员的行为范导，构建以亲情为载体的以日常行为为内容的价值观实践场域。以个体人生成长轨迹为时间轴，举行开笔礼、成年礼、敬老礼等，引导个体形成积极向上的价值观。比如，在青少年年满18岁时举行成人礼，宣布青少年从毫无责任的"孺子"转变为正式跨入社会的成年人，让更多的青少年转变心态，正视自己肩上的责任，完成角色的转变，这对于目前社会上流行的"啃老""巨婴"现象，是一种从思想上的正本清流。总之，要把传承优良家风作为切入点，从人们日常生活的实际出发，才能由个体到家庭、由家庭到国家，从个体责任担当推及社会责任担当，聚点成面、聚沙成塔，终致形成成熟理性的社会价值观和家国使命感。

（3）家风

家风的形成，是家礼文化建设的归宿。往往是一个家庭一代或者几代人长期形成的风气，是家庭的文化涵养，体现着家庭成员的价值共识。习近平总书记指出，"要重视家庭建设，注重家庭、注重家教、注重家风"，"使千千万万个家庭成为国家发展、民族进步、社会和谐的重要基点"，"家风好，就能家道兴盛、和顺美满；家风差，难免殃及子孙、贻害社会"[①]。中国家风的形成沿袭日常范导和训育实践相融合的传统范式，深深根植于教成于家而行成于国的中华道统。"养不教，父之过"，家训是家风建设中具有中华文化独特标志的文化文本，主要涉及思想、道德、事亲、求学、交友、齐家等各方面的内容。家

---

① 习近平. 在2015年春节团拜会上的讲话［N］.人民日报，2015-02-18（2）.

训文化的历史源远流长，西周时期已成范型，周公旦的《诫伯禽书》可谓中国第一部家训。周公之子伯禽受封鲁国之际，周公言真意切地训导："德性广大而守以恭者，荣；土地博裕而守以俭者，安；禄位尊盛而守以卑者，贵；人众兵强而守以畏者，胜；聪明睿智而守以愚者，益；博文多记而守以浅者，广。去矣，其毋以鲁国骄士矣！"伯禽谨记教诲、励精图治，终把鲁国治理成民风纯朴、崇德重教的礼仪之邦。在此之后，家训不断涌现，其中为后世推崇备至、历千年而不佚的家训专著首推南北朝时期颜之推所撰写的《颜氏家训》。作者历经战乱，饱尝人世艰辛，希望将一生关于治学治家、修己为人、立身行事的总结传承下去，"整齐门内，提撕子孙"，因此撰写出了流传后世的家训。经典传世的家训还有《朱伯庐治家格言》、司马光的《家范》、朱熹的《朱子家训》，乃至现代的《傅雷家书》等，成就了以家庭和文本为载体的颇具中国风范的教化方式，在传统中国的社会教化中发挥着无可替代的作用。

家训文化实践不仅仅局限在帝王将相、名士乡绅，平民百姓家庭、家族也广泛开展，经过数千年的演进，把社会道德训诫巧妙地转化为切实可行的生活道理，并通过身体实践完全把社会道德教育转化为家庭日常范导，随时行教、不拘一格，历久不衰而积淀成个体人格成长与修齐治平的家国情怀的精神连接。可以说，家庭在乡土中国完全是社会道德文化的培养基，是中华道统的赓续不绝的具体载体。以陕西为例，由于文脉久远和民风厚朴，保存完好的家训文化景观遗存非常丰富，并且与当地村落、住宅、教化传统、现实生活紧密地融合在一起，与现代文明交响出乡风社会的时代旋律，具有鲜活的感染力和生命力。在陕西韩城，已有600多年历史的党家村，深受韩城文化浸染，形成了至今仍保留完好的"壁刻家训"26处之多，在村落的建筑中如门额、照壁、山墙上随处可见，既是行不言之教的生活践履，更是守护党家村人的心灵信仰。即使是当今时代，"读书成家之本，循礼保家之根"，仍然是党家村子弟的价值共识和身体力行。陕西汉阴的沈氏家族500多年来栖居于此，乾隆时代成文的《沈氏家训》，从修身、礼义、勤俭、忠义方面提示子孙，一度成为陕南传统家训家规的典范，尤其是20世纪新五四文化运动时期，沈士远、沈尹默、沈兼士三兄弟同为北大教授、新文化运动先驱，以学术造诣和修身品行领标时代，成为近代文化史上的奇观。陕西潼关杨震，东汉弘农郡人，史载"性公廉，不受私谒"，一语"天知，神知，我知，子知。何谓无知"成就为官清廉的历史美谈，后人更称其为"四知太守"。杨震的子孙深受其"使后世称为清白吏子孙"的家风影响，蔬食步行，博学清廉，德业相继，严守家风。由此可见，中国家训的文化现象在经典文本和乡土行动的双重演进下，俨然已成为家族文化传承的道德基因和精神密码，并通过家国同构的价值逻辑，最终定型成为统摄中国人世界的教化传统。

中华民族的家风文化是千年孕育的人文传统，传统家风在新时代仍然具有重要的价值。作为中国独特的一种文化形式，家风建设被赋予的时代性内涵，更凸显出时代的诉求。家风建设应该尤重领导干部的家风营造。2015年10月18日，中共中央印发《中国共产党廉洁自律准则》，以党内纪律规矩的方式，将"廉洁齐家，自觉带头树立良好家风"列为党员领导干部廉洁自律规范的重要内容。新修订的《中国共产党纪律处分条例》规定："党员领导干部不重视家风建设，对配偶、子女及其配偶失管失教，造成不良影响或者严重后果的，给予警告或者严重警告处分；情节严重的，给予撤销党内职务处分。"其首次将不注重家风建设列为纪律处分的一项重要内容。家是最小国，国是千万家，所以"家风正则民风正，民风正则政风清"。2018年全国两会期间，习近平总书记在出席重庆代表团会议时强调，"要把家风建设摆在重要位置，廉洁修身，廉洁齐家，防止'枕边风'成为贪腐的导火索，防止子女打着自己的旗号非法牟利，防止身边人把自己'拉下水'"。对于普遍性的家风建设应以价值引领为主，以家风征集、"一封家书"等主题活动为抓手，通过营造良好家风推动社会风尚的净化，从而在立身做人、理想信念、和睦亲情、廉洁清正等方面为社会主义核心价值观的培育形成情感认同。

7.4.3 构建向礼而在的修身场域

礼乐因循天地之序而制，是天人合德的儒家理想的体现，尤其是孔子删礼作乐使得"春秋之礼"上升到道德哲学的层面——释礼归仁，彰显出思想理性和实践理性的双重光辉，从而使作为伦理道德的礼乐产生出了强大的感召力。"合礼"作为一种雍容典雅的生存方式和行为方式，成为人们孜孜以求的"从心所欲不逾矩"[①]的理想人生境界，而修身是通达理想境界的进路。修身的"身"有两个意义层面，在广义而言，是"整个生命，整体人格之意"，狭义而言，就是生理学意义上的身体。修身的过程，正是从生物意义上的身体实现人格意义上超越的过程，正如余英时所言："'修身'最初源于古代'礼'统，是外在的修饰，但孔子之后已转化为一种内在的道德实践。""礼节民心"[②]"事不节则无功"[③]，向礼而在的修身场域，是以作为道德本体意义上的"己"为中心质点建立起来的身心、人物、人我等多重关系形态上的结构空间。

（1）身心关系场域

孟子曰："万物皆备于我矣。反身而诚，乐莫大焉。强恕而行，求仁莫近焉。"[④]儒家哲学是主体性哲学，孟子从功夫修养论甚至本体论的层面阐明了"己"的本质规定性在于"诚"和"仁"，修身证道的切近之途正在于"反身""反求诸己"。因此，如何处理好身心关系，成为修己成人的关键，这一传统也成为中国礼乐文化显著的特色。礼乐文化的核心内涵是"仁"，"颜渊问仁，子曰，克己复礼为仁。为仁由己，而由人乎哉？颜渊再问其目，子曰：非礼勿视，非礼勿听，非礼勿言，非礼勿动"[⑤]。为仁由己讲明心性，言动视听

---

① 论语·为政 ［M］//陈襄民，等注译. 五经四书全译（四）. 郑州：中州古籍出版社，2007：3051.

② 礼记·乐记 ［M］//胡平生，张萌，译注. 礼记. 北京：中华书局，2007：719.

③ 礼记·乐记 ［M］//胡平生，张萌，译注. 礼记. 北京：中华书局，2007：729.

④ 孔子家语·六本 ［M］//王国轩，王秀梅，译注. 北京：中华书局，2016：3448.

⑤ 论语·颜渊 ［M］. 陈襄民，等注译//五经四书全译（四）. 郑州：中州古籍出版社，2007：3158.

则是身体的行为活动。一方面，身是心的外显，可以通过身体的德性得见心的德性；另一方面，通过身体行为的规整和约束，反过来化育心性。从修身实践的层面而言，礼乐传统认为，德辉动于内，礼发诸外乎。因此，修身首先是从主体的向内的道德实践为逻辑起点的，是以人的道德人格的生成为目标的。

首先，重视道德人格的确立。《礼记·大学》开篇就贞定了礼乐文化语境中理想人格和人生价值实现的进路："古之欲明明德于天下者，先治其国；欲治其国者，先齐其家；欲齐其家者，先修其身；欲修其身者，先正其心；欲正其心者，先诚其意；欲诚其意者，先致其知；致知在格物。"儒家的理想是由内圣而外王，因此，修身即道德人格的确立在这个价值进路中承担着关键性的作用，不单是个体人生的目的，更是实现社会理想的动力。可以说，儒学是为己之学，礼乐是成人之教，道德人格的形成是礼乐教化的价值旨归。所谓人格，是一个人的各个心理过程之特性的总和，是一个人比较稳定、影响自身所有行为并与他人有区别的心理特征的总和，是其内在素质和外在表现的统一体。"礼"在儒家的道德教育中起着关键的作用，儒家认为人格的养成最终需要依靠礼的践行。中国的文化传统历来推崇德性高尚、慎独自律的人格风范。向礼而在，首先应该是道德主体的始终在场，正所谓人不修己，己不成人，成己成人、立己立人、达己达人。"推己及人""己所不欲，勿施于人""穷则独善其身，达则兼济天下""勿以善小而不为，勿以恶小而为之"成为处人处世的基本要求。然而，目前出现了一些值得反思的社会现象，比如，一些人一面抱怨"人心不古""人情冷漠"，一面又提醒家人"出门少管闲事""不要和陌生人说话"；一面抱怨假冒伪劣商品充斥市场，一面又对廉价仿冒名牌趋之若鹜；一面抱怨公共秩序混乱，一面又随地吐痰、乱扔垃圾、逆行、闯红灯，等等。这种相互矛盾、"双重标准"的心态，这种事不关己、高高挂起的态度，正是道德人格失落的佐证。

其次，慎独自律以养德性。慎独是儒家创造出来的中国传统道德所特有的一种修养方法。这种道德修养方法强调，要在无人知晓、没有外在监督的情况下，坚守自己的道德信念，检点自己的道德思想和行为，绝不因为无人监督而恣意妄为。一个人内心深处的念头，最隐蔽的不为人知的行为，最细微的举动，最能反映其真实的道德品质和道德境界。因此，拥有理想人格的君子必须"慎其独也"。慎独诉求于人们高度的道德觉悟和自律意识。以自省的思维模式于微小处反思自律，构筑自律自主的精神境界。慎独强调在"隐"和"微"处下功夫。一个坦荡的君子，根本不需要别人来约束自己，而是完全依靠内心的信念做出选择并付诸行动。君子慎独，并不是怕有失于人，而是怕丧失自我珍视的人格。一个人在自我修养的过程中真正做到并坚持慎独，才能砥砺自己在道德修养方面的自我主宰精神，真正使道德修养成为"为我的而不是为人的"，从而达到较高的道德境界。以明确的道德准则作为个人为人处世的规范，维护诚意正心的内心世界。

最后，以礼正身以成德行。荀子说："礼，所以正身也。"对人尊重谦逊的态度、委婉悦耳的语言、彬彬有礼的举止，体现着一个人的修养水平、高尚的思想道德境界。通过日常行为的不断重复，形成行为的惯性，积淀为慎独自律的道德修养风范，领悟提升自我修养对于人生的价值，把不断地追求真善美、摒弃假丑恶作为自我修养道路上的人格目标，以礼仪规范行为，以道德锤炼思想，成为一个内外一致、知行合一的新时代文明公民。在公德领域中，文明礼貌是人类为维系社会正常生活而要求人们共同遵守的最起码的道德规范，是人的社会化人格的基本要求。讲文明、懂礼貌、守礼仪，看似简单易行，实则是公德领域失范的重灾区，因"恶小而为之"是行为举止失格的主要原因之一。公共场合的大声喧哗、文明遗址的随意刻画、公交抢座的全武行、随意乱扔的垃圾等，应成为人人鄙弃的失德性为。强调德性的养成从自己做起、从现在做起、从小事做起，就是强调道德建设人人可为、时时可为、处处可为、事事可为。每个人都负有道德建设的责任，文明礼貌就是道德建设中最基本的责任清单。

（2）人物关系场域

市场经济的发展使人们的物质生活水平大幅度提高，但同时也放任了个体对物质享受的过度追求。拜金主义、见利忘义、唯利是图、迷心逐物、穷奢极欲、攀比炫富等道德乱象，暴露出人与物的关系的异化。礼乐文化在避免"人心在物"的沉溺方面，对于理想人格的实现首发于"格物"，即消除物欲的遮蔽。人物关系本质上是身心关系在物的层面的展开。人之所以要修身，在于身被预设了非道德性存在的实体，欲望包括物欲是身的本能。

首先，在理欲观上主张用道德理性超越物欲。重精神是中华民族的传统美德，人猿相揖别的前提是人类理性的觉醒。因此，儒家在对待人与物质的关系上总是力求从审美意义上的超越。"孔颜之乐"可谓乐感文化的最高审美追求。孔子赞美最欣赏的学生颜回："贤哉，回也！一箪食，一瓢饮，在陋巷，人不堪其忧，回也不改其乐。"[1]而孔子自己更是躬行不辍，"饭疏食，饮水，曲肱而枕之，乐亦在其中矣"[2]。孔颜之乐不在衣食富贵，而在摒弃世俗的刚健有为的生命力量。正如儒家追求内圣外王，但却不以事功取人，而是采取极为达观的心态，"发愤忘食，乐以忘忧，不知老之将至"[3]。之所以能有所忘，更有所乐，全在于有志盈盈于胸，是"仁"的一以贯之。

其次，强调物质追求要取之有道。孔子明确主张："富与贵，是人之所欲也；不以其道得之，不处也。贫与贱，是人之所恶也，不以其道得之，不去也。君子去仁，恶乎成名？君子无终食之间违仁，造次必于是，颠沛必于是。""富而可求也，虽执鞭之士，吾亦为之。如不可求，从吾所好。""君子爱财，取之有道。"孔子在可求与不可求的抉择立场上，充分体现了中华民族重

---

[1] 论语·雍也［M］//陈襄民，等注译. 五经四书全译（四）. 郑州：中州古籍出版社，2007：3096.

[2] 论语·述而［M］//陈襄民，等注译. 五经四书全译（四）. 郑州：中州古籍出版社，2007：3109.

[3] 论语·述而［M］//陈襄民，等注译. 五经四书全译（四）. 郑州：中州古籍出版社，2007：3110.

精神的传统，体现着深刻的价值自觉和旷达的人生追求。凡可求之事，甚至不在乎成为"执鞭之士"，但不可求之事，坚守初心、从我所好。这种处理物质与精神关系的价值立场，与社会主义核心价值观是深刻统一的。社会主义核心价值观在国家层面，以富强为首要价值，但在个人层面仍然强调以诚信、守法为个体的价值遵循。追求富贵是人之所向，但必须是堂堂正正，取之有道；反之，富贵钱财，就毫无意义。孔子认为，"君子食无求饱，居无求安，敏于事而慎于言，就有道而正焉。可谓好学也已。"在孔子看来，简单的生活环境比起为了荣华富贵而舍弃仁义更能给人以高尚的乐趣，所以，孔子的内心是很确定的，"不义而富且贵，于我如浮云"①。

再次，把物欲导向高尚雅正的审美需求。"里仁为美，择不处仁，焉得知？"孔子认为，选择居住在有仁德之风的地方，是一个聪明有智的人应该做到的。简洁大方的家居布排，高雅和谐的丝竹之乐，正是有利于涵养个人品性、培养高尚情操的审美情境。审美愉悦能够对人的品格产生潜移默化的影响，"故听其《雅》《颂》之声，志意得广焉；执其干戚，习其俯、仰、诎、伸，容貌得庄焉"②。人生不能陷入"人心在物"的执迷不悟，《论语·先进》中孔子与弟子探讨人生的志向时颇为赞赏曾点所言，"暮春者，春服既成，冠者五六人，童子六七人，浴乎沂，风乎舞雩，咏而归"③，这种悦情悦志的审美理想，寄托的正是儒家希望君子超脱物欲羁绊的旷达的人生价值观。

在进入人对物的依赖阶段以来，摆脱了人身依附关系的人们看似获得了自由，却转身陷入了对物的关系的异化，失去了道德理性的主体性。随着国家的富强，本该"富而有礼"的国民不同程度地呈现出新的价值乱象，正如习近平

---

① 论语·述而[M]//陈襄民，等注译. 五经四书全译（四）. 郑州：中州古籍出版社，2007：3109.

② 礼记·乐记[M]//陈襄民，等注译. 五经四书全译（二）. 郑州：中州古籍出版社，2007：1499.

③ 论语·先进[M]//陈襄民，等注译. 五经四书全译（四）. 郑州：中州古籍出版社，2007：3157.

同志在文艺工作座谈会讲话中所言："改革开放以来，我国经济发展很快，人民生活水平提高也很快。同时，我国社会正处在思想大活跃、观念大碰撞、文化大交融的时代，出现了不少问题。其中比较突出的一个问题就是一些人价值观缺失，观念没有善恶，行为没有底线，什么违反党纪国法的事情都敢干，什么缺德的勾当都敢做，没有国家观念、集体观念、家庭观念，不讲对错，不问是非，不知美丑，不辨香臭，浑浑噩噩，穷奢极欲。现在社会上出现的种种问题病根都在这里。这方面的问题如果得不到有效解决，改革开放和社会主义现代化建设就难以顺利推进。"①构建向礼而在的修身场域，是以作为道德本体意义上的"己"为中心质点建立起来的多重关系形态上的结构空间，在多重关系中人与物的关系居于最基础的层面。人与物的关系的失衡，必然导致身心关系的失衡，这就是礼乐修身之道从"格物"开始的原因；人与物的关系的异化，也必然导致人际关系的紧张和冲突，因为道德的本质无非利益，人际关系的张力往往透显出人对物的态度。因此，在市场经济的背景下，解蔽人心在物的沉溺、"物物而不物于物"，成为修身的重点领域。

（3）人际关系场域

身心关系在交往实践层面得以展现的是如何处理群己关系。个人与他人、社会的关系，就是孟子所言的"仁义礼智"的人的本质的规定性在交往实践中视听言动的具体外显。中国人重视日常生活中的礼仪，认为理想的生活方式就是在一个礼仪化的社群中实现自我价值。

首先，以敬为本。"礼"的核心是"敬"，《礼记·曲礼》开篇就说"毋不敬"，这是全篇的纲领。敬是一种严肃恭敬的人生态度，是以主体的自觉理性反制官能欲望的心理状态，充满人文关怀的体察，正如《礼记》中提到的"虽负贩者必有尊严"，礼仪就是要体现对每一个生命的敬畏与尊重。礼乐文化重生贵死的伦理传统和慎重追远的终极关怀，始终透显出对人的价值的肯定、对人格尊严的恭敬，这也构成中华优秀道德传统的一个重要方面。应该看到，在

---

① 十八大以来重要文献选编（中）［M］. 北京：中央文献出版社，2016：133.

当今礼仪文化保留较好的地区和国家，由于有"礼"，人们之间就更能相互尊重、相互礼让，彰显出较高的素质修养，社会秩序也比较和谐。在与他人相处时，多替对方着想，对待他人要与对待自己的标准一致，"夫仁者，己欲立而立人，己欲达而达人。能近取譬，可谓仁之方也已"①。对待他人谦恭尊敬，不把自己厌恶的东西强加于人，这样才能得到他人的同礼以待，减少人际间的疏离和怨怼。"出门如见大宾，使民如承大祭。己所不欲，勿施于人。在邦无怨，在家无怨。"②人与环境是同构的，在庄敬向善的人际场域中，个人的视听言动受到场域的习染，个体人格的道德追求不断得以确证，从而不断激发个人道德修养提升的自觉力量。社会主义核心价值观的培育和践行，可以借由礼仪教育传播公民社会应有的明人伦、守分寸、懂敬畏的文明规范，使民众真正体悟到应该如何关怀与尊重他人，从而建立起和谐广泛的人际环境。

其次，择人而处。理性选择人际交往的对象，优化自己的人际环境。《孔子家语·六本》中记载了著名的孔子曰"吾死之后"篇，孔子有言"吾死之后，则商也日益，赐也日损"，曾子请教原因，孔子慨言："与善人居，如入芝兰之室，久而不闻其香，与之化矣。与不善人居，如入鲍鱼之肆，久而不闻其臭，亦与之化矣。丹之所藏者赤，漆之所藏者黑，是以君子必慎其所与处者焉。"③孔子预言在其百年之后，子夏会一天比一天进步，子贡会一天比一天退步，究其原因在于，子夏总是与"贤己者处"，而子贡喜欢与"不若己者"相处。《论语》中也多处记载孔子以修仁德为目的的处人之道，"工欲善其事，必先利其器。居是邦也，事其大夫之贤者，友其士之仁者"④"不仁者不可以

① 论语·雍也［M］//陈襄民，等注译. 五经四书全译（四）. 郑州：中州古籍出版社，2007：3102-3103.

② 论语·颜渊［M］//陈襄民，等注译. 五经四书全译（四）. 郑州：中州古籍出版社，2007：3159.

③ 孔子家语·六本［M］//王国轩，王秀梅，译注. 北京：中华书局，2016：166.

④ 论语·卫灵公［M］//陈襄民，等注译. 五经四书全译（四）. 郑州：中州古籍出版社，2007：3201.

久处约，不可以长处乐。仁者安仁，知者利仁"[1]。同时明确选择交往对象的标准，"益者三友，损者三友。友直，友谅，友多闻，益矣。友便辟，友善柔，友便佞，损矣"[2]"士致于道而耻恶衣恶食者，未足与议也"[3]。对于物质利益过于看重的人，虽然有远大的志向，也不足以与之相交。因为这样的人，会为了外在的利益而牺牲内心的道德准则，从而对身边的人产生不利的影响。同时，重视见贤思齐的主体自觉，"三人行，必有我师焉。择其善者而从之，其不善者而改之"[4]，强调"无友不如己者，过则勿惮改"，务求以谦逊的态度向身边的人学习，多看到别人的长处，对于别人的优点积极地学习仿效，即使他人有缺点和不足，也可以作为鞭策自己改正、进步的动力，从而养成良好的道德品质。

最后，明礼成德。2019年10月中共中央、国务院印发了《新时代公民道德建设实施纲要》，指出："要把社会公德、职业道德、家庭美德、个人品德建设作为着力点。推动践行以文明礼貌、助人为乐、爱护公物、保护环境、遵纪守法为主要内容的社会公德，鼓励人们在社会上做一个好公民；推动践行以爱岗敬业、诚实守信、办事公道、热情服务、奉献社会为主要内容的职业道德，鼓励人们在工作中做一个好建设者；推动践行以尊老爱幼、男女平等、夫妻和睦、勤俭持家、邻里互助为主要内容的家庭美德，鼓励人们在家庭里做一个好成员；推动践行以爱国奉献、明礼遵规、勤劳善良、宽厚正直、自强自律为主要内容的个人品德，鼓励人们在日常生活中养成好品行。"

乡土中国的社会治理模式很长时间赓续着礼治的传统，这种以"己"为中

---

① 论语·里仁［M］//陈襄民，等注译. 五经四书全译（四）. 郑州：中州古籍出版社，2007：3071.

② 论语·季氏［M］//陈襄民，等注译. 五经四书全译（四）. 郑州：中州古籍出版社，2007：3213.

③ 论语·里仁［M］//陈襄民，等注译. 五经四书全译（四）. 郑州：中州古籍出版社，2007：3074.

④ 论语·述而［M］//陈襄民，等注译. 五经四书全译（四）. 郑州：中州古籍出版社，2007：3110.

心，向外逐层推开的差序格局的逻辑起点正在于中心的"己"，也就是强调个体在处理人与自身、家庭、他人、社会的关系范畴中个人修身的重要性，"君子求诸己，小人求诸人"。明礼是公民道德建设系统工程中的重要内容。知书达理、文质彬彬，曾经是礼乐上国给世界传达的中国人的形象，但现在社会公德、职业道德、家庭美德领域存在的失范现象却屡屡成为中国人"无礼"的指证。明礼，是公共生活中人际交往的基础性的道德要求，是人的社会化人格的基本内涵。德辉动于内，礼发诸于外。明礼的行为举止，不是行为习惯训练的结果，而是发自内心的文化信仰、道德人格的持守，品行端正、人格高洁的君子，是因为"德辉动于内"，即内心有熠熠生辉的道德法则，所以"礼发诸于外"时，他的言行举止才能"从心所欲而不逾矩"。一方面，文明举止就是在"显化道德"，礼仪作为人格行为层面的表达方式，外显的其实是人格内在结构的道德素养。另一方面，内在的道德意图和道德情感，也需要借由"礼"这种普遍共识的外在仪式得以"发诸于外"。谦恭自律的态度、文明礼貌的语言、优雅得体的举止、与人为善的洞察等，无不展现着人的内在文化修养、道德品质、精神气质和思想境界。正如孔子所言，"不学礼，无以立"，明礼，应该被列为公民道德建设中最基本的责任清单。

中华民族的礼乐文化博大精深、气度恢宏，重视以礼修身是中国人的价值共识，一部中国文明史始终贯串着"礼"的教化。礼乐化人，其立意并不在于因循"经礼三百，曲礼三千"的礼仪规制模塑现代生活，而是着意于接续礼乐文化尤重日常感性生活的人文传统，力图借由礼性精神的轴心动力实现新时代中生活世界与意义世界的同构。"中国所谓文化者，人文之化成于天下也。文之必附乎质，质必显乎文。日常生活为质，精神生活为文。文质相丽而不相离，即中国文化精神之一端。"[1]2013年11月，习近平总书记在山东曲阜考察时感言："必须加强全社会的思想道德建设，培育正确的道德判断和道德责任，提高道德实践能力尤其是自觉践行能力，引导人们向往和追求讲道德、尊道德、

---

① 唐君毅. 中国文化之精神价值［M］. 桂林：广西师范大学出版社，2005：182.

守道德的生活。"事实上，现实生活中每一个自觉自为主体的生存情态和道德实践，都在赓续着中华民族以文化人、以文育人的文化传统。从文化进路展开的社会主义核心价值观培育的理论与实践的探索，除了希望借此留住礼乐文化的古典余韵、守住一份文化乡愁之外，也寄希望于中华民族优秀传统文化能在中国特色社会主义文化建设中开出时代新篇。

结　语

　　本书坚持马克思主义唯物史观的基本立场，运用历史与逻辑相统一的方法，以礼乐文化和社会主义核心价值观二者辩证关系的考察为切入点，基于二者德性文化的视域融合，探讨了礼乐文化内蕴的当代价值和价值实现的路向——礼乐文化的创造性转化与创新性发展，同时，从礼乐化人的实践理性中获得了社会主义核心价值观培育的文化进路，力求在坚持社会主义先进文化发展方向的基础上，积极构建既理性继承历史传统又立足时代主题的礼乐新文化。

　　主要研究结论如下：

　　第一，从马克思主义传入中国开始，便历史性地遇到了如何处理与传统文化的关系问题。两者的共性使得马克思主义与中国传统文化相结合成为可能。马克思主义的中国化、大众化有赖于其获得的民族形式和民众日用不觉的文化实践，同时中国传统文化通过运用马克思主义的立场、观点、方法进行创造性转化与创新性发展，成为与中国特色社会主义新时代相适应的新文化。可以说，马克思主义的中国化和大众化，与传统文化的创新转化是同一过程的两个方面。正是在这个意义上，使得社会主义核心价值观视域中对礼乐文化的考察具有了特定的文化语境和时代性意义，不仅推进了中国化马克思主义文化发展，中华优秀传统文化现代转型，社会主义核心价值观以文化人、以文育人实践路径等重要领域的理论探索，而且对夯实中国特色社会主义的铸魂工程、提高国家文化软实力、提升民族文化自信等文化建设实践具有现实意义。

第二，礼乐文化肇始于中华文明的源头，是中华文明最显著的文化标志，内蕴着中华民族重要的历史文化基因。礼乐文化是以"仁"为核心，以礼和乐为两翼，以社会建构、文化建构和国家形象建构为目标的中华民族的伦理道德文化，其精神实质是以人文精神为核心的实践理性。始于三代的礼乐文化，春秋时期因孔子"释仁入礼"，赋予其丰富的文化精神，使得其历史形态得以从"事神致福"的符号系统，升华为"仁者爱人"的价值系统。礼乐文化亦即礼乐生活，这是以孔子为代表的原始儒家的理想，正是在遵循这一文化传统的历史实践中，成就了中华民族精神家园的礼乐风景。

第三，社会主义核心价值观与礼乐文化之间具有深刻的内在逻辑联系。礼乐文化，是典型的德性文化。社会主义核心价值观在国家之大德、社会之公德、个人之私德三个层面的价值目标和道德要求，与先秦礼乐为政以德的理政哲学、天下归仁的社会理想、立己达人的道德主义的文化基因具有深刻的内在逻辑关联。社会主义核心价值观的德性文化取向，契合了中华民族传统文化尤其是礼乐文化的人文传统，承续了道德至上的德性文化基因，彰显了优秀传统文化的"根"和"魂"的现实意义。一方面，礼乐文化是涵养社会主义核心价值观的源泉，为礼乐文化的德育资源服务于时代文化任务提供了学理依据；另一方面，核心价值观为礼乐文化的现代转型提供了时代契机和价值引领，为礼乐文化的向新发展注入了新的文化动力。通过礼乐文化与社会主义核心价值观之间的内在联系的梳理，也就贞定了礼乐文化明体达用的当代价值目标。

第四，以清明和理性的态度面对自身的文化传统，体现了一个民族的智慧和文化自信。本书坚持马克思历史唯物主义和辩证唯物主义，以是否有利于中国特色社会主义的现代化建设，是否有利于形成中国特色社会主义的文化和道德体系，是否有利于培养"时代新人"为价值依据，对礼乐文化进行现代性审视，构建了强素质、化民心、促和合、兴文化、展形象的当代价值模型，完成了从"礼教吃人"的价值澄清到"礼乐化人"的价值判断，具有一定的系统性和理论创新性。礼乐文化潜在的当代价值仅仅是以"资源形态"存在的，只有实现创造性转化与创新性发展，才能真正以"价值形态"成为中国精神、中国力量的文化载体。

第五，中华文化是民族性与时代性相统一的文化共同体，礼乐文化转型是中国特色社会主义先进文化建设的应有之义。礼乐文化的创造性转化与创新性发展必须坚持以回应时代主题、塑造当代中华文化为基本立场。礼乐文化的创造性转化，就是将礼乐文化中的观点、理论在保持其基本精神的前提下进行新的诠释，赋予其时代性内涵，使其开出新意。从修身、齐家、治国、平天下四个层面而言，包括：从烦琐缜密的仪制规范向富有生命力的人生规范转型；从以血缘尊卑为重的家庭伦理向以社会责任为重的公共伦理转型；从以封建专权为核心的国家观向以人民为主体的国家观转型；从王权天下观向命运共同体天下观的转型等。礼乐文化的创新性发展，就是要对其内涵加以补充、拓展，并对其社会功能和表达、传播方式进行整体转型，为当代社会现实问题的解决提供借鉴和启示，包括：功能上从工具理性向价值理性转型，从礼法同构向礼法分治转型，从正名定分向以文化人转型；载体上从熟人社会倚重的人际传播和群体传播转型为以现代信息传播工具为载体的，即时性、交互性、主体性的大众传播。

第六，价值观认同的本质是文化认同，人文化成是核心价值观培育的文化取向。先秦礼乐文化形成了独特的深入个体生活实践、切近人伦日用的历史经验，包括：为仁由己，是礼乐文化化育功能实现的根本前提；情理相融，是礼乐文化结构的张力所在；实践理性，是礼乐文化生命力的核心所在等。基于礼乐文化中生活世界与意义世界双重推进的人文传统，社会主义核心价值观的培育和践行获得了重要的文化启示：以礼乐文化为载体将核心价值观融入国民教育的全过程；以礼乐文化的规范机制推进核心价值观深入社会治理的多层面；以礼乐文化的审美情趣提升核心价值观文化宣传的传播力；以礼乐文化的场域范式促进核心价值观实践养成的生活化等。这开显了如何把社会主义核心价值观落细、落小、落实并最终"转化为人们的情感认同和行为习惯"的实践指向。

在完成本书的过程中鉴于个人知识结构和时间限制，还有以下问题未得以进一步展开，这也成为后续研究的逻辑起点：

第一，多元文化时代背景下，如何在意识形态错综复杂的交锋中，发挥礼乐文化在实践层面对社会主义核心价值观培育的方法论意义，仍值得被关注和深入研究。事实上，礼乐文化博大精深，能够形塑一个拥有五千年文明的民族的整体文化心理和精神品性，绝不仅仅止于本书挖掘阐释的内在机理。只是鉴于研究选取的社会主义核心价值观培育的视野，本书并没有从更全方位、更多层次进行整理提炼，这对于从整体意义上把握传统文化与当代社会主义文化的关系是明显不足的，对于推进中国化马克思主义文化发展的理论思考是需要更进一步深入的。

第二，社会主义核心价值观的培育，应该结合多学科如政治学、社会学、传播学、心理学等研究范式，在核心价值观的情感认同和行为习惯养成上深入融合、协同发力。鉴于笔者的学科背景，学科交叉融合的研究明显不充分，这对于解构礼乐文化演进和化民成俗的历史动力缺乏更具科学性的解释力，也必然对于其从"资源形态"转化为"价值形态"的考察缺少精准发力。后续研究，应该在现有理论成果的基础上，着重从多学科融合的架构上，深入推进以文化人、以文育人核心价值观培育的理论与实践的探索。

第三，礼乐文化的创造性转化与创新性发展，是一项持久而巨大的系统工程，必须要在对礼乐古籍文本的全面梳理的基础上，通过对礼乐文化所富载的道德资源的重新评估，最终实现分类转化、定向发力、精准创新的整合性推进。尤其是在处理当代社会主义文化与礼乐文化的关系、创造性转化与创新性发展的关系、现代阐释与经典形态的关系、现代阐释的方法、传统与现代的张力等问题上，都是需要投入大量精力进一步推进的。这项工作不仅是面向传统的文化复兴工程，更是面向未来的实现中华民族伟大复兴的文化强国工程，这意味着我们需要以更迫切的学术责任感，为中华文化在世界文化格局中的地位和影响力而继续进行积极的理论与实践探索。

参考文献

［1］十八大以来重要文献选编（中）［M］．北京：中央文献出版社，2016.

［2］胡锦涛．坚定不移沿着中国特色社会主义道路前进　为全面建成小康社会而奋斗——在中国共产党第十八次全国代表大会上的报告［R］．北京：人民出版社，2012：37.

［3］习近平．决胜全面建成小康社会　夺取新时代中国特色社会主义伟大胜利——在中国共产党第十九次全国代表大会上的报告［R］．北京：人民出版社，2017.

［4］邓小平文选（第三卷）［M］．北京：人民出版社，1993.

［5］习近平．举旗帜聚民心育新人兴文化展形象　更好完成新形势下宣传思想工作使命任务［N］．人民日报，2018-08-23（1）.

［6］习近平．习近平谈治国理政［M］．北京：外文出版社，2014.

［7］Nye JS.Jr. Soft power，the means to success in world politics［M］.Public affairs，2004.

［8］陈一收．论以马克思主义为指导的文化自信［J］．思想理论教育导刊，2016，211（7）：51.

［9］肖季文，欧凯．中国传统文化与社会主义核心价值体系［J］．文史杂志，2012（3）：4-6.

［10］刘怡然．中国传统文化在社会主义核心价值体系建设中的意义

［J］．学理论，2012（1）：16-17.

［11］房广顺，张宏伟．社会主义核心价值观的传统文化意蕴探析［J］．理论探讨，2015（1）：30-33.

［12］习近平．在纪念孔子诞辰2565周年国际学术研讨会暨国际儒学联合会第五届会员大会开幕式上的讲话［N］．人民日报，2014-09-25（1）.

［13］张苗苗．社会主义核心价值观的文化解读［J］．党政论坛，2013（4）：22-24.

［14］葛金芳．中华礼制内在凝聚力的学理资源及现实挑战［J］．中原文化研究，2014（4）：21-25.

［15］论语·八佾［M］∥陈襄民，等注译．五经四书全译（四）．郑州：中州古籍出版社，2007.

［16］礼记·仲尼燕居［M］∥陈襄民，等注译．五经四书全译（二）．郑州：中州古籍出版社，2007.

［17］论语·学而［M］∥陈襄民，等注译．五经四书全译（四）．郑州：中州古籍出版社，2007.

［18］吴怡垚，徐元勇．先秦儒家礼乐文化的内涵及现代价值［J］．南通大学学报（社会科学版），2019（2）：123-127.

［19］刘丰．儒家礼乐文化的历史价值与当代启迪［J］．中原文化研究，2014（4）：28-31.

［20］韩云忠，王丕琢．礼乐文化精神与社会主义核心价值观［J］．理论月刊，2013（8）：152-155.

［21］考夫卡．格式塔心理学原理：上册［M］．傅统先，译．北京：商务印书馆，1934：5.

［22］汤勤福．世界多元文化格局与中华礼制的当代位置［J］．中原文化研究，2014（4）：25-28.

［23］宋乃庆，贾瑜，廖晓衡．中华优秀传统文化与社会主义核心价值观

的培育和践行［J］. 思想理论教育导刊，2015（4）：64-67.

［24］张廷干. 马克思主义与传统文化融合的话语逻辑［J］. 学海，2013（6）：10-14.

［25］邹广文. 马克思文化哲学思想的展开逻辑［J］. 求是学刊，2010（1）：29-35.

［26］郝立新，路向峰. 文化实践初探［J］. 哲学研究，2012（6）：116-120.

［27］曹明，张廷干. 文化实践与核心价值观建构——马克思主义和传统文化融合的话语逻辑及其精神形态［J］. 学术论坛，2013（10）：1-6.

［28］黄力之. 资本主义文化矛盾理论与马克思的文化思想及其延伸［J］. 中国社会科学，2012（4）：23-45.

［29］杨国荣. 天人之辩：《庄子》哲学再诠释（上）［J］. 学术月刊，2005（11）：5-11.

［30］马克思恩格斯全集（第三卷）［M］. 北京：人民出版社，2002.

［31］论语·述而［M］//陈襄民，等注译. 五经四书全译（四）. 郑州：中州古籍出版社，2007.

［32］吴光. 中华传统文化的核心理念及其当代价值［J］. 社会科学战线，2013（2）：1-6.

［33］Hick GL, Redding SG. The story of the East Asian economic miracle, part one: Economic theory be damned［J］. Euro-Asia Business Review, 1983, 2（3）：24-32.

［34］池田大作，阿·汤因比. 展望二十一世纪——汤因比与池田大作对话录［M］. 荀春生，等译. 北京：国际文化出版公司，1985.

［35］孙英春. 传统、软实力与中国文化的"全球视域"［J］. 浙江学刊，2016（3）：60-67.

［36］西里尔·布莱克. 比较现代化［M］. 杨豫，译. 上海：上海译文

出版社，1996.

［37］Hyun KJ. Sociocultural change and traditional values: Confucian values among Koreans and Korean Americans ［J］. International Journal of Intercultural Relations, 2001, 25（2）: 203-229.

［38］Inglehart R, Baker WE. Modernization, cultural change, and the persistence of traditional values ［J］. American Sociological Review, 2000, 65（1）: 19-51.

［39］阿瑟·史密斯. 中国人的性情［M］. 哈尔滨：哈尔滨出版社，2009: 76.

［40］Watson J L. The Structure of Chinese funerary rites, elementary forms, ritual sequence, and the primacy of performance ［M］.in Watson JL and Rawski ES. eds. Death ritual in late imperial and modern China, Chapter One. Berkeley: University of Calif. Press, 1988: 18.

［41］Jeong P S. Musical Thought in the Zhuangzi: A Criticism of the Confucian Discourse on Ritual and Music ［J］.Dao, 2013, 12: 331 - 350.

［42］Bockover M I. Confucian Ritual as Body Language of Self, Society, and Spirit ［J］.Sophia, 2012, 51: 177 - 194.

［43］Wong P Y. The Music of Ritual Practice—An Interpretation ［J］. Sophia, 2012, 51: 243 - 255.

［44］Engelhardt H T Jr. Ritual, Virtue, and Human Flourishing: Rites as Bearers of Meaning. In David Soloman, etc. edited. Ritual and the moral life ［M］. London: Springer, 2012.

［45］Chan J. Ritual, Harmony, and Peace and Order: A Confucian Conception of Ritual. In David Soloman, etc. edited. Ritual and the moral life ［M］. London: Springer, 2012.

［46］Macintyre A. After virtue ［M］. Notre Dame: University of Notre Dame

Press，1984.

［47］弗雷德克里·詹姆逊. 文化转向［M］. 北京：中国社会科学出版社，2000：5.

［48］约瑟夫·奈，王缉思. 中国软实力的兴起及其对美国的影响［J］. 世界经济与政治，2009（6）：6-12.

［49］亨利·基辛格.论中国［M］.胡利平，等译. 北京：中信出版社，2015：517.

［50］Buber，M. Between man and man ［M］. NewYork: Macmillan，1965.

［51］Noddings N. Caring: A feminine approach to ethics and moral education ［M］. Berkeley: University of California Press，2003.

［52］Noddings N. Moral education in an age of globalization ［J］. Educational Philosophy and theory，2010，42（4）.

［53］Kashima Y. Culture as meaning system versus culture as significationprocess ［J］. Journal of Cross Cultural Psychology，2000，31（1）：50–53.

［54］Wacquant L D. Towards a reflexive sociology: A workshop with Pierre Bourdieu［J］. Sociological Theory，1989（7）：39.

［55］Lefebvre H. Critique of everyday life: Volume I ［M］.London:Verso Press，1991：6.

［56］Thelen E，Schoner G，Smith B. The dynamics of embodiment: a field theory of infant preservative reaching ［J］. Behavioral and Brain Science，2001，24（1）：1–86.

［57］Hoverd W J.，Sibley C G. Immoral bodies: The implicit association between moral discourse and body ［J］. Journal for the Scientific Study of Religion，2007（3）：391–403.

［58］露丝·本尼迪克特. 文化模式［M］. 王炜，等译. 北京：生活·读书·新知三联书店，1988：5，231.

［59］Rokeach, J. The Nature of human values［M］. The Free Press, 1973.

［60］England, G. W. Managers and their value systems: a five country comparative study［J］. Columbia Journal of World Business, 1978, 13（2）, 35-44.

［61］Blasi A. Moral understanding and the moral personality: The process of moral integration［M］. In W. Kurtines & J L Gewirtz（Ed.）, Moral development: an introduction. Boston: Allyn & Bacon.1995, 229-253.

［62］李天纲. 中国礼仪之争：历史、文献和意义［M］. 上海：上海古籍出版社, 1998：352.

［63］胡长栓, 等. 马克思主义文化理论研究［M］. 北京：北京师范大学出版社, 2017.

［64］马克思恩格斯文集（第一卷）［M］. 北京：人民出版社, 2009.

［65］马克思恩格斯文集（第十卷）［M］. 北京：人民出版社, 2009.

［66］马克思恩格斯文集（第八卷）［M］. 北京：人民出版社, 2009：338.

［67］毛泽东选集（第二卷）［M］. 北京：人民出版社, 1991.

［68］毛泽东文集（第七卷）［M］. 北京：人民出版社, 1999：229.

［69］中共中央文献研究室. 习近平关于社会主义文化建设论述摘编［M］. 北京：中央文献出版社, 2017：107-108.

［70］张岱年. 中国哲学史方法论发凡［M］. 北京：中华书局, 2003.

［71］尚书［M］. 王世舜, 王翠叶, 译注. 北京：中华书局, 2018.

［72］礼记·乐记［M］//陈襄民, 等注译. 五经四书全译（二）. 郑州：中州古籍出版社, 2007.

［73］邓尔麟. 钱穆与七房桥世界［M］. 北京：社会科学文献出版社. 1995.

［74］礼记·礼运［M］//陈襄民, 等注译. 五经四书全译（二）. 郑

州：中州古籍出版社，2007.

　　［75］钱玄. 三礼辞典［M］. 南京：江苏古籍出版社，1998.

　　［76］荀子·富国［M］//方勇，李波，译注. 荀子. 北京：中华书局，
2018：141.

　　［77］牟钟鉴. 中国文化的当下精神［M］. 北京：中华书局，2016：259.

　　［78］礼记·乐记［M］//胡平生，张萌，译注. 礼记. 北京：中华书
局，2007.

　　［79］论语·为政［M］//陈襄民，等注译. 五经四书全译（四）. 郑
州：中州古籍出版社，2007.

　　［80］史记·乐书［M］//王利器，主编. 史记注译（二）. 西安：三秦
出版社，1991：883.

　　［81］论语·季氏［M］//陈襄民，等注译. 五经四书全译（四）. 郑
州：中州古籍出版社，2007.

　　［82］论语·子路［M］//陈襄民，等注译. 五经四书全译（四）. 郑
州：中州古籍出版社，2007.

　　［83］礼记·坊记［M］//胡平生，张萌，译注. 礼记. 北京：中华书
局，2018.

　　［84］左传·昭公二十六年［M］//郭丹，程小青，李彬源，译注. 左传
. 北京：中华书局，2018：2009.

　　［85］荀子·乐论［M］//方勇，李波，译注. 荀子. 北京：中华书局，
2018.

　　［86］荀子·劝学［M］//方勇，李波，译注. 荀子. 北京：中华书局，
2018：7.

　　［87］荀子·修身［M］//方勇，李波，译注. 荀子. 北京：中华书局，
2018：22.

　　［88］荀子·性恶［M］//方勇，李波，译注. 荀子. 北京：中华书局，

2018.

［89］荀子·王霸［M］//方勇，李波，译注. 荀子. 北京：中华书局，2018.

［90］史记·周本记［M］//王利器，主编. 史记注译（一）. 西安：三秦出版社，1991：62.

［91］王国维. 观堂集林（卷六）［M］. 北京：中华书局，1959.

［92］亨德里克·威廉·房龙. 宽容［M］. 北京：中华书局，2012.

［93］马林诺夫斯基. 文化论［M］. 北京：华夏出版社，2002.

［94］礼记·表记［M］//陈襄民，等注译. 五经四书全译（二）. 郑州：中州古籍出版社，2007：1652-1653.

［95］吴虞. 吃人与礼教［J］. 新青年，1919，6（6）.

［96］余英时. 中国近代思想史中的激进与保守［R］，香港中文大学，1998.

［97］李泽厚. 美的历程［M］. 北京：生活·读书·新知三联出版社，2009：52.

［98］唐君毅. 中国文化之精神价值［M］. 桂林：广西师范大学出版社，2005：182.

［99］Duncan A. The Social Studies are Essential to a Well-Rounded Education［J］. Social Education，2011，75（3）：124 - 125.

［100］王国维. 殷周制度论［M］. 杭州：浙江教育出版社，2010.

［101］习近平. 青年要自觉践行社会主义核心价值观——在北京大学师生座谈会上的讲话［N］. 人民日报，2014-5-5（1）.

［102］孟子·离娄下［M］//陈襄民，等注译. 五经四书全译（四）. 郑州：中州古籍出版社，2007：3374.

［103］孟子·告子上［M］//陈襄民，等注译. 五经四书全译（四）. 郑州：中州古籍出版社，2007：3419.

［104］荀子・礼论［M］//方勇，李波，译注. 荀子. 北京：中华书局，2018.

［105］周礼・天官冢宰［M］//徐正英，常佩雨，译注. 周礼. 北京：中华书局，2014：27.

［106］周礼・地官司徒［M］//徐正英，常佩雨，译注. 周礼. 北京：中华书局，2014.

［107］礼记・郊特牲［M］//胡平生，张萌，译注. 礼记. 北京：中华书局，2018：506.

［108］礼记・礼运［M］//胡平生，张萌，译注. 礼记. 北京：中华书局，2018.

［109］礼记・祭义［M］//胡平生，张萌，译注. 礼记. 北京：中华书局，2018：918.

［110］论语・卫灵公［M］//陈襄民，等注译. 五经四书全译（四）. 郑州：中州古籍出版社，2007.

［111］论语・泰伯［M］//陈襄民，等注译. 五经四书全译（四）. 郑州：中州古籍出版社，2007.

［112］习近平. 在省部级主要领导干部学习贯彻党的十八届五中全会精神专题研讨班上的讲话［R］. 北京：人民出版社，2016：25-26.

［113］左传・昭公五年［M］//郭丹，程小青，李彬源，译注. 左传. 北京：中华书局，2018：1657.

［114］孟子・尽心下［M］//陈襄民，等注译. 五经四书全译（四）. 郑州：中州古籍出版社，2007：3471.

［115］论语・公治长［M］//陈襄民，等注译. 五经四书全译（四）. 郑州：中州古籍出版社，2007.

［116］孟子・梁惠王下［M］//陈襄民，等注译. 五经四书全译（四）. 郑州：中州古籍出版社，2007.

［117］孟子·离娄上［M］//陈襄民，等注译. 五经四书全译（四）. 郑州：中州古籍出版社，2007.

［118］易经·乾卦［M］//杨天才，张善文，译注. 周易. 北京：中华书局，2018：19.

［119］左传·隐公十一年［M］//郭丹，程小青，李彬源，译注. 左传. 北京：中华书局，2018：88-89.

［120］荀子·致士［M］//方勇，李波，译注. 荀子. 北京：中华书局，2018.

［121］Chen Z. On the core of Chinese traditional values – The "Unity between Heaven and Man" ［J］. International Journal of Social Science and Humanity, 2016, 6（4）: 282-287.

［122］国语·郑语［M］//陈桐生，译注. 国语. 北京：中华书局，2017.

［123］邹贵波. 社会主义核心价值观对中华优秀传统文化的继承与超越［J］. 安徽行政学院学报，2015，6（02）：20-26.

［124］礼记·中庸［M］//胡平生，张萌，译注. 礼记. 北京：中华书局，2018.

［125］孟子·告子下［M］//陈襄民，等注译. 五经四书全译（四）. 郑州：中州古籍出版社，2007.

［126］礼记·丧服小记［M］//胡平生，张萌，译注. 礼记. 北京：中华书局，2018：626.

［127］礼记·祭统［M］//胡平生，张萌，译注. 礼记. 北京：中华书局，2018：937.

［128］论语·颜渊［M］//陈襄民，等注译. 五经四书全译（四）. 郑州：中州古籍出版社，2007.

［129］荀子·不苟［M］//方勇，李波，译注. 荀子. 北京：中华书局，2018.

［130］荀子·大略［M］//方勇，李波，译注. 荀子. 北京：中华书局，2018.

［131］礼记·孔子闲居［M］//胡平生，张萌，译注. 礼记. 北京：中华书局，2018：981.

［132］郭店楚简·唐虞之道［M］. 刘钊，郭店楚简校释. 福州：福建人民出版社，2003：148.

［133］荀子·子道［M］//方勇，李波，译注. 荀子. 北京：中华书局，2018：483.

［134］礼记·曲礼上［M］//胡平生，张萌，译注. 礼记. 北京：中华书局，2018.

［135］论语·尧曰［M］//陈襄民，等注译. 五经四书全译（四）. 郑州：中州古籍出版社，2007.

［136］论语·宪问［M］//陈襄民，等注译. 五经四书全译（四）. 郑州：中州古籍出版社，2007.

［137］礼记·大学［M］//胡平生，张萌，译注. 礼记. 北京：中华书局，2018.

［138］孟子·万章上［M］//陈襄民，等注译. 五经四书全译（四）. 郑州：中州古籍出版社，2007：3387.

［139］孟子·万章下［M］//陈襄民，等注译. 五经四书全译（四）. 郑州：中州古籍出版社，2007：3404.

［140］孟子·公孙丑上［M］//陈襄民，等注译. 五经四书全译（四）. 郑州：中州古籍出版社，2007.

［141］马克思恩格斯选集（第二卷）［M］. 北京：人民出版社，1995.

［142］马克思恩格斯全集（第一卷）［M］. 北京：人民出版社，1956：666.

［143］余英时. 文化传统与文化重建［M］. 北京：生活·读书·新知三

联书店，2004.

［144］习近平. 主持中共中央政治局第十二次集体学习并发表重要讲话［N］. 人民日报，2014-01-01（01）.

［145］梁启超. 先秦政治思想史［M］. 天津：天津古籍出版社，2004：108.

［146］张琦. 核心价值观与公民文化人格构建［J］. 求索，2013（10）：113-11.

［147］沈壮海. 论文化自信［M］. 武汉：湖北人民出版社，2019：196.

［148］李泽厚. 中国古代思想史论［M］. 北京：生活·读书·新知三联书店，2017.

［149］林玮生. "乐感文化"与"罪感文化"的神话学解读［J］. 社会科学研究，2009（6）：183-187.

［150］郭齐勇. 忧患意识与乐感文化［N］. 光明日报，2018-04-22（6）.

［151］论语·雍也［M］//陈襄民，等注译. 五经四书全译（四）. 郑州：中州古籍出版社，2007.

［152］王震，郑杰文. 从先秦主流学派看乐感文化状态下的内省精神［J］. 理论学刊，2017（1）：144-150.

［153］左传·庄公三十二年［M］//郭丹，程小青，李彬源，译注. 左传.北京：中华书局，2018：288.

［154］李泽厚. 人类学历史本体论［M］. 天津：天津社会科学院出版社，2008：220.

［155］刘伟. 浅析"乐感文化"的主要特征［J］. 世界宗教文化，2015（1）：127-131.

［156］成守勇.古典思想世界中的礼乐生活——以《礼记》为中心［M］. 上海：上海三联书店，2013：244.

［157］梁漱溟. 梁漱溟讲孔孟［M］. 北京：中国和平出版社，1993：58.

［158］李泽厚. 美学三书［M］. 安徽：安徽文艺出版社，1999：264-265.

［159］阿诺德·汤因比.历史研究［M］. 刘北成，郭小凌，译. 上海：上海人民出版社，2005：19.

［160］班固，颜师古注. 汉书（卷二二）礼乐志［M］. 北京：中华书局，1962：2027-2028.

［161］马克思恩格斯选集（第一卷）［M］. 北京：人民出版社，1995.

［162］徐复观. 中国思想史论集［M］. 北京：九州出版社，2014.

［163］李焱. 明礼：构建和谐校园的道德维度［J］. 理论导刊，2008（07）：74-76.

［164］陈秉公. "和合"理念具有重要价值［N］. 人民日报，2018-11-08（07）.

［165］迈克尔·巴尔. 中国软实力［M］. 石竹芳，译. 北京：中信出版社，2013.

［166］云杉.文化自觉文化自信文化自强——对繁荣发展中国特色社会主义文化的思考（上）［J］.红旗文稿，2010（15）.

［167］费孝通. 中国文化的重建［M］. 上海：华东师范大学出版社，2014：143.

［168］杨叔子. 下学上达文质相宜［J］. 山东工业大学学报，1998（02）：6-7.

［169］李征. 新时代文化自信的历史底蕴［J］. 红旗文稿，2019（10）：31-33.

［170］陈国俭. 简明文化人类学词典［Z］. 杭州：浙江人民出版社，1990：126.

［171］郑晓云. 文化认同与文化变迁［M］. 北京：中国社会科学出版

社，1992：4.

［172］史记·礼书［M］//王利器，主编．史记注释（二）．西安：三秦出版社，1988.

［173］戈特弗里德·威廉·莱布尼茨．《中国近事》序言：以中国最近情况阐释我们时代的历史//夏瑞春，编．德国思想家论中国［M］．南京：江苏人民出版社，1995：4-5.

［174］门献敏，武治国．习近平文化强国战略的四个维度［J］.理论学刊，2018（02）：24-30.

［175］卫灵．增强中华文化认同缘何重要［J］.人民论坛，2019（07）：130-132.

［176］丁柏铨．论新闻媒体"展形象"的使命任务［J］.新闻与写作，2018（12）：64-67.

［177］论语·微子［M］//陈襄民，等注译．五经四书全译（四）．郑州：中州古籍出版社，2007：3229.

［178］赵峰．儒家文化对日本和韩国教育的影响［J］.理论月刊，2008（08）：145-147.

［179］礼记·儒行［M］//胡平生，张萌，译注．礼记．北京：中华书局，2018：1154.

［180］中共中央关于深化文化体制改革推动社会主义文化大发展大繁荣若干重大问题的决定［N］.人民日报，2011-10-26（01）.

［181］马克思恩格斯选集（第三卷）［M］.北京：人民出版社，1995：206.

［182］陈先达．马克思主义和中国传统文化［M］.北京：人民出版社，2015：19.

［183］中共云南省委宣传部．毛泽东同志八篇著作哲学问题解答［M］.云南：云南人民出版社，1982：210.

［184］关于培育和践行社会主义核心价值观的意见［Z］．北京：人民出版社，2013.

［185］李焱，汪紫薇．关于高校传统文化教育的几点思考［J］.新西部（理论版），2015（03）：105-106.

［186］马克思恩格斯文集（第二卷）［M］．北京：人民出版社，2009：603.

［187］荀子·王制［M］∥方勇，李波，译注．荀子．北京：中华书局，2018.

［188］费孝通．乡土中国［M］．上海：华东师范大学出版社，2018：26.

［189］梁启超．梁启超全集（第3卷）［M］．北京：人民出版社，1999：660.

［190］梁漱溟．中国文化的命运［M］．北京：中信出版集团，2016：42.

［191］钱穆．中国文化史导论［M］．北京：商务印书馆，1994：41.

［192］李泽厚．人类学历史本体论［M］．青岛：青岛出版社，2016.

［193］方光明.文化市场与营销［M］.上海：上海人民出版社，2003：11.

［194］李友梅，等．社会认同：一种结构视野的分析［M］．上海：上海人民出版社，2007.

［195］道格拉斯·凯尔纳．媒体文化［M］．北京：商务印书馆，2004：1.

［196］中共中央宣传部．习近平总书记系列重要讲话读本［M］．北京：人民出版社，学习出版社，2014：101.

［197］沈壮海，王培刚，王迎迎．中国大学生思想政治教育发展报告2016［M］．北京：北京师范大学出版社，2017.

［198］陈延斌，张琳．中国公众怎样理解社会主义核心价值观——基于九省（市、区）5162个样本的研究报告［J］．人民论坛·学术前沿，2015，（21）：87-95.

［199］陈少平，郑铮彬. 大学生社会主义核心价值观教育的现状调查和路径探讨——以福州地区部分高校为例［J］. 思想教育研究，2015（11）：81-84.

［200］陶韶菁. 大学生对社会主义核心价值观的认知现状调查与对策分析［J］. 思想理论教育导刊，2016（8）：57-60.

［201］邢鹏飞. 大学生社会主义核心价值观认同现状与培育对策调查研究［J］. 高校教育管理，2018，12（2）：117-124.

［202］司文超. 内地高校港澳台学生社会主义核心价值观认同教育现状分析［J］. 学校党建与思想教育，2017（10）：55-57.

［203］喻嘉乐. 新时代研究生群体社会主义核心价值观教育研究［M］. 杭州：浙江大学出版社，2015.

［204］杨延圣，邢乐勤. 高学历群体社会主义核心价值观认同调查研究——基于浙江省的实证调查［J］. 浙江社会科学，2016（6）：148-160.

［205］王岚，孙力. 民族地区社会主义核心价值观认同现状及对策——基于贵州雷山县郎德上寨的调查［J］. 北方民族大学学报（哲学社会科学版），2016（3）：60-62.

［206］郭文安，陈东升. 国民素质与教育基础改革［M］. 北京：人民教育出版社，1997：134.

［207］林滨，等. 全球化时代的价值教育［M］. 北京：人民出版社，2011：16.

［208］孙其昂. 思想政治教育学前沿研究［M］. 北京：人民出版社，2013：239.

［209］郭湛. 文化：人为的程序和为人的取向［J］. 中国人民大学学报. 2005，19（4）：24-31.

［210］爱德华·泰勒. 原始文化［M］. 上海：上海文艺出版社，1992：1.

［211］韩秋红，胡长栓. 文化与文化哲学的形而上追思——文化哲学研

究的一种理论语境［J］. 东北师大学报，2002（5）：24.

［212］周易·贲卦·象传［M］//杨天才，张善文，译注. 周易. 北京：中华书局，2018：207.

［213］唐君毅. 中华人文与当今世界补编（二）［M］. 桂林：广西师范大学出版社，2005：743.

［214］楼宇烈. 中国文化的根本精神［M］. 北京：中华书局，2017：223.

［215］谈松华. 变革与创新：走向21世纪的中国高等教育［J］. 高等教育研究，1998（3）：16-22.

［216］邹昌林. 中国礼文化［M］. 北京：社会科学文献出版社，2000：13.

［217］马克思恩格斯全集（第十九卷）［M］. 北京：人民出版社，1963：406.

［218］卡西尔. 人论［M］. 甘阳，译. 上海：上海译文出版社，1985：52-53.

［219］张再林，张慧敏. 身体哲学视域中的"为仁由己"［J］. 人文杂志，2016（5）.

［220］礼记·丧服四制［M］//胡平生，张萌，译注. 礼记. 北京：中华书局，2018：1227.

［221］李泽厚. 由巫到礼，释礼归仁［M］. 北京：生活·读书·新知三联书店，2015：176.

［222］左传·恒公二年［M］//郭丹，程小青，李彬源，译注. 左传. 北京：中华书局，2018：109.

［223］论语·子罕［M］//陈襄民，等注译. 五经四书全译（四）. 郑州：中州古籍出版社，2007：3129.

［224］张祥龙. 现象学视野中的孔子［J］. 哲学研究，1999（6）：68.

［225］祖国华. 论儒家"礼乐教化"思想及其当代价值［J］. 湖南大学学报，2009（11）.

［226］张积家，马利军. 马克思、恩格斯的具身认知思想及其价值［J］. 华南师范大学学报（社会科学版），2013（5）：93.

［227］范琪，高玥. 从离身到具身：身心融合的学习方式与其教育意义蕴含［J］. 江苏师范大学学报（哲学社会科学报），2018.

［228］Dewey J. Logic: The theory of inquiry［M］. Carbondal: Southern Illinois University Press, 1991：26.

［229］郭店楚简·五行［M］. 刘钊，郭店楚简校释. 福州：福建人民出版社，2003：73.

［230］张再林. 身心一体：郭店竹简的"一贯之道"［J］. 深圳大学学报（人文社会科学版）2012（05）.

［231］利玛窦，金尼阁. 利玛窦中国札记（上册）［M］. 何高济，等，译. 北京：中华书局，1983：63.

［232］朱熹. 朱子全书（第17册）［M］. 朱杰人，等编. 上海：上海古籍出版社，2002：2877.

［233］斯拉沃热·齐泽克. 意识形态的崇高客体［M］. 季广茂，译. 北京：中央编译出版社，2002.

［234］洛克著. 教育漫话［M］. 傅任敢，译. 北京：人民教育出版社，1985：30.

［235］北京师范大学等校编著. 普通心理学［M］. 西安：陕西人民出版社，1982：137.

［236］论语·乡党［M］//陈襄民，等注译. 五经四书全译（四）. 郑州：中州古籍出版社，2007：3141.

［237］侯惠勤. 关于提炼社会主义核心价值观的几个问题［J］. 中国社会科学报. 2012（5）：2.

［238］刘梦溪. 礼仪与文化传统的重建［N］. 光明日报2004-4-28.

［239］论语·先进［M］//陈襄民，等注译. 五经四书全译（四）. 郑州：中州古籍出版社，2007：3147.

［240］李焱，文小琼. 市民人文素质培养路径研究——以西安为例［J］. 西北大学学报（哲学社会科学版），2011（06）：178-180.

［241］菲奥纳·鲍伊. 宗教人类学［M］. 金泽，何其敏，译. 北京：中国人民大学出版社，2004：178.

［242］埃弥尔·涂尔干. 宗教生活的基本形式［M］. 渠东，汲喆，译. 上海：上海人民出版社，2006：8.

［243］卡西尔. 国家的神话［M］. 范进，译. 北京：华夏出版社，1999：28.

［244］董欢. 乡风文明：社会主义新农村的灵魂［J］. 兰州学刊，2007.（3）.

［245］孙熙国等. 全球化与中国过传统文化的现代转化［M］. 济南：山东大学出版社，2009：21.

［246］唐汉卫. 生活道德教育论［M］. 北京：教育科学出版社，2005：163.

［247］高宣扬. 布迪厄的社会理论［M］. 上海：同济大学出版社，2004：137.

［248］张倩. 从家国情怀解读国家认同的中国特色［J］. 江淮论坛，2017（3）：17-21.

［249］王翠. 孝文化的历史回眸与当代建构［J］. 孔子研究，2013（6）：95-101.

［250］杨国枢. 中国人孝道的概念分析［M］. 杨国枢编. 台北：桂冠图书公司出版，1988：10-12.

［251］习近平. 在2015年春节团拜会上的讲话［N］.人民日报，2015-

02-18（2）.

　　［252］孔子家语·六本［M］. 王国轩，王秀梅，译注. 北京：中华书局，2016：166.

　　［253］论语·里仁［M］//陈襄民，等注译. 五经四书全译（四）. 郑州：中州古籍出版社，2007.